"十三五"江苏省高等学校重点教材

编号:2020-1-065

数字经济时代创新创业教程

主　编　易高峰

参　编　林小兰　郭雷振
　　　　李秀文　李双玲
　　　　王　黎

微信扫码
申请课件等相关资源

南京大学出版社

图书在版编目(CIP)数据

数字经济时代创新创业教程/易高峰主编. —南京：南京大学出版社，2022.4(2025.7 重印)
ISBN 978-7-305-25584-7

Ⅰ. ①数… Ⅱ. ①易… Ⅲ. ①创业—教材 Ⅳ. ①F241.4

中国版本图书馆 CIP 数据核字(2022)第 050589 号

出版发行	南京大学出版社
社　　址	南京市汉口路 22 号　　邮　编　210093
书　　名	**数字经济时代创新创业教程** SHUZI JINGJI SHIDAI CHUANGXIN CHUANGYE JIAOCHENG
主　　编	易高峰
责任编辑	武　坦　　　　　　编辑热线　025-83592315
照　　排	南京开卷文化传媒有限公司
印　　刷	南京人文印务有限公司
开　　本	787mm×1092mm　1/16 开　印张 13.75　字数 326 千
版　　次	2022 年 4 月第 1 版
印　　次	2025 年 7 月第 2 次印刷

ISBN 978-7-305-25584-7
定　　价　45.00 元

网　　址：http://www.njupco.com
官方微博：http://weibo.com/njupco
微信服务号：njuyuexue
销售咨询热线：(025)83594756

* 版权所有，侵权必究
* 凡购买南大版图书，如有印装质量问题，请与所购
　图书销售部门联系调换

前　言

大数据、云计算、物联网、人工智能、区块链等新技术不断涌现，变革着传统创新创业的模式与路径，重塑着传统产业的结构与形态，打造出众多新产业、新业态、新模式。中国经济正处在转变发展方式、优化经济结构、转换增长动力的攻关期，发挥创新创业的关键作用，紧抓重要战略新机遇，把握数字经济发展大趋势，加快从数字大国向数字强国迈进，进而实现高质量发展。学习和掌握数字经济时代的创新创业内涵、特点、路径与方法，已成为创新创业时代的重要课题。本教材正是因此应运而生，并立项为"十三五"江苏省高等学校重点教材。

全书由七章组成，紧紧围绕数字经济发展的特点，以创新创业的本质特点为主线，通过案例导入、理论阐述、实务介绍和应用训练，全方位介绍数字经济时代创新创业的基本知识与理论，系统性训练如何开展创新创业。

第一章介绍数字经济时代的基本情况、数字经济的新业态新模式。然后重点论述了数字经济时代创新的类型、思维和方法，以及创业的内涵、特征、理论模型与过程。第二章阐述创业机会的概念，以及如何识别、评价和构建创业机会。重点介绍了创业机会识别的影响因素，创业机会评价的方法和体系，创业机会建构的模型。第三章介绍了创业团队的内涵、创业团队的类型，以及创业团队的组建和管理。主要阐明了创业团队组建的影响因素、组建程序，以及团队冲突的管理和绩效考核。第四章阐述了创业资源理论、创业资源类型、创业资源拼凑和创业资源整合机制。重点介绍了创业资源拼凑的理论和拼凑方法，以及资源整合的机制。第五章阐述了商业模式内涵与构成要素，商业模式类型和商业模式设计。结合经典案例，重点介绍了分拆商业模式、长尾商业模式、免费商业模式、多边平台商业模式、开放式商业模式，以及商业模式设计的方法和流程。第六章研究了创业营销理念从营销1.0到营销4.0的变迁，介绍了数字营销、数字内容营销、数字平台营销的特征与方法。重点介绍了数字内容营销、数字平台营销的技巧。第七章阐述了创业实施的过程，包括商业计划书的结构确定及内容筹划，以及如何开展创业大赛和创建公司，具有较强的实操性特点。

本书是"十三五"江苏省高等学校重点教材，得到了相关专家的精心指导。本教材由盐城师范学院易高峰主持编写。第一章，易高峰撰写；第二章，郭雷振撰写；第三章，李秀文撰写；第四章，李双玲撰写；第五章、第六章，林小兰撰写；第七章，王黎撰写。

创新创业正深刻影响着经济社会的发展，如何在数字经济时代推动创新创业，这一研究主题具有重要的价值。本教材的编写是一次新的探索，且由于时间紧、任务重，缺点和错误在所难免，敬请广大读者批评指正！本教材也引用了国内有关教材、专著和论文的有关资料，对其作者深表感谢！

编　者

2021 年 12 月

目　录

第一章　数字经济时代的创新创业 ……………………………………… 1
第一节　数字经济新业态新模式 …………………………………… 2
第二节　数字经济时代的创新 ……………………………………… 9
第三节　数字经济时代的创业 ……………………………………… 19

第二章　创业机会 ……………………………………………………… 26
第一节　创业机会的概念 …………………………………………… 27
第二节　创业机会的识别 …………………………………………… 30
第三节　创业机会的评价 …………………………………………… 36
第四节　创业机会的建构 …………………………………………… 43

第三章　创业团队 ……………………………………………………… 53
第一节　创业团队的内涵 …………………………………………… 54
第二节　创业团队的类型 …………………………………………… 59
第三节　创业团队的组建 …………………………………………… 63
第四节　创业团队的管理 …………………………………………… 67

第四章　创业资源 ……………………………………………………… 80
第一节　创业资源理论 ……………………………………………… 81
第二节　创业资源类型 ……………………………………………… 83
第三节　创业资源拼凑 ……………………………………………… 87
第四节　创业资源整合机制 ………………………………………… 94

第五章　商业模式 ……………………………………………………… 103
第一节　商业模式概述 ……………………………………………… 104
第二节　商业模式类型 ……………………………………………… 114
第三节　商业模式设计 ……………………………………………… 124

第六章　创业营销 ……………………………………………………………… 131
第一节　营销理念:从营销1.0到营销4.0 ………………………………… 132
第二节　数字营销 ………………………………………………………… 142
第三节　数字内容营销 …………………………………………………… 145
第四节　数字平台营销 …………………………………………………… 150

第七章　创业实施 ……………………………………………………………… 163
第一节　商业计划书概述 ………………………………………………… 165
第二节　商业计划书结构及内容筹划 …………………………………… 170
第三节　创业大赛 ………………………………………………………… 176
第四节　创业公司成立 …………………………………………………… 195

参考文献 ………………………………………………………………………… 206

第一章　数字经济时代的创新创业

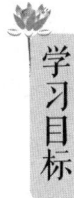

➢ 了解数字经济的内涵与特点。
➢ 掌握数字经济时代创新的思维与方法。
➢ 掌握数字经济时代创业的特点与过程。

便捷化线上办公——腾讯会议

在疫情防控和企业复工复产期间,面对企业和机构日益增长的云上办公需求,腾讯公司基于20余年音视频领域的积累,结合腾讯在AI(Artificial Intelligence)、云计算、计算机安全等方面的能力,在多方面进行突破创新,研发出腾讯会议(图1-1为腾讯会议发展图)。腾讯会议支持用户通过手机、电脑、小程序等灵活方式入会,具备多种强大的功能。音视频智能降噪功能,让会议沟通更顺畅。会议管控功能,保证了会议的有序进行。在线文档协作、实时屏幕共享、即时文字聊天等功能也让会议沟通协作更高效。考虑到用户特殊场景的会议需求,腾讯会议还配备了虚拟背景、美颜强化视频效果。腾讯会议现已拥有云会议、腾讯会议Rooms、会议室连接器、API/SDK(应用程序编程接口API,全称Application Programming Interface;软件开发工具包SDK,全称Software Development Kit)等产品线,面向全国用户免费开放,广泛应用于企业以及政务、金融、教育、医疗等行业,并解锁云签约、云招商、云招聘、云课堂、云培训等场景。腾讯会议国际版(VooV Meeting)也已在全球超过100个国家和地区紧急上线,为用户提供高清流畅、便捷易用、安全可靠的一站式云视频会议解决方案,全面提升沟通协作效率。

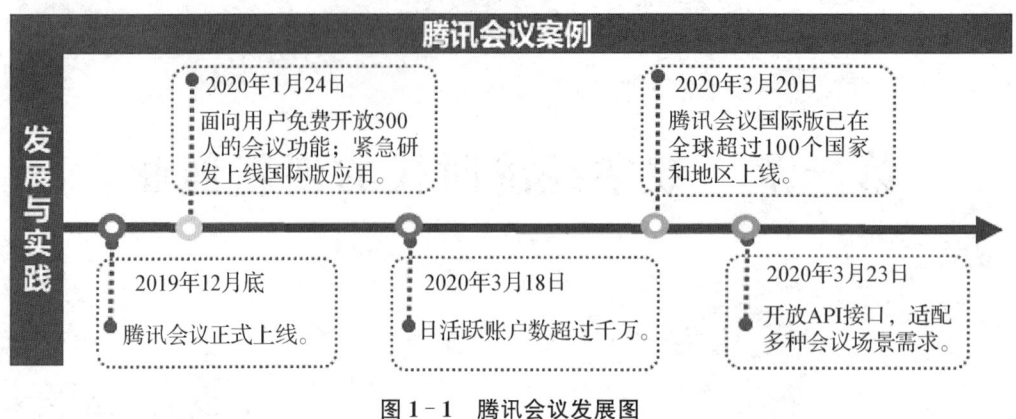

图 1-1 腾讯会议发展图

（资料来源：https://meeting.tencent.com/；白金蕾.腾讯会议开放 API 接口，为企业打造专属的"会议平台"[N].新京报，2020-03-24）

第一节 数字经济新业态新模式

《中华人民共和国国民经济和社会发展第十四个五年规划和 2035 年远景目标纲要》（简称《第十四个五年规划和 2035 年远景目标纲要》）明确提出："打造数字经济新优势，加快推动数字产业化和产业数字化转型"。数字经济正进入快速发展阶段。2020 年上半年突如其来的新冠肺炎疫情，给全球经济发展带来了严重危机，但以互联网为基础的数字经济快速崛起，展现出十分强劲的生命力，成为推动经济高质量发展的重要力量。我国数字经济总量跃居世界第二，成为引领全球数字经济创新的重要策源地。例如，2020 年，我国数字经济核心产业增加值占 GDP 比重达到 7.8%[①]。随着新一代信息技术创新的持续深化，不断催生新技术、新产品、新模式，推动全球经济格局和产业形态深度变革。

《第十四个五年规划和 2035 年远景目标纲要》首次提出"数字经济核心产业增加值占 GDP 的比重"这一指标，到 2025 年我国数字经济核心产业增加值占 GDP 的比重要由 2020 年的 7.8% 上升到 10%。数字经济的发展一方面与数字技术的创新发展紧密相关，信息化的过程是充分利用信息技术，开发利用信息资源，促进信息交流和知识共享。基于互联网促进数字化，数字化的过程是将模拟信号转为数字信号的过程，可以用数字技术来改变商业模式并创造新的价值。另一方面，国家政策是促进数字经济发展的重要基础和抓手。近年来，我国促进数字经济发展的政策发展主要历程如图 1-2 所示。2015 年，《十三五规划》提出实施国家大数据战略，2017 年，《中国共产党第十九次全国代表大会上的报告》指出，推动"互联网+"深入发展，促进数字经济加速成长，以及 2018 年、2019 年国家层面和省级政府层面都相继出台发展数字经济的相关政策，大力推动数字经济发展的基础设施建设，培育数字经济新业态，深入推进企业的数字化转型。《第十四个五年规划

---

① 数字中国发展报告（2020 年）.网信中国，2021-07-03.http://www.mnw.cn/.

和2035年远景目标纲要》明确了数字经济发展的7个重点产业,分别是云计算、大数据、物联网、工业互联网、区块链、人工智能、虚拟现实和增强现实,以及十大应用场景,分别是智能交通、智慧能源、智能制造、智慧农业及水利、智慧教育、智慧医疗、智慧文旅、智慧社区、智慧家居、智慧政务(见表1-1和表1-2)。

图1-2 数字经济发展重要政策与规划

表1-1 数字经济重点产业

01	云计算 加快云操作系统迭代升级,推动超大规模分布式存储、弹性计算、数据虚拟隔离等技术创新,提高云安全水平。以混合云为重点培育行业解决方案、系统集成、运维管理等云服务产业
02	大数据 推动大数据采集、清洗、存储、挖掘、分析、可视化算法等技术创新,培育数据采集、标注、存储、传输、管理、应用等全生命周期产业体系,完善大数据标准体系
03	物联网 推动传感器、网络切片、高精度定位等技术创新,协同发展云服务与边缘计算服务,培育车联网、医疗物联网、家居物联网产业
04	工业互联网 打造自主可控的标识解析体系、标准体系、安全管理体系,加强工业软件研发应用,培育形成具有国际影响力的工业互联网平台,推进"工业互联网+智能制造"产业生态建设
05	区块链 推动智能合约、共识算法、加密算法、分布式系统等区块链技术创新,以联盟链为重点发展区块链服务平台和金融科技、供应链管理、政务服务等领域应用方案,完善监管机制
06	人工智能 建设重点行业人工智能数据集,发展算法推理训练场景,推进智能医疗装备、智能运载工具、智能识别系统等智能产品设计与制造,推动通用化和行业性人工智能开放平台建设
07	虚拟现实和增强现实 推动三维图形生成、动态环境建模、实时动作捕捉、快速渲染处理等技术创新,发展虚拟现实整机、感知交互、内容采集制作等设备和开发工具软件、行业解决方案

表1-2 数字化应用场景

01	智能交通	发展自动驾驶和车路协同的出行服务。推广公路智能管理、交通信号联动、公交优先通行控制。建设智能铁路、智慧民航、智慧港口、数字航道、智慧停车场
02	智慧能源	推动煤矿、油气田、电厂等智能化升级,开展用能信息广泛采集、能效在线分析,实现源网荷储互动、多能协同互补、用能需求智能调控
03	智能制造	促进设备联网、生产环节数字化连接和供应链协同响应,推进生产数据贯通化、制造柔性化、产品个性化、管理智能化
04	智慧农业及水利	推广大田作物精准播种、精准施肥施药、精准收获,推动设施园艺、畜禽水产养殖智能化应用。构建智慧水利体系,以流域为单元提升水情测报和智能调度能力
05	智慧教育	推动社会化高质量在线课程资源纳入公共教学体系,推进优质教育资源在线辐射农村和边远地区薄弱学校,发展场景式、体验式学习和智能化教育管理评价
06	智慧医疗	完善电子健康档案和病历、电子处方等数据库,加快医疗卫生机构数据共享。推广远程医疗,推进医学影像辅助判读、临床辅助诊断等应用。运用大数据提升对医疗机构和医疗行为的监管能力
07	智慧文旅	推动景区、博物馆等发展线上数字化体验产品,建设景区监测设施和大数据平台,发展沉浸式体验、虚拟展厅、高清直播等新型文旅服务
08	智慧社区	推动政务服务平台、社区感知设施和家庭终端联通,发展智能预警、应急救援救护和智慧养老等社区惠民服务,建立无人物流配送体系
09	智慧家居	应用感应控制、语音控制、远程控制等技术手段,发展智能家电、智能照明、智能安防监控、智能音箱、新型穿戴设备、服务机器人等
10	智慧政务	推进政务服务一网通办,推广应用电子证照、电子合同、电子签章、电子发票、电子档案,健全政务服务"好差评"评价体系

一、数字经济的内涵

1996年,"数字经济"(Digital Economy)作为学术概念,首次出现在被誉为"数字经济之父"的唐·塔普斯科特(Don Tapscott)的《数字经济:网络智能时代的希望和危险》一书中[①]。

[①] Tapscott D. Rethinking Promise and Peril in the Age of Networked Intelligence. McGraw-Hill Education, 2015:14.

1998年,美国商务部《浮现中的数字经济》(*The Emerging Digital Economy*)研究报告描述了在IT技术扩散和渗透的推动下,从工业经济走向数字经济的发展趋势,并将数字经济的特征概括为"因特网是基础设施,信息技术是先导技术,信息产业是带头和支柱产业,电子商务是经济增长的发动机"。随后的二十多年里,数字经济持续快速发展,"数字经济"的内涵和范畴在早期基础上进一步扩大,但数字经济内涵还缺乏统一的界定,学界引用较多的是2016年《二十国集团数字经济发展与合作倡议》中的概念界定:数字经济是指以使用数字化的知识和信息作为关键生产要素、以现代信息网络作为重要载体、以信息通信技术的有效使用作为效率提升和经济结构优化的重要推动力的一系列经济活动。

有学者基于文献分析认为,"资源、技术和活动"是理解数字经济的三个主要视角。一是从资源视角看,数字经济理解为以数字、数据或数字化信息作为关键资源或要素的经济。二是从技术视角看,数字经济理解为一种技术或一种生产函数。从技术供给看,又可分为以信息技术产业为基础所形成的相关经济业态以及与传统产业深度融合而发展起来的新业态。以人工智能、大数据、云计算、区块链、物联网、5G和数据交换平台等为代表的新一代信息技术,为数字经济发展奠定了重要的基础。例如,在《中国数字经济指数2018年度报告》中,数字经济被定义为由信息技术革新驱动的经济增长,包括内涵和外延两个部分。就内涵而言,电信、计算机、通信设备等信息技术相关的行业本身就是数字经济的一部分;就外延而言,由信息技术革新所带来的新商业模式、新生活方式等都属于数字经济[1]。三是从活动视角看,一般将其看作以信息通信技术的有效使用作为效率提高和经济结构优化的重要推动力的一系列经济活动[2]。

数字经济是继农业经济、工业经济之后的更高级经济阶段,它是以数字化的信息和知识作为关键生产要素,以现代信息网络为主要载体,以信息通信技术融合应用、全要素数字化转型为重要推动力。从理解数字经济要义的角度看,数字经济内涵的两个关键要素一是人工智能、区块链、物联网、5G等新数字技术应用成为数字经济的技术基础;二是经济社会各行业运转的日益数字化、网络化、智能化,使现代经济活动更加灵活、敏捷、智慧,改变了传统的创新创业方式,催生了一系列新业态和新模式。从数字经济范畴上看,数字经济涵盖数字产业化和产业数字化两个方面。其中数字产业化主要指信息产业的增加值,主要包括基础电信、电子信息产品制造业、软件和信息服务业、互联网产业。产业数字化包括信息技术对其他产业(包括农业、工业和服务业)的贡献。2008年国际金融危机爆发以来,世界各国开始制定数字经济发展战略,大部分的OECD成员国已制定数字经济发展的国家战略,如《美国数字经济议程》《英国数字化战略》《澳大利亚数字经济:未来方向》,欧盟在数字经济领域相继发布了《欧盟人工智能战略》等。

---

[1] 财新数联.中国数字经济指数2018年度报告[R].2018.5.
[2] 郑健壮,李强.数字经济的基本内涵、度量范围与发展路径[J].浙江树人大学学报(人文社会科学),2020,20(6):33-39.

二、数字经济的特征

数字经济有别于传统工业经济,呈现出独有的特征。数字化、平台化、智能化和融合化是其显著特征。

(一) 数字化

数据是数字经济的"新能源",是数字经济的重要特征。数据将会越来越多地参与价值创造的过程。"数字经济"中的"数字"根据数字化程度的不同,可以分为三个阶段:信息数字化(Information Digitization)、业务数字化(Business Digitization)、数字转型(Digital Transformation)。数字转型是目前数字化发展的新阶段,是指数字化不仅能扩展新的经济发展空间,促进经济可持续发展,而且能推动传统产业转型升级,促进整个社会转型发展[①]。数字经济时代,数据的流动与共享,推动着商业流程跨越企业边界,建立全新的商业生态,形成新的发展路径。公司业务实现高度数字化,公司从内部实现高效采集和储存,帮助企业实现业务随时随地可查、可控、可追溯。数字创业也成为创业的重要选择。例如,2016年,最初由上海交通大学几位研究生走到一起创立的上海人赢网络科技有限公司,创造了 MatchU 码尚品牌。MatchU 码尚以男装衬衫轻定制为切入点,自主研发了 Vega system——基于亚欧美 4 000 万人体净尺寸 AI 持续学习人体特征与尺码间的计算方法,实现了三分钟非接触式远程在线量体;用户只要在手机端输入身高、体重,并勾选 4 项身体特征,AI Vega 即可计算出高精度的人体净尺寸,准确度已达到 98% 以上。人体尺码数据嫁接 MatchU 自主研发的 WOMS 系统,转换成为成衣尺码信息嫁接工厂订单系统。单件单裁,7 个工作日送达用户的手中。在这整个过程中,MatchU 码尚没有垫资,不需要库存,从而解决了传统服装行业致命的库存问题,也通过赋能产业升级,做到了真正的柔性供应链[②]。

(二) 平台化

平台型企业成为数字经济时代重要的组织形态。依托"云、网、端、管"等新型基础设施,数字平台成为数字经济时代数据资源配置的关键枢纽,创造了全新的创新创业环境。数字经济发展过程中,数字平台对数据资源配置发挥着至关重要的作用,因为数字平台对数据资源采集、数据要素转型、数据价值实现和安全保障方面发挥重要作用。例如,华为打造的沃土数字平台是构建在云基础设施之上,整合了 IoT、AI、大数据、视频、融合通信、GIS 等多种新 ICT 能力,实现技术与业务、IT 与 OT 的深度融合,使能客户实现业务协同与敏捷创新,打造数字世界的底座,助力客户数字化转型。例如以数字平台

---

① 中国信息通信研究院.中国数字经济白皮书.2017 年 7 月.
② MatchU 码尚创始人钱宝祥分享创业历程 激发大学生创业热情.中国新闻网,https://baijiahao.baidu.com/s?id=1616984386621357645&wfr=spider&for=pc,2018-11-13;项目团队——上海交通大学创业学院(sjtu.edu.cn),http://chuangye.sjtu.edu.cn/index.php/Project/view/id/73,2021-07-09.

打造智慧园区的数字底座,基于智慧园区数字平台,实现 AI、大数据、视频云、物联网、GIS 等新 ICT 能力封装。根据标杆项目成功实践沉淀园区业务资产、数据资产和集成资产,支持园区基线场景应用,包括智能运营中心、综合安防、便捷通行、资产管理、设施管理、能效管理、环境空间、高效办公;提供应用使能、集成使能、数据使能、开发使能等二次开发和集成交付能力,支持公有云、混合云部署,支持园区基线场景外的应用定制[①]。

(三) 智能化

数字经济活动的智能化日益增强。人工智能等新兴技术正在成为数字经济的重要赋能技术,帮助企业完成从信息化、数字化到智能化的转型升级过程,在自动驾驶、3D 打印、医疗辅助等诸多领域取得了明显的进展。例如,海尔集团深耕互联网定制,实施智能制造战略,实现从大规模制造向大规模定制转型,快速满足用户个性化需求。2016 年,海尔发布卡奥斯(COSMO)互联工厂云平台。卡奥斯是用户全流程参与体验的工业互联网平台,打造模块化、云化,形成交互定制、开放创新、精准营销、模块采购、智能制造、智慧物流和智慧服务 7 大模块系列产品矩阵,实践大规模定制模式,并持续为企业赋能。卡奥斯已经孕育出化工、农业、应急物资、能源、石材、模具、装备等 15 个行业生态,在全国建立了 7 大中心,包括山东半岛经济带中心、长三角一体化中心、京津冀中心、粤港澳大湾区中心、长江中游经济带中心、川渝经济带中心、关中平原经济带中心,覆盖全国 12 大区域,并在 20 个国家复制推广。卡奥斯有效连接用户与平台内外部资源,让用户真正参与到设计、制造、物流、服务等各个环节中,并为互联工厂提供用户的体验反馈,实现利益相关方的共创共赢[②]。

(四) 融合化

随着数字技术与物理世界日益紧密结合,数字经济的融合化特点日益突出。供给方和需求方的界限日益模糊,逐渐成为融合的"产消者"。在供给方面,越来越多的企业借助大数据平台收集、整理、分析用户数据,刻画用户形象,分析其消费行为与习惯,从而开发更具个性化的产品和提供更加人性化的服务。在需求方面,"互联网+"的商业生态系统,使得消费者有机会表达需求,甚至有机会参与产品的研发,使得企业采用新的生产模式和销售模式,促使企业不断进行数字化转型发展,以"信息化、SaaS 化、移动化、AI 化"为主要特征的数字化企业服务日益增加。此外,融合化还体现在传统企业与数字科技企业加速跨界融合实现共生共赢,探索构建线上线下融合共生的、以自由流动的数据资源为基础,以数字科技族群为连接,以多元数字科技平台为依托,以共同价值主张为导向的全新产业生态体系。

---

① 华为沃土数字平台,https://e.huawei.com/cn/digital-platform/,2021-07-10。
② 卡奥斯平台介绍,卡奥斯 COSMOPlat-创全球引领的世界级工业互联网平台,https://www.cosmoplat.com/platform。

 案例

探索数字农业

汉源县和阿里云双方围绕着一个词——在线,主要有三个关键动作:其一,在农田做物联网改造,让土地、农作物的实时状态联网在线,在虚拟世界建模,实现土地资产数据化。从2019年建成的600亩"试验田"起步(目前正处于快速建设期),到2022年,汉源花椒的"数字化"种植基地将达到26个,面积将达到5万亩。其二,合作成立阿牛农业科技公司(汉源国资控股),开发出农事App,让农事"业务"在线、农业专家在线、农资供应在线,用数字化的方式,让农事更精准。其三,开设汉源花椒官方旗舰店,建立盒马鲜生直采基地等,提升农产品线上销售比例,推动农业品牌数字化①。

三、数字经济的新业态新模式

在"双循环"新发展格局背景下和新冠肺炎疫情防控常态化形势下,进一步培育壮大数字经济的新业态新模式十分重要。同时,新的消费特征也倒逼新业态新模式的涌现。我国当前以网络购物、移动支付等新业态新模式为特征的新型消费快速发展,正从"基础消费、实物消费、大众消费、单一消费、生存型消费"向"品质消费、体验消费、个性消费、多元消费、发展型和享受型消费"迭代升级②。例如,网络消费、夜间消费不断发展,线上线下融合一体化逐渐加深,不断打造新的消费场景。

数字经济新业态新模式是根植数字经济发展土壤,以数字技术创新应用为牵引,以数据要素价值转化为核心,以多元化、多样化、个性化为方向,经产业要素重构融合而形成的商业新形态、业务新环节、产业新组织、价值新链条,是关系数字经济高质量发展的活力因子,具有强大的成长潜力③。数字经济新业态新模式发展的机理总结为:一是数字技术赋能新业态新模式发展,是新业态新模式迭代升级的关键驱动力。二是新冠肺炎疫情防控触发数字化生存机制。疫情倒逼个人、企业、社会使用线上办公,催生"宅经济"。三是消费者主权意识升级激发长尾效应。消费者既不再满足于标准化商品,希望在商品的设计和生产中注入独有观念和个性,又更加重视产品及配套服务的双重品质。四是企业发展的本质追求。在经济规律性减弱的态势下,企业主动寻求数字化手段来突破发展困境,依靠数据、信息、技术和知识等新要素来挖掘新模式、新价值、新商机④。

2020年,国家发改委等13部门发布《关于支持新业态新模式健康发展 激活消费市场带动扩大就业的意见》,支持15种新业态新模式健康发展,主要内容包括大力发展融合

---

① 吴晓波,王坤祚,钱跃东.云上的中国:激荡的数智化未来[M].北京:中信出版集团股份有限公司,2021:98.
② 韩凝春,王春娟.新生态体系下的新消费、新业态、新模式[J].中国流通经济,2021,35(3):121-128.
③④ 赛迪智库信息化与软件产业研究所.我国数字经济新业态新模式发展研判[N].中国计算机报,2020-11-23(008).

化在线教育、互联网医疗、线上办公、数字化治理,以及壮大实体经济新动能;培育产业平台化发展生态;加快传统企业数字化转型步伐;打造跨越物理边界的"虚拟"产业园和产业集群;发展基于新技术的"无人经济";培育新个体,支持自主就业;发展微经济,鼓励"副业创新"。强化灵活就业劳动权益保障,探索多点执业;拓展共享生活新空间;打造共享生产新动力;探索生产资料共享新模式;激发数据要素流通新活力。

支持微商电商、网络直播等多样化的自主就业、分时就业。鼓励发展基于知识传播、经验分享的创新平台。鼓励商业银行推广线上线下融合的信贷服务,合理降低个体工商户融资成本。通过网络平台开展经营活动的经营者,可使用网络经营场所登记个体工商户。引导互联网平台企业降低个体经营者使用互联网平台交易涉及的服务费,吸引更多个体经营者线上经营创业。

中国互联网工业平台——海尔COSMOPlat

第二节 数字经济时代的创新

案例导入

柯达 VS 富士:传统行业应对数字化的创新创业

为什么柯达失败了,富士胶片却蓬勃发展?近日,专业摄影器材点评博客 PetaPixel 上发表了一篇文章,基于两家公司高管的一手资料和实际财务数据,分析了这两家类似的公司的命运是如何以及为什么走向相反的方向。文章的作者是奥利弗·克米亚(Oliver Kmia)。原文标题为 Why Kodak Died and Fujifilm Thrived: A Tale of Two Film Companies。以下案例内容有节选。

尽管柯达和富士胶片都生产相机,但它们的核心业务还是集中在胶片和后期处理的销售上。据《福布斯》报道,柯达"很乐意赠送相机,以换取人们对付费冲洗照片的兴趣,这给柯达带来了一笔不错的年金,80%都来自用于冲洗和打印照片的化学品和纸张市场。"在柯达内部,这被称为"卤化银"(Silver Halide)策略,以胶片中的化学成分命名。这是一个了不起的成功故事。这种商业策略类似于吉列或打印机制造商的策略:赠送剃须刀或打印机,通过刀片和墨盒赚钱。事实上,富士胶片公司在 1986 年向大众推出了一次性的 35 毫米相机,之后柯达公司于 1988 年也推出了类似的产品。胶片对它们来说就是一切。2000 年,就在数字转型之前,与胶片相关的销售额占柯达收入的 72%,占其营业收入的 66%,富士胶片的比例则分别是 60% 和 66%。

但巅峰背后总是隐藏着一个危险的山谷。20 世纪 90 年代初,数码技术兴起,相机逐渐转向数字化。消费者开始购买数码相机而不是传统胶卷相机。市场开始缓慢地萎缩,然后以每年 20% 或 30% 的速度暴跌。2010 年,全球对摄影胶片的需求下降到不到十年前的十分之一。紧随其后的是智能手机席卷全球,人们从打印图片到将其存储在数字设备上或在社交媒体平台上在线共享。换句话说，数字时代的商业模式与"卤化银"商业模式完全不同，胶片和后期处理的核心业务正在消失。

柯达和富士同时遭遇了新兴数码影像技术带来的巨大挑战，但是不同战略却产生了不同的结果。柯达建立的业务在传统市场上失败了，也没有找到新的市场，没有真正理解数字技术带来的消费行为的改变，在2012年申请破产保护，退出传统业务，出售专利，然后在2013年重新成为一家规模大幅缩小的公司。而富士胶片在二次创业中立即投身企业产品创新、公司重组，从而华丽转身，从一家相对狭窄的照相用品供应商转变为一家拥有大量医疗保健和电子产品的多元化公司。

富士做了什么？富士胶片在古森重隆的带领下进行了一系列根本性的改革，通过创新和外部增长来转变其业务。不仅在数码摄影技术领域占有一席之地，还将业务拓展到电子产品和医疗保健等领域，从而实现华丽转身。富士通过缩减生产线和关闭冗余设施来重组其现有业务。同时，研发团队重新评估已有的技术，以使其与未来需求和新市场相匹配。富士还将有潜力的核心尖端技术整合优化到新的成长领域，进入多元化的新兴市场。通过评估，富士发现医药品、医疗设备系统、光电、数码影像、印刷以及高性能材料等6大领域都是成长潜力巨大的领域。这些新的领域能很好地融合富士胶片的现有技术，开拓新兴市场。富士胶片利用现有的胶片技术，并在新技术上进行了大量投资。通过并购快速拓展新领域。在现有技术无法覆盖的领域，富士通过并购的方式快速发展。过去10年间，富士胶片从全球并购了大约40家企业。

（资料来源：郝鹏程.同样都是胶片公司，为什么柯达死了，富士却蓬勃发展？https://www.digitaling.com/articles/80478.html.原文出处：https://petapixel.com/2018/10/19/why-kodak-died-and-fujifilm-thrived-a-tale-of-two-film-companies/）

创新是创业活动的重要基础。快速变革的技术、复杂的社会组织结构、动态的信息环境和激烈竞争的市场，应对快速变化的创业发展环境，创新显得尤为重要。

一、创新概念

创新是指人类为了满足自身需要，不断拓展对客观世界及其自身的认知与行为的过程和结果的活动。具体讲，创新是指人为了一定的目的，遵循事物发展的规律，对事物的整体或其中的某些部分进行变革，从而使其得以更新与发展的活动。

创新，顾名思义，创造新的事物。《广雅》："创，始也"；新，与旧相对。创新一词出现得很早，如《魏书》中有"革弊创新"，《周书》中有"创新改旧"。和创新含义近同的词汇有维新、鼎新等，如"咸与惟新""革故鼎新""除旧布新""苟日新，日日新，又日新"。在西方，英语中Innovation（创新）这个词起源于拉丁语。它原意有三层含义：第一，更新，就是对原有的东西进行替换；第二，改变，就是对原有的东西进行发展和改造；第三，创造新的东西，就是创造出原来没有的东西。

1912年，美籍奥地利经济学家熊彼得在其著作《经济发展理论》中首次提出"创新理论"(Innovation Theory)。他认为,所谓创新就是要建立一种新的生产函数,即"生产要素的重新组合"。创新者将资源以不同的方式进行组合,创造出新的价值。这种"新组合"包括引进新产品;采用新技术;开辟新市场;控制原材料新的供应来源;实现新的组织形式和管理模式。德鲁克提出,创新是组织的一项基本功能,是管理者的一项重要职责。在此之前,"管理"被人们普遍认为就是将现有的业务梳理得井井有条,不断改进质量、流程、降低成本、提高效率,等等。然而,德鲁克则将创新引入管理,明确提出创新是每一位管理者和知识工作者的日常工作和基本责任。

数字经济时代,对创新的理解又进一步丰富和发展。企业正在不断加强数字化建设,经历着数字化支撑企业业务发展阶段、数字化赋能提升企业绩效阶段和数字化引领驱动企业数字化转型阶段,其中数字创新起到根本性作用。有学者在《数字创新》一书中对数字创新定义为:"数字创新是指在创新过程中采用信息、计算、沟通和连接技术的组合,并由此带来新产品、改进生产过程、变革组织模式、创建和改变商业模式等。"这个概念强调了数字技术、创新产出和创新过程,以及数字技术在创新过程中的应用[①]。例如,对新零售"五大创新"内涵的理解[②]:2017年9月11日,商务部流通产业促进中心发布了《走进零售新时代——深度解读新零售》调研报告(以下简称《报告》),重点考察了天猫等电商平台引领的新零售浪潮,并就新零售如何健康发展提出了4项指导意见。《报告》对新零售给出明确定义,即新零售的"新"表现在由技术变革+需求变革共同驱动下,对零售业全要素、多维度、系统化的改革,并对交易活动中的商业关系、利益关系、组织方式进行了升级。《报告》同时认为,尽管一些零售商利用互联网采销商品,但并没有改变其作为传统零售的本质特征。而天猫新零售平台的"新"体现在5个方面:新角色、新内容、新业态、新关系、新理念。"新角色"是指像天猫这样的新零售平台,在下游洞悉消费者需求,并向上游供应商提供消费者需求大数据资源,进而成为供应商的生产研发活动和市场推广活动的服务者。"新内容"是指平台由商品销售者变为"商品和服务"的提供者,如天猫等平台利用商品数字化、会员数字化为生产企业、供应商提供新型的数据服务。"新形态"是指通过清晰洞察消费者痛点,对零售业态的各要素再次进行边际调整,组成新型经营业态。"新关系"是指天猫等平台为供应商赋能,与消费者实现互动和交流,构建平台与消费者之间深度互动的社群关系。"新理念"则是指需要适应消费者主权时代的新理念、新模式,通过零售变革更精准地满足消费者需求,为消费者不断创造价值。

二、数字化创新类型

数字经济时代,数字化创新主要包括数字产品创新、数字组织创新和数字商业模式创新。

---

① 魏江,刘洋.数字创新[M].北京:机械工业出版社,2021:12.
② 李栋.商务部定义新零售"五大创新"内涵[N].新京报,2017-09-12.

(一)数字产品创新

产品创新(Product Innovation)是指创造某种新产品或对某一新或老产品的功能进行创新。其目的是改善或创造产品,进一步满足顾客需求或开辟新的市场。罗伯特·库伯在《新产品开发流程管理》中列出了6种不同类型或是不同级别的新产品。① 全新产品。这类新产品是其同类产品的第一款,并创造了全新的市场,此类产品占新产品的10%。② 新产品线。这些产品对市场来说并不新鲜,但对于有些厂家来说是新的,约有20%的新产品归于此类。③ 已有产品品种的补充。这些新产品属于工厂已有的产品系列的一部分。对市场来说,它们也许是新产品。此类产品是新产品类型中较多的一类,约占所推出的新产品的26%。④ 老产品的改进型。这些不怎么新的产品从本质上说是工厂老产品品种的替代。它们比老产品在性能上有所改进,提供更多的内在价值,该类新改进的产品占推出的新产品的26%。⑤ 重新定位的产品。适于老产品在新领域的应用,包括重新定位于一个新市场,或应用于一个不同的领域,此类产品占新产品的7%。⑥ 降低成本的产品。将这些产品称作新产品有点勉强。它们被设计出来替代老产品,在性能和效用上没有改变,只是成本降低了,此类产品占新产品的11%。

数字产品创新则是产品中包含了数字技术,或者被数字技术所支持。例如,短视频创作分享App抖音。还有智能互联的产品,包含3个核心元素:物理部件、智能部件和联接部件。智能部件能加强物理部件的功能和价值,而联接部件进一步强化智能部件的功能和价值,这就使得产品价值提升形成了良性循环。例如,杭州城市大脑数字驾驶舱,基于城市所产生的数据资源,实现数据即时、在线、准确,是城市管理者的日常工作平台,有效调配公共资源,不断完善社会治理,推动城市可持续发展。数字驾驶舱主要包含自动化运维(机器监控、预警报警)、日常运营运行(日常运行、领导关注、数字化辅助报告与决策、管理经验沉淀)等模块。在治理机制上,城市管理者通过数字驾驶舱的数字指标发现问题(数字流程),根据实际情况进行业务主责部门的确定、业务边界的划分、业务工作的协同(业务流程),当问题处理完毕后,驾驶舱中数字指标恢复正常,完成一整套事件处理闭环。

(二)数字组织创新

互联网的兴起和数字经济的发展,引发了一系列组织变革,涌现了虚拟组织、网络组织、平台组织、生态组织等组织类型。在工业经济环境下运行的科层制,由受过专门训练的专职人员,按照一定规则进行管理运作。科层制带来效率、标准、统一的同时,也使人或组织单元成为流水线或层级制中的一个个机械的模块。数字组织,如虚拟组织、网络组织和平台组织,组织的资源集中与分散是相对的,组织结构模块化支撑多层次的规则异构性和多主体的决策自主性以及组织边界的模糊性,使得组织具有灵活性、敏捷性和不确定性等特点,提高了企业在技术研发、客户交易、供应链协同等方面的应对能力。组织功能由传统的管理更加倾向于赋能,通过企业人、财、事、物的数字化升级,实现组织在线、沟通在线、协同在线、业务在线和生态在线,实现企业更加高效管理,推动组织创新。

数字平台已经成为数字组织创新的重要内容和方式。基于功能的分类,数字平台可以分为交易性平台、社交型平台和创新型平台。如表1-3所示,交易型平台主要是为需要交易的双方提供的数字平台,目的是帮助不同类型的个人或组织完成交易。社交型平台主要是为用户提供的进行内容创造与交换、增进彼此社会交流以加强相似观点的数字平台。创新型平台也被称为技术型平台,主要是为应用程序开发者创新、开发互补软件产品提供的数字技术基础平台,如苹果iOS平台、谷歌安卓平台、淘宝开放平台。

表1-3 基于功能的数字平台分类

平台类型	内 涵	举 例
交易型平台	为需要交易的双方提供的数字平台,帮助不同类型的个人或组织完成交易	电商平台:淘宝、亚马逊、eBay 租赁平台:Airbnb 团购平台:美团、大众点评 出行平台:滴滴、Uber
社交型平台	为用户提供的进行内容创造与交换、增进彼此社会交流以加强相似观点的数字平台	在线社区:苹果开发者社区、Steam社区 社交网络平台:微博、Facebook、Twitter 视频平台:YouTube、抖音 直播平台:淘宝直播、斗鱼直播
创新型平台	也被称为技术型平台,主要是为应用程序开发者创新、开发互补产品提供的数字技术基础平台	苹果iOS平台、谷歌安卓平台、淘宝开放平台

(资料来源:魏江,刘洋.数字创新[M].北京:机械工业出版社,2021:61)

(三)数字商业模式创新

商业模式是企业价值创造的基本逻辑,即企业在一定的价值链或价值网络中如何向客户提供产品和服务并获取利润的。商业模式创新可以帮助企业进行新的价值创造和价值获取,商业模式创新要求企业商业模式的组件和体系结构发生变化。Casadesus-Masanell等将商业模式的创新划分为三个维度的创新,即价值主张、价值创造以及价值获取的创新[1]。人工智能、大数据和云计算等数字技术的扩散正在产生新的商业模式,商业模式创新抓住技术推动这一关键要素为企业提供技术上优越的产品或服务,帮助提升企业的绩效[2]。

长城物业

三、创新思维

(一)创新思维的内涵与特点

当我们进行创新时,就不得不谈到创新思维,因为创新是破旧立新的过程,需要用新

---

[1] Casadesus-Masanell R, Zhu F. Business model innovation and competitive imitation: The case of sponsor-based business models[J]. Strategic Management Journal, 2013, 34(4): 464-482.

[2] 张省,杨情.数字技术能力、商业模式创新与企业绩效[J].科技管理研究,2021,41(10):144-151.

的思维来思考问题、分析问题和解决问题。创新思维是一种对基础信息的认知方式的创新,是对原有思维模式的改变,是指以新颖独创的方法解决问题的思维过程,通过这种思维能突破常规思维的界限,提出与众不同的解决方案,从而产生新颖的、独到的、有社会意义的思维成果。

创新思维的本质在于"新"。同其他思维类型比较,创新思维以"奇""异"制胜。联想性、求异性、逆向性和综合性是创新思维的基本特征[①]。

联想性是将表面看来互不相干的事物联系起来,从而达到创新的界域。联想性思维可以利用已有的经验创新,通过举一反三、触类旁通,也可以利用别人的发明或创造进行创新。联想是创新者在创新思考时经常使用的方法,也比较容易见到成效。

求异性体现在与其他常规思维活动形式所不同的独到的创新意义。它表现为在思考问题的方式、方法,以及思维活动的结果等方面,都与传统思维活动有着不同的新颖之处。

逆向性思维就是有意识地从常规思维的反方向去思考问题的思维方法。如果把传统观念、常规经验、权威言论当作金科玉律,常常会阻碍我们创新思维活动的展开。因此,面对新的问题或长期解决不了的问题,不要习惯于沿着前辈或自己长久形成的、固有的思路去思考问题,而应从相反的方向寻找解决问题的办法。

综合性思维是把对事物各个侧面、部分和属性的认识统一为一个整体,从而把握事物的本质和规律的一种思维方法。综合性思维不是把事物各个部分、侧面和属性的认识,随意地、主观地拼凑在一起,也不是机械地相加,而是按它们内在的、必然的、本质的联系把整个事物在思维中再现出来的思维方法。

(二) 创新思维的培养

培养创新思维具有重要意义,与商业领域的成功有着紧密的联系,下面介绍几种培养创新思维的方法[②]:

(1) 逆向思维。逆向思维是相对于顺向思维而言的,它是指从相反的角度思考产品开发,把市场最终目标作为产品研究的出发点,沿着为实现未来而思考现在,为到达终点而把握起点的思路。

(2) 心理思维。抓住人们的心理追求去开发创造新产品,往往可以收到意想不到的市场效果。

(3) 跟踪思维。跟踪思维就是通过对社会消费情况进行跟踪调查,进行综合、分析和思考,从中发现未来产品并开发创新。

(4) 替代思维。如果一种产品在消费实践中已被证明是过时落后的,人们希望有新的更好的东西替代之,而一旦有了优于或完全不同于这种产品的另一种新产品问世,市场销路往往会出人意料的好。

(5) 发散思维。发散思维就是从某一研究和思考对象出发,充分展开想象的翅膀,从

---

① 曹裕,陈劲.创新思维与创新管理[M].北京:清华大学出版社,2017:19.
② 沈斐敏,徐国立.大学生创新与创业教程[M].北京:高等教育出版社,2014:8.

一点联想到多点,在对比联想、接近联想和相似联想的广阔领域分别涉猎,从而形成产品的扇形开发格局,产生由此及彼的多项创新成果。发散性思维能够产生众多的可供选择的方案、办法及建议,能提出一些独出心裁、出乎意料的见解,使一些似乎无法解决的问题迎刃而解。

 **案例**

著名的希尔顿酒店产业创始于20世纪20年代。当初,创始人希尔顿在达拉斯商业街上漫步,发现这里竟然没有一家像样的酒店,而不久这里即将建成的服务设施势将吸引大量游客,于是他萌生了建一家高级酒店的想法。

希尔顿是一个创造力与行动力都很强的人,想到就去做。他很快就看中一块"风水宝地"。酒店属于典型的服务业,对这个产业影响最大的因素就是地段,选择一个好的地段,即使初始投资较大,也会很快在后续的有利经营中收回。所以,希尔顿决心一定要买下这块风水宝地。

这块地出让价格为30万美元,而他眼下可支付的资金仅有5 000美元!况且,解决地皮之后,还要筹集大量的建设资金。所以,表面上看,这个项目显然不可行。

但他没有放弃,他把这个难题进行了分解。首先,他把30万的地皮费用分解到了每年每月。他对土地拥有人说:"我租用你的土地,首期90年,每年给你3万美元,按月支付,90年共支付270万美元,一旦我支付不起,你可以拍卖酒店……"对方感到占了个大便宜。

签定了土地租赁协议后,希尔顿马不停蹄,将自己开酒店的方案以及诱人的经营远景讲给投资商听,很快与一个大投资商达成了协议,合股建设酒店。酒店如期建成,经营效益超出先期预料,获得了巨大成功。从此,希尔顿走上世界级酒店的王者之路,一度跻身全球十大富豪之列。

上述案例以时间性为切入,将租金问题进行了分解法再思考,用现有的有限资金作为签定协议的资本,将未来的项目利润作为履约资本。接着,他又以结构性和利益性为切入,把自己的协议权力用智慧放大为股份资本,将建设资本压力变成另一位投资者的投资动力,解决了全部建设资本。因此,是智慧资本造就了著名的希尔顿。

(资料来源:史宪文.现代企划:原理、案例、技术[M].北京:清华大学出版社,2010)

四、创新方法

创新方法是指创新活动中带有普遍规律性的方法和技巧。它是通过研究一个个具体的创新过程,比如创新的题目是怎样确定的、创新的设想是怎样提出的、设想又如何变成现实等,从而揭示创新的一般规律和方法。

(一)常用的创新方法

1. 模仿创新法

模仿创新法就是一种人们通过模仿旧事物而创造出与其相类似的事物的创造方法。

从模仿的创造性程度而言,可分为机械式模仿、启发式模仿和突破式模仿三种。机械式模仿把别人成功的经验和先进的生产方式直接吸收过来,很少独创。启发式模仿不是在二者相等条件下进行的,而是在其他对象的启发下完成创造。突破式模仿是指进行模仿的东西发生了质的变化,而将其他事物转化成自己的东西,往往是全新的创造。

2. 创意列举法

创意列举法主要分为属性列举法、希望点列举法、优点列举法和缺点列举法四种。属性列举法,先观察和分析属性特征,再针对每项特征提出创新构想。这种方法是一种创意思维策略,强调人们在创造的过程中,先观察和分析事物或问题的属性特征,然后再针对每项特性提出相应的改良或改变的构想。希望点列举法,不断地提出理想和愿望,针对希望和理想进行创新。这种方法是指人们不断地提出理想和希望,寻找解决问题的对策以及实现这些理想和愿望的方法。优点列举法,逐一列出事物的优点,进而探求解决问题的方法和改善的对策。这种方法指的是人们通过逐一列出事物的优点,从而寻求解决问题、提出改善对策的方法。缺点列举法,列举出事物的缺点和不足之处,然后分析这些缺点,从而找出解决问题和改善对策的方法。

3. 类比创新法

类比创新法是根据两个或两类对象之间在某些方面的相同或相似而推出它们在其他方面也可能相同的一种思维形式和逻辑方法。根据类比的对象、方式等的不同,类比创新法大致可以分为以下几种类型:直接类比、拟人类比、幻想类比、对称类比、因果类比、仿生类比、综合类比。

4. 头脑风暴法

头脑风暴法又称智力激励法、BS法。它是一种通过小型会议的组织形式,让所有参加者在自由愉快、畅所欲言的气氛中,自由交换想法或点子,并以此激发与会者创意及灵感,使各种设想在相互碰撞中激起脑海的创造性"风暴"。头脑风暴法可分为直接头脑风暴法和质疑头脑风暴法两种。为了更好地运用头脑风暴法,使思维活动真正起到互激效应,必须严格遵守以下四项基本原则:① 延迟评价。② 鼓励自由想象。③ 以数量求质量。④ 鼓励巧妙地利用并改善他人的设想。

头脑风暴法会议的注意事项如下:① 要明确会议的目标,千万不能无的放矢。② 会议人员以 5~10 人为宜,包括主持人、记录员和参加者。③ 选择合适的主持人。④ 确定记录员。⑤ 会议时间一般在一个小时以内,最好不超过两个小时。⑥ 对设想进行评价。

5. 检核表法

采用一张一览表,对需要解决的问题逐条地进行核计,进而从各个角度诱导出多种创意设想的方法。人们创造出了多种检核表,其中最常用的就是奥斯本检核表。奥斯本检核表法就是以提问的方式,根据创造或解决问题的需要,列出一系列提纲式的提问(见表1-4),形成检核表,然后对问题进行讨论,最终确定最优方案的方法。

表1-4 奥斯本检核表法九大问题

序号	检核项目	说明
1	能否他用	能否还有其他的用途？保持不变能否扩大用途？稍加改变有无其他用途
2	能否借用	能否从别处得到启发？能否借用别处的经验和发明？过去有无类似的东西可供模仿？谁的东西可模仿？现有的发明能引入到其他的创造设想之中
3	能否改变	能否可以做某些改变？改变一下会怎样？可改变一下形状、颜色、音响、味道吗？是否可能改变一下型号模具或运动形式……改变之后，效果如何
4	能否扩大	能否扩大适用范围？能否增加使用功能？能否添加零部件,延长它的使用寿命,增加长度、厚度、强度、频率、速度、数量、价值
5	能否缩小	能否体积变小、长度变短、重量变轻、厚度变薄以及拆分或省略某些部分(简单化)？能否浓缩化、省力化、方便化
6	能否替代	能否用其他材料、原件、方法、工艺、功能等来代替
7	能否调整	能否变换排列顺序、位置、时间、速度、计划、型号？内部元件可否交换
8	能否颠倒	能否正反颠倒、里外颠倒、目标手段颠倒等
9	能否组合	能否进行原理组合、材料组合、部件组合、形状组合、功能组合、目的组合

奥斯本检核表法的"三步走"实施步骤：

第一步,根据创新对象明确需要解决的问题；第二步,参照表中列出的问题,运用丰富想象力强制性地逐个核对讨论,写出新设想；第三步,对新设想进行筛选,将最有价值和创新性的设想筛选出来。

奥斯本检核表法的注意事项如下：

① 对所列举的事项逐条核检,确保不遗漏；② 尽量多核检几遍,以确保较为准确地选择出所需创新、发明的方面；③ 进行检索时,可将每一大类问题作为一种单独的创新方法来运用；④ 核检方式可根据需要进行多种变化。

6. 组合创新法

按照一定的技术原理,通过将两个或多个功能元素合并,从而形成的一种具有新功能的新产品、新工艺、新材料的创新方法。组合创新法具有以下特点：

① 将多个特征组合在一起；② 组合在一起的特征相互支持、相互补充；③ 组合后要产生新方法或达到新效果,有一定的飞跃；④ 利用现成的技术成果,不需要建立高深的理论基础和开发专门的高级技术。

7. 移植创新法

将某一领域中已有的原理、技术、方法、结构、功能等,移植应用到另一领域而产生新事物、新观念、新创意的构思方法。

移植创新法应用的必要条件：① 用常规方法难以找到理想的设计方案或解题设想，或者利用本专业领域的技术知识根本就无法找到出路。② 其他领域存在解决相似或相近问题的方式方法。③ 对移植结果能否保证系统整体的新颖性、先进性和实用性有一个估计或肯定性判断。

移植创新法具有以下几种类型：

(1) 原理性移植：把某一领域的原理移植到另一不同的领域，从而产生新设想的方法。

(2) 方法性移植：把某一领域的技术方法有意识地移植到另一领域而形成创造的方法。

(3) 功能性移植：把某一种技术所具有的独特技术功能，应用到其他领域，导致功能扩展的方法。

(4) 结构性移植：把某一领域的独特结构移植到另一领域而形成具有新结构的事物。

(5) 材料性移植：通过材料的替换达到改变性能、节约材料、降低成本的目的，带来新的功能和使用价值。

（二）TRIZ

TRIZ——Theory for Solving Inventive Problems，其含义是"发明问题解决理论"，从最通俗的意义上讲就是创造性地发现问题和创造性地解决问题的过程。TRIZ 的强大之处在于它为人们创造性地发现问题和解决问题提供了系统的理论和方法工具。TRIZ 理论是由苏联发明家阿利赫舒列尔（G.S. Altshuller）在1946年创立的，Altshuller 也被尊称为 TRIZ 之父。TRIZ 是基于知识的、面向人的发明问题解决系统化方法学。TRIZ 是解决问题的一种方法，其针对问题点的所在加以分析，并找出矛盾，再将矛盾分为物理矛盾与技术矛盾，进而采取不同的解决方式。

TRIZ 理论的核心思想：无论是一个简单产品还是复杂的技术系统，其核心技术的发展都是遵循着客观的规律发展演变的，即具有客观的进化规律和模式；各种技术难题、冲突和矛盾的不断解决是推动这种进化过程的动力；技术系统发展的理想状态是用尽量少的资源实现尽量多的功能。

TRIZ 的思维模式：首先，将特殊问题表达成为 TRIZ 问题。其次，利用 TRIZ 中的工具，如发明原理、标准解等，求出该 TRIZ 问题的普适解或称模拟解。最后，把该解转化为领域的解或特解。

TRIZ 解决问题的流程：参见图 1-3。

TRIZ 的基本理论体系与方法还包括技术系统八大进化法则、最终理想解、40 个原理、39 个工程参数及矛盾矩阵、物理矛盾和四大分离原理、物-场模型分析、发明问题解决算法等内容。

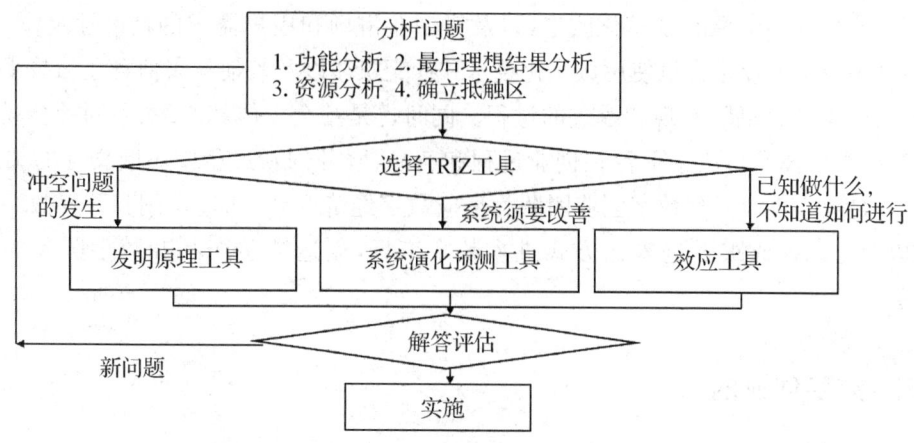

图 1-3　TRIZ 解决问题的流程
(资料来源:陈劲,郑刚.创新管理:精要版[M].北京:北京大学出版社,2021:254-260)

第三节　数字经济时代的创业

一、创业及数字创业的内涵

(一)创业的内涵

什么是创业?学者有不同的见解。霍华德·H. 斯蒂芬(Howard H. Steven)认为:"创业是一种管理方式,即对机会的追踪和捕获的过程,这一过程与其当时控制的资源无关。"并且进一步指出:"创业可由以下七个方面的企业经营活动来理解:发现机会、战略导向、致力于机会、资源配置过程、资源控制的概念、管理的概念和回报政策。"杰弗里·A. 蒂蒙斯(Jeffry A. Timmosns)则认为:"创业是一种思考、推理和行为方式,这种行为方式是机会驱动、注重方法和与领导相平衡。创业导致价值的产生、增加、实现和更新,不只是为所有者,也为所有参与者和利益相关者。"科尔(Cole)把创业定义为"发起,维持和发展以利润为导向的企业的有目的性的行为"。综上所述,创业是创业者通过发现和开发利用创业机会,组织并配置各种资源提供特定的产品和服务,以创造价值的过程。创业要关注顾客需求、整合资源、承担风险。

(二)数字创业的内涵

数字创业最早被概括为信息技术加速数字企业发展的创业过程,后来被进一步明确为利用新的数字组件、平台和基础设施来追踪创业机会的过程[①]。数字创业体现了数字

[①] Nambisan S. Digital entrepreneurship: Toward a digital technology perspective of entrepreneurship [J]. Entrepreneurship Theory and Practice, 2017, 41(6): 1029-1055.

技术对创业过程和结果的规模化改造,以及对创业市场和用户需求的精准性定位①。有研究者认为数字创业是大量使用数字化技术和社交媒体以及其他新兴信息通信技术参与创业机会的识别、发展、实现和改进的过程。同时也是社会个体和组织、不同社会场景和数字组件、数字技术与数字平台在创业过程和产品、服务创新过程中不断交互的结果②。数字创业是数字创业者和数字创业团队为适应数字经济变革,通过识别和开发数字创业机会,以领先进入或跟随进入的方式进入数字市场,创造数字产品和数字服务的创业活动③。

二、数字创业的特征

数字创业的特征具体表现在创业主体、创业组织、创业过程、创业机会和创业产出五个方面。

创业主体方面,传统创业是以创业个体和企业等组织为主,数字创业是以用户、创业团队、投资者以及技术人员等多种创业主体为主。单一主体创业模式正向团队化、公司化以及产业链生态化的多层次主体创业模式发展,进行资源整合,使用数字技术降低创业资源的匹配成本,比如资源探索、契约签订等。

创业组织方面,传统创业是以企业科层组织或个体为中心的网络组织为主,数字创业是通过虚拟团队、网络众筹、社交媒体互动以及平台化、创业生态系统而进行,产品、知识、信息、消息、图像和文字等数字创业资源的存在状态和外在表现以无形化为主。

创业机会方面,传统创业机会来源于个体先验经验、新技术、新知识与新市场机会④,数字创业机会来源于数字技术与产品、服务重构创造的市场、用户参与导致的创新以及新场景下出现的新应用机会⑤。数字创业机会呈现碎片化和创业机会识别过程的动态性等特征。传统创业往往是对单一产品创意的挖掘和识别,而数字创业过程则在多样化创业主体互动的过程中不断发现新的创业机会,以识别和满足更加碎片化和个性化的用户需求。

创业过程方面,传统创业有较明显的时间阶段划分和预定义的创业计划,数字创业则呈现碎片化、交互性、动态性和无边界的迭代性特点⑥。数字创业使用成本较为低廉的信息资源作为新的创业要素,同时也创造了新型的创业模式,减少了中间环节和沟通成本。

---

① Hinings B, Gegenhuber T, Greenwood R. Digital innovation and transformation: An institutional perspective [J]. Information and Organization, 2018, 28(1): 52-61.

② 余江,孟庆时,张越,靳景.数字创业:数字化时代创业理论和实践的新趋势[J].科学学研究,2018,36(10): 1801-1808.

③ 朱秀梅,刘月,陈海涛.数字创业:要素及内核生成机制研究[J].外国经济与管理,2020,42(4):19-35.

④ 董保宝.创业研究在中国:回顾与展望[J].外国经济与管理,2014,36(1):73-80.

⑤ Nambisan, S. Digital entrepreneurship: Toward a digital technology perspective of entrepreneurship[J]. Entrepreneurship Theory and Practice, Forthcoming, 2017, 41(6): 1029-1055.

⑥ Garud R, Giuliani A P. A narrative perspective to entrepreneurial opportunities[J]. Academy of Management Review, 2013, 38(1): 157-160.

数字创业基于线上线下相结合的创业网络的资源整合和团队组建,突破了传统实体创业模式,大大降低了沟通成本和资源获取成本限制。依托数字化技术所建立的渠道以及用户共同参与的开放式创新模式,数字创业过程使创新效率得到提升,创新风险降低。

创业产出方面,传统创业以固定的产品和服务为主,数字创业产出以自生长性、动态演进的产品和服务为主[①]。

三、创业理论模型与过程

(一) 蒂蒙斯(Timmons)创业模型

蒂蒙斯(Timmons)于1999年在其著作 *New Venture Creation* 中提出了一个全新的创业模型(见图1-4)。他认为,在成功的创业活动中,创业者需要协调机会、资源与团队三要素,并随着事业的发展维持动态平衡。创业过程以机会为契机,组成创业团队后获取必要资源,进而顺利开展创业计划。

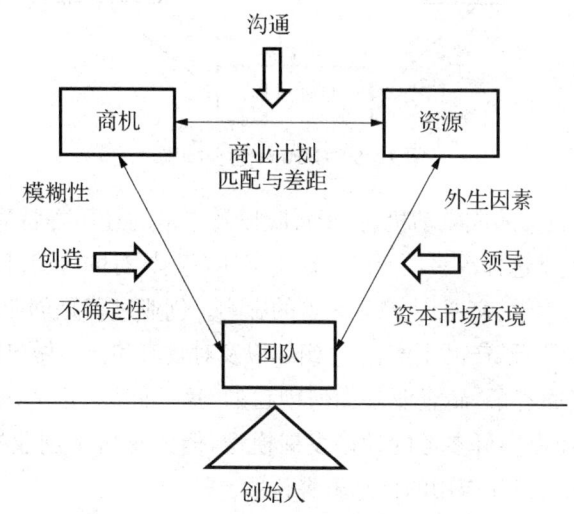

图 1-4 Timmons 创业模型

商业机会是创业成功的首要因素,识别和评估市场机会是创业过程的起点。创业者与工作团队应当努力寻找最佳商机,并通过商业计划匹配和平衡机会与资源之间的差距。资源是创业过程的必要支持,成功的创业企业着眼于最小化利用和控制资源。所以,创业者往往需要设计精巧、谨慎的战略以达到合理利用和控制资源的目的,这对新创企业尤为重要。团队是新创企业的关键组织要素,吸引风险投资家们的往往是创业团队的优秀能力和品质。在动态变化的市场环境中,创业者更需要建立一支具有柔性的创业团队。

---

① 余江,孟庆时,张越,等.数字创新:创新研究新视角的探索及启示[J].科学学研究,2017(7):1103-1111.

蒂蒙斯模型的特点是,三个核心要素构成一个倒立的三角形,创业团队位于三角形底部。在创业初始阶段,机会较大但资源贫乏,此时三角形向左边倾斜。经过一段时间的发展,企业拥有的资源充足起来,但原有机会变得有限,此时三角形向右边倾斜。因此,创业者需要带领创业团队不断开拓商业机会,合理运用资源,达到三者间的动态均衡。

(二)盖特纳(Gartner)创业模型

1985 年,盖特纳(Gartner)在 *A conceptual framework for describing the phenomenon of new venture creation* 一文中描述了新企业创建的概念框架,并提出如图 1-5 所示的创业模型。他认为创业包括 4 个维度:创建新企业的个人、创建新企业的类型(即组织)、新企业所面临的环境、创立新企业的过程。新企业的创立是这 4 个要素相互作用的结果。

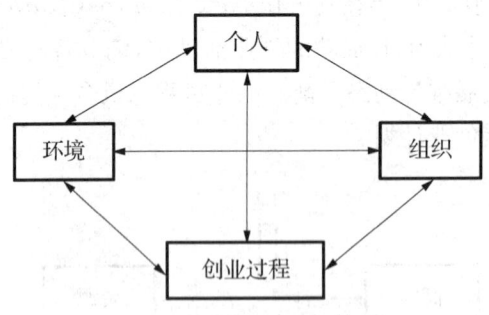

图 1-5　Gartner 创业模型

创业者个人需要较强的成就动机、善于冒险以及丰富的经历等特质。组织是创立的客体,包括内部机构与战略选择等多项变量。环境是新企业具有的经营环境,在较大程度上受到技术、供应商、政府、大学、交通、人口等因素的影响。创业过程是创业活动的实施进程,包括发现商业机会、集聚资源、产品生产、建立组织以及对政府和社会做出回应等步骤。

盖特纳模型不仅回答了"新企业是如何创建的"这一问题,也适用于单个创业者的创业行动,为新企业创业提供可参考的动态发展模型,但其忽略了创业机会的独特重要性,且缺乏对 4 个要素之间相互作用的详细解释说明。

(三)萨尔曼(Sahlman)创业模型

萨尔曼(Sahlman)在 Gartner 模型的基础上对创业框架进行改进,于 *Some Thoughts on Business Plan, The Entrepreneurial Venture* 一文中提出了不同的创业模型。他认为,在创业过程中,创业者要把握人、机会、外部环境以及交易行为四个要素,以更好地开发机会,提升企业价值(见图 1-6)。

在 Sahlman 创业模型中,人是为创业提供服务或资源的人员,包括经理、员工、会计师、律师、资方、供应商等。机会指任何需要投入资源的活动,不仅仅是亟待开发的技术、市场,还包括创业过程中所有需要投入资源的其他事物。外部环境指影响机会产出,又在管理直接控制之外的因素,包括宏观经济形势、政策法规、替代品威胁等。交易行为指创业者与所有资源供应者(利益相关者)之间的直接或间接关系。

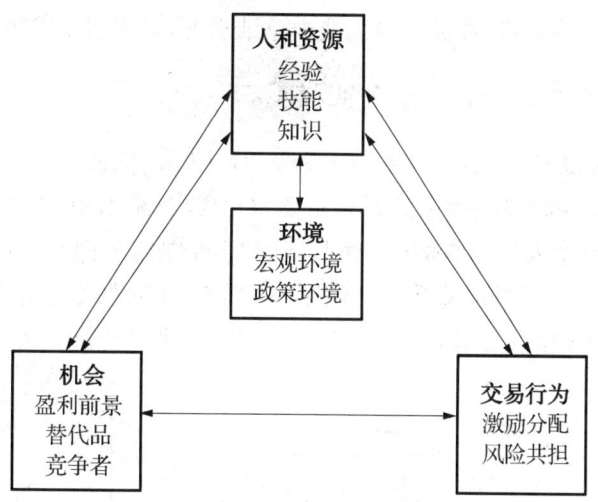

图 1-6 Sahlman 创业模型

萨尔曼模型的核心思想是人、机会、环境以及交易行为这4个要素之间的适应性。通过各要素协调整合，配置人才资源，找到盈利前景良好的商业模式，交易方式保证给予所有利益相关者充分激励以及共同承担风险，同时市场环境良好，达到成功创业。

（四）威克姆（Wickham）创业模型

威克姆（Wickham）在 *Strategic Entrepreneurship* 中提出了由创业者、机会、资源、组织四要素构成的创业模型，并创造性地提出了创业学习过程。

如图1-7所示，创业者处于创业活动的中心地位，基本任务就是识别和确认机会，整合和管理资源，创立和领导组织，并协调三者之间的关系。资源需要集中以服务于机会的利用（同时注意资源的成本与风险），资源集合形成组织，组织的结构、程序、制度、文化形成有机整体，来适应所开发的机会。

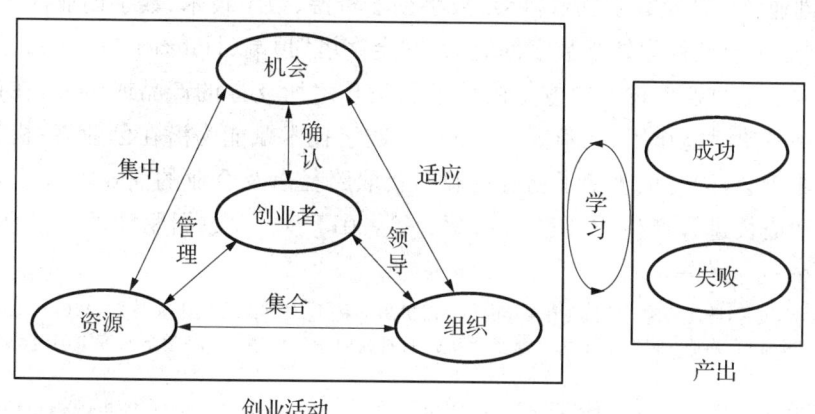

图 1-7 Wickham 创业模型

创业型组织还是一个学习型组织，创业过程是创业活动→成功/失败→学习反馈→创业活动→……这样不断发展、完善的过程。创业组织不仅要对机会做出及时的反应，还要根据形势变化及时调整策略,在成功与失败中总结学习,实现创业成功。

(五)克里斯蒂安(Christian)创业模型

2000年,克里斯蒂安(Christian)在 *Defining the Field of Research in Entrepreneurship* 一文中指出,创业者—新事业是创业活动最重要的元素,二者之间的互动是整个创业活动的核心(见图1-8)。在个人与新事业的互动下,随着时间的推进,创业企业根据一定的流程发展。在整个演进过程中,外部环境对企业不断产生影响,使创业者与新事业之间的关系不断深化,创业流程管理也逐渐复杂化,并在一定程度上成为创业者—新事业、环境和时间的函数。

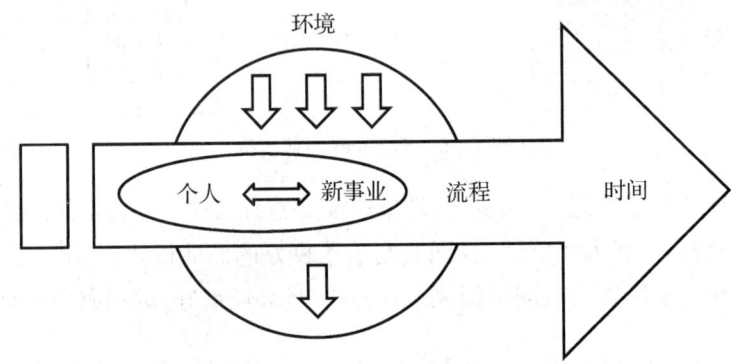

图1-8 Christian创业模型

(资料来源:魏拴成,曹扬,等.技术创业学[M].北京:清华大学出版社,2014)

由于克里斯蒂安模型主要强调创业者与新事业之间的关系,因此如何创立新事业、进行创业流程管理、影响创业活动的外部环境被视为创业管理的核心问题。这一模型十分强调创业者的作用,把创业者视为创业活动的灵魂和推手,而创业者与新事业之间的互动能力可以通过系统的创业管理教育与实践进行培养。

数字创业要素涉及数字创业机会、数字创业资源、数字技术、数字创业能力等[①]。其中,数字创业机会被称为处于数字创业活动"金字塔"顶端(Hafezieh等,2011)。数字技术是指嵌入在信息通信技术内或是由信息通信技术所支撑的产品或服务,在创新创业过程中发挥重要赋能作用(蔡莉等,2019[②])。数字技术赋能为潜在创业者/机构创造了更多的创业机会,同时也改变了创业资源的获取路径以及企业的商业模式[③],从而对新企业创建和成长进程产生重要影响[④](蔡莉等,2019[⑤])。大数据驱动的产品研发,不仅

---

① 朱秀梅,刘月,陈海涛.数字创业:要素及内核生成机制研究[J].外国经济与管理,2020,42(4):19-35.
② 蔡莉,杨亚倩,卢珊,等.数字技术对创业活动影响研究回顾与展望[J].科学学研究,2019,37(10):1816-1824+1835.
③ FITZGERALD M, KRUSCHWITZ N, BONNET D, et al. Embracing digital technology: a new strategic imperative[J]. MIT Sloan Management Review,2014,55(2):1-10.
④ DAVIDSSON P, RECKER J, VON BRIEL F. External enablement of new venture creation: a framework[J]. Academy of Management Perspectives, 2018.
⑤ 蔡莉,杨亚倩,卢珊,等.数字技术对创业活动影响研究回顾与展望[J].科学学研究,2019,37(10):1816-1824+1835.

推动产品研发模式创新,而且提高产品研发决策质量进而构建企业动态能力(Johnson et al.,2017[①];Pisano et al.,2015[②])。企业利用大数据分析提供的方法与工具,可以构建出详细的消费者行为画像,帮助企业产生有价值的洞察,甚至自动进行高度复杂的研发决策,实现对人类研发经验的替代(Brynjolfsson and McAfee,2011[③])。其次,在产品研发的规划、设计与测试3个关键环节上,大数据为产品研发采集消费者信息提供了低成本、高效率的手段和工具,缩短研发周期,有助于控制研发风险(Tan and Zhan,2017[④])。最后,大数据使普通消费者可以借助数据化方式参与到产品研发,使消费者参与产品研发不再成为领先用户的"专属品"(肖静华等,2018[⑤];Johnson et al.,2017[⑥])。

 应用训练

数字经济背景下的创新与创业关系。

活动目的:

基于对第一章的学习,掌握数字经济背景下的创新与创业关系。

活动内容:

请走进大学科技园、大学生创业园区或相关企业,采访至少5位正在从事创新创业活动的教师、大学生或者社会人员,了解数字经济背景下的创新特点、创业特点,以及它们之间的关系,并在此基础上,尝试探索发现创新创业的机会。

可以3~5人为一组,选出小组负责人负责组织采访、研讨。

 思维训练

对身边熟悉的某个App进行数字化创新创业能力训练。思考这类产品在未来3~5年将会出现哪些可能的创新。说明这些创新与哪些数字技术可能相关,是否具有市场价值,并说明理由。

提示: 可以将你的思路在白纸上写出来,用便利贴的方式增加创新创业的点子,并描绘出他们的市场价值。

---

① Johnson J S, Friend S B, Lee H S. Big Data Facilitation, Utilization and Monetization: Exploring the 3vs in a New Product Development Process[J]. Journal of Product Innovation Management, 2017, 34(5):640-658.

② Pisano, P, M. Pironti and A. Rieple[J]. Identify Innovative Business Models: Can Innovative Business Models Enable Players to React to Ongoing or Unpredictable Trends? [J]. Entrepreneurship Research Journal, 2015, 5(3):81-99.

③ Brynjolfsson E, McAfee A. The Big Data Boom is the Innovation Story of Our Time[J]. The Atlantic: Web Edition Articles, news, 2011.

④ Tan K H, Zhan Y. Improving New Product Development Using Big Data: A Case Study of An Electronics Company[J]. R&D Management, 2017, 47(4):570-582.

⑤ 肖静华,吴瑶,刘意,谢康.消费者数据化参与的研发创新:企业与消费者协同演化视角的双案例研究[J].管理世界,2018(8).

⑥ Johnson J S, Friend S B, Lee H S.. Big Data Facilitation, Utilization and Monetization: Exploring the 3vs in a New Product Development Process[J]. Journal of Product Innovation Management, 2017, 34(5):640-658.

第二章　创业机会

> - 了解创业机会的内涵与特征。
> - 掌握创业机会的识别与评价方法。
> - 掌握创业机会建构的特征与机理。

 案例导入

<h3 style="text-align:center">地理信息大爆发中的创业机会</h3>

在南京玄武区徐庄软件园内，有一家江苏速度信息科技有限公司，年仅32岁的徐忠建是该公司的董事长。徐忠建毕业于湖南大学财经专业，大一时便担任学生会主席，因工作能力强，2006年毕业后很顺利地进入一家世界500强的央企工作，并且很快获得晋升。

"但我一直觉得我是一个不安分的人。在原来的公司，我基本能够看到10年后自己的样子，这让我感到很恐慌。我想出去闯一闯，施展自己更大的抱负。"徐忠建说，当他准备辞职时，他也咨询了一些亲人和朋友，大多数人都很惊讶并劝阻他，不过他的父母很支持他，这更加坚定了他的信心。

决定创业后，徐忠建与合伙人商量后将创业点集中在做城市三维地图上。从2007年在南京成立速度信息科技公司起，凭借团队的不断技术创新，到2010年公司规模迅速扩充到50人。但在营业额大幅提升的同时，3人核心团队也在发展想法上出现了分歧。由于意见始终无法统一，徐忠建选择了和两位合伙人"分手"，自己单独离开。

因为不甘心就此放弃创业，再次回到"原点"去给别人打工，2011年，徐忠建抓住地理信息大爆发的机遇，又重新创办了一家公司，起名叫"速度中国"，立志要把企业打造成为一家从事测绘地理信息、软件开发、移动互联网等领域研发的高新技术企业。随着"速度中国"逐渐发展壮大，此前"分手"的两名合伙人又奇妙地和徐忠建"复合"了，速度信息科技公司也成了"速度中国"的研发基地和行政总部。

在徐忠建的带领下，速度信息科技公司取得了地理信息系统、三维仿真技术、电子政

务软件、移动终端软件、电子商务平台、卫星定位智能终端、无人机测绘航空摄影、信息采集与数据处理等技术能力和成果,获得 30 多项国际、国内相关技术资质。公司规模发展到 600 多人。徐忠建本人,也被南京市委宣传部授予"最美创业创新人物"荣誉称号。

(资料来源:南京文明网,2015-08-31)

第一节 创业机会的概念

创业者首先面临的就是寻找创业的"风口"并站在创业的"风口","风口"就是好的创业机会。对于想创业的人而言,尤其是年轻人而言,拥有无限的机会,但首先要学会的就是从概念上认识机会。

一、创业机会的内涵

1979 年,美国纽约大学教授 Kirzner 首次指出,创业是一个机会发现活动,创业机会的发现是创业过程中的一个关键的首要环节。

Shane 与 Venkataraman 将创业机会定义为"可以将新的商品、服务、原材料与组织方式以高于其生产成本的价格进行出售的情境"[①]。

Eckhardt 与 Shane 进一步认为,创业机会就是形成新的手段—目的关系的新产品、服务、原材料、市场和组织方式。这种关系可以通过满足市场需要(手段)或创造新的需求(目的)或两者兼有而建立。[②]

在左凌烨、雷家骕看来,创业机会就是指创业者可以利用的商业机会,即商机。这个机会必须具有吸引力、持久性、适时性,而且这个机会所涉及的产品或服务必须能够为它的购买者或最终使用者创造一定的价值。[③]

本质上,创业机会是创业者在特定环境下可以凭借某一或某几个方面的"创新"要素来产出新的商业价值并获得经济财富的一种潜在可能性。

二、创业机会的特征

(一)新颖性

创业者要确定一个真正符合自身实际的创业机会,就不能不考虑机会内容所具有的

[①] Shane, S and Venkataraman, S. The Promise of Entrepreneurship as a Field of Research [J]. Academy of Management Review,2000(1):217-226.
[②] Eckhardt JT, Shane SA. Opportunities and entrepreneurship[J]. Journal of Management, 2003(3):333-349.
[③] 左凌烨,雷家骕.创业机会评价方法研究综述[J].中外管理导报,2002(7):53-55.

市场竞争力。好的创业机会必须要体现内容差异上的"人无我有"或者同类比较中的"人有我优",能够至少在一定程度上弥补既有市场产出格局中存在的"薄弱点"或"缺失项"。换言之,已经趋于或处于饱和状态的现有市场业务项目不足以产生创业机会,创业机会具有不同于常规且能够以创新来体现可持续竞争力的新颖性。

乔布斯与iPhone

(二) 价值性

创业机会的价值性体现在三个方面:一是行为目标的经济价值,创业属于典型的市场性行为,首先是以能够为创业者带来实实在在的经济价值为出发点;二是行为过程的市场价值,所有的创业成本投入要转化成最终的经济盈利,从根本上要依赖于投入的产出物能够获得市场消费主体的青睐,即产出物必须具有市场价值;三是行为主体的人生价值,即创业者能够通过创业来发挥个人的知识、素质与能力潜能,实现个人的社会存在价值。

(三) 隐蔽性

创业机会是一种客观存在,不是表现为肉眼可见、伸手可触的具象物,而是以高度抽象的状态潜藏于市场当中,虽然抽象,但并不是虚无缥缈、不可捉摸。在庞大、复杂的经济社会环境中,创业机会能否被创业意愿者所感知、发现、识别主要依靠个体所具有的创业心理特质、创业知识与技能、学识能力专长、工作生活阅历、信息资源的掌握等多方面因素,但归根结底要取决于个人对于具体形势场域中的创业机会的悟性与判断力。

牛仔裤发明第一人列维·施特劳斯

(四) 即逝性

俗话说,"机不可失,时不再来",是对机会即逝性的生动诠释。创业机会的即逝性包括两个方面:一是指特定领域或方向的好的创业机会是一种有限的竞争性资源,谁先能够识别并抢抓到,往往就能占得创业上的优势和先机。因此,在特定环境范围内,一个好的创业机会一旦被他人抢占,就意味着机会的消失。亦是指某一创业机会只存在于某一特殊的时间段或时间节点,一旦过了该时间段或时间节点,那么机会则会自动消失。

(五) 风险性

一个好的创业机会并不能等同于创业的必然成功。创业机会只是蕴含着创业成功的潜在可能性,但也存在着创业失败的内在风险。对于任何一个创业者而言,其所面临的创业机会能否最终转化为成功的创业实践,现实中受制于创业者自身以及自身之外的多重因素的影响。尤其是市场环境变化与市场运行中存在的诸多不确定性,使得创业者往往需要应对来自不同方面的挑战。创业过程中,任何关键环节上的处理不当,都有可能带来创业的失败。

三、创业机会的类型

（一）开创型创业机会

美国宾夕法尼亚大学沃顿商学院教授 Christian Terwiesch 与 Karl Ulrich 根据市场知识和技术能力的不确定性程度两大维度，把商业机会划分为三个境界。第一境界的机会是在极低的市场不确定性和技术不确定性范畴。第二境界的机会是现有业务衍生出来的区域。市场不确定性和技术不确定性都不高，并且可以利用已知的方法去降低。第三境界的机会属于市场和技术不确定性最高的新兴市场范围，既非目前市场的自然延伸，也非企业所擅长技术的逻辑发展。① 对于数字经济领域，则属于典型的新兴市场范围。市场和技术的高不确定性意味着该领域存在着潜在的广阔的创业机会有待去开创。开创型创业机会要求创业者具有前瞻性的思维和眼光，以及敢于承担高风险与高失败率的巨大勇气。这类创业的成功往往可以开拓一个新的领域，带来巨大的经济效益与社会影响力。当前国内的互联网、电商巨头最初的创业即属于此种创业类型的代表。

（二）变革型创业机会

在既有的、传统的商业模式的基础上进行变革创新，从而以一种新的形态的模式来创造出好的创业机会。1982 年种下第一颗唐菖蒲种球的昆明斗南村，如今被誉为"亚洲花都"。2015 年 3 月，经过对斗南花卉的考察和上海曹家渡花市的调查，两名都有互联网从业经验的"80 后"，决定在互联网上经营花卉。他们用天使轮的投资创办了上海分尚科技有限公司，网店名为"花加"。2019 年，"花加"的客户达到了 120 万人，遍布全国 200 多个城市。在他们看来，花卉电商发展到今天，不能再是过去传统的"淘宝店模式"，他们不仅仅是一个中间商，而是要"用互联网的产品供应链，倒逼出花卉行业科技革新，通过数据来管控整个行业"。国外进口的人工智能设备价格太高，要让农户实现产业升级，就必须使这些设备国产化，让农民用得起。为此，他们将公司的创客团队从上海搬到昆明，更好地了解农户需求，并研发出多项高科技农业设施，功能比国外进口的多一倍，但价格只是进口设备的 1/10。"花加"有一个 70 多人的研发团队，他们根据后台的数据来分析客户的需求，然后再用市场需求的产品和消费数据来指导与公司签约的农户的种植。这种精准投放的订单生产，能保证供需不矛盾，使花农获得稳定的收入。②

（三）扩散型创业机会

基于一种高度成熟的母体平台与运行模式，提供可以不断复制扩散的投资创业机会，选择利用这种创业机会的典型代表就是连锁加盟模式。加盟连锁企业，投入不菲的加盟

---

① 创业机会主义者马斯克[N].第一财经日报，2014-11-21.
② 张文凌.花卉电商不再是传统淘宝店模式[N].中国青年报，2019-01-22.

费和保证金,绝大多数投资者最为看重的就是品牌。品牌是连锁加盟的生命线,也是投资者付出加盟费后最大的回报。加盟费可以视作品牌价值的体现,看得更远则是其背后完善的管理和技术的成本。选择高精门槛的加盟项目具有以下突出优势:首先,高门槛项目为投资者筛选了更多的竞争对手,而在择优录取的少数同行者中,上乘的个人素质,在保证了其品牌成功的同时,也为自己的加盟行为降低了更多的风险;其次,高门槛很大程度上相对应的就是高知名度,对个人投资者来说,也许一辈子也无法拥有一个属于自己的响亮品牌,一旦加盟成功就有一个庞大网络帮你做着宣传,而不用担心业务量;最后,最为重要的是加盟者付出高额投资后获得的"管理"和"技术"。①

(四)渗透型创业机会

将具有一定成熟度和应用性的高端数字化技术实现向不同领域的渗透,助力该领域实现效率的提升与业态的重塑,从而形成创业机会。例如,在深度学习引发了这一轮人工智能创业公司的爆发后,人工智能作为"黑科技",已经不太容易再找到一个可拥有巨大的、可持续技术优势的公司。但这并不意味着人工智能创业、产业机会已经见顶。恰恰相反,人工智能目前在全行业渗透度仅 4% 左右,很多传统行业仍然没有用上人工智能,这其中有巨大的机会。在传统领域,一些中型体量的公司如果能注入人工智能,它就会有特别大的竞争力能够打败同行,成为行业巨头。在人工智能等技术驱动下,中国传统产业的改造机会、ToB 行业的机会之下,正在孕育一批巨大的未来独角兽。互联网企业是拥抱 AI 最快的,也是 AI 第一批获利者,如腾讯、阿里、Facebook、Google 等。第二批 AI 的获利者是金融行业。因为金融行业与互联网行业有很多相似之处,有海量数据、有清晰的目标函数,深度学习在优化目标函数的过程中,就会将这些海量数据点石成金。下一波获利者则是医疗、教育及制造业。以医疗为例,在 AI 帮助下,未来的医生和医疗将不再限于某一个医生大脑中的病例积累,在新药研发、精准医疗、人类寿命延伸等方面都将巨大机会。②

第二节　创业机会的识别

在数字经济时代,创业机会无处不在。对于打算创业的人而言,开展创业实践的一个基本前提就是,必须对创业机会具有敏锐的嗅觉,并且能够准确地去识别创业机会。

一、创业机会识别的内涵

国内外学者关于创业机会识别做出了不同的定义:
Bandura 认为,创业机会识别是创业者对机会的感知并通过创建组织来追寻机会;

---

① 四种思路帮你成功创业[J].青年文学家,2015(28):36-37.
② 专访李开复:科技创业这里仍有巨大机会[N].北京日报,2020-09-13.

Stevenson 和 Jarrillo-Mossi 认为,创业机会识别是创业者整合资源并创造价值的能力;Ardichvili 等将创业机会识别定义为创业者个体将一些有关创业的想法、元素进行塑造、加工,以致逐渐发展成全面商业计划的过程;Shumpeter 把创业机会识别当作是产品选择、供给选择、生产方式选择、组织方式选择和市场选择等要素的总和。与企业家的动态创新有关,并取决于创新精神;Endres 和 Wood 则认为机会是通过系统搜寻来发现的,机会识别过程是个体有意识地系统搜集、处理并识别信息的过程,是企业家依赖其不同的经验推断方法在复杂的市场环境中发现内生的创业机会;董延芳等将创业机会识别定义为创业者利用自身资源挖掘出有价值的创业机会;[①]王竞一把创业机会识别定义为创业者能够创造价值和有利于自身发展的创业机会的发现与创造。[②] 因此,创业机会的识别就是针对特定的领域市场运行状况的深入综合分析,从中发现市场的新"需求点",并确认这种"需求点"所具有的商业价值的过程。

二、创业机会识别的影响因素

(一)心理特质

一个成功的创业者需要具备不同于常人的心理特质,其中最为典型的就是强烈的创业动机、敏锐的洞察力与百折不挠的乐观态度。创业不同于就业,创业是对新的事业的开创。强烈的创业动机是推动创业者努力去学习创业、寻求创业机会并投资创业的关键。任何选择去自主开创一项新的事业的人,需要创业的勇气、决心,敢于去承担创业的艰巨与风险,能够去直面、应对创业中的危机,但同时也能够做好接受创业失败的心理准备。创业成功者的创业经历往往都并非一帆风顺,创业经历是对创业者的创业智慧与长期耐挫力的重大考验。

(二)专业特长

专业特长是创业者所具有的特定领域的专业知识与技能。创业是需要高度理性的事业,对创业机会的寻求必须保持理性而非冲动的认识与思考。虽然创业并非一定要局限于自身的专业特长领域,但创业方向的选择如果能够与自身所擅长的专业领域进行紧密结合,则为创业的成功提供了一个良好的"先天"性条件。具有创业意愿的人对与本专业领域相关的创业机会信息更加具有敏感性与判断力,并保持密切关注,从而有利于准确捕捉创业机会。

(三)创业灵感

灵感看似不可捉摸,极具偶然性和突发性,但灵感在科技发明、科学发现、文艺创作等

[①] 董延芳,张则月.中国创业者创业机会识别研究[J].经济与管理评论,2019(6):57-67.
[②] 王竞一.中国大学生在校期间创业机会识别过程——基于扎根理论的研究[J].中国人力资源开发,2015(18):86-93.

领域发挥重要作用的例子数不胜数。在创业机会的识别中,灵感同样扮演着重要角色。例如,当今在人们生活、工作、社交、通信和娱乐中,手机已经是不可须臾缺少的工具,一部智能手机可以打电话、发微信、接发邮件、拍照、听音乐、看视频等,几乎无所不能。但是,马丁·库柏于1973年发明的第一款手机却是非常笨拙,那时叫蜂窝电话,也称为"大哥大",重量1公斤,只有单一通话功能,充电10个小时只能用35分钟。它的发明却开创了无线电通信的新纪元。那么,库柏发明的灵感来自哪里?原来,库柏在观看电影《星际迷航》时,当他看到考克船长用一部无线电话打电话时,他的大脑立即"触了电",于是大声尖叫起来:"这就是我需要的!"经过3个月的潜心研究,他发明了移动电话。当年4月3日,他在纽约大街上给贝尔实验室的竞争对手恩格尔打电话,宣布他的发明成功了,也宣告无线电通信新时代的到来。[①]

(四) 社会资本

社会资本又称为社会网络,是联系创业者和机会的纽带与桥梁,创业者需要通过自己的社会网络获得有关创业机会的信息。创业者自身社会网络的规模大小、多样性、强度及密度会对机会识别产生重要的影响。[②] 在社会网络中,除了普通性的创业信息感知与获取,具有创业背景的密切关系人对于创业意向者的创业机会识别尤其具有特殊的帮助作用。这部分人可以基于自身的创业经验为创业意向者提供创业机会识别方面的有益建议与指导。

三、创业机会的识别过程

(一) Lindsay 和 Craig 的机会识别过程模型

Lindsay 和 Craig 将创业机会识别分为广义与狭义两个方面。广义的创业机会识别涵盖了机会搜索、机会识别与机会评价或确认,狭义的机会识别分为两个阶段:① 标准机会识别阶段;② 个性化机会识别阶段。[③] Lindsay 和 Craig 的机会识别过程模型(见图2-1)。

(二) Ardichvili、Cardozo 和 Ray 的创业机会识别与开发理论模型

Ardichvili、Cardozo 和 Ray 的创业机会识别过程主要阐述了四个观点:第一,机会是感知、发现和创造出来的,而不局限于某一种方式;第二,影响机会识别和开发的主要个人因素有个性特征(包括乐观和创造力)、创业警觉性、社会网络(包括弱结点、行动群、合作伙伴和内部圈)、先验知识(包括特殊兴趣和行业知识、市场知识、客户问题的知识、服务客户方式的知识);第三,机会因素,即机会的类型,也会对创业机会识别产生影响;第四,机

---

① 刘道玉.创新创业的灵感从哪儿来[N].光明日报,2017-06-13.
② 周冰.创业机会识别:概念和影响因素[J].知识经济,2014(9):17-18.
③ Lindsay, N J, Craig, J B. A framework for understanding opportunity recognition: entrepreneurs versus Private equity financiers. The journal of private equity, 2002(1): 13-24.

会识别过程涵盖机会的开发和机会的评估,且会不断地循环往复。① 图 2-2 为创业机会识别和开发理论模型。

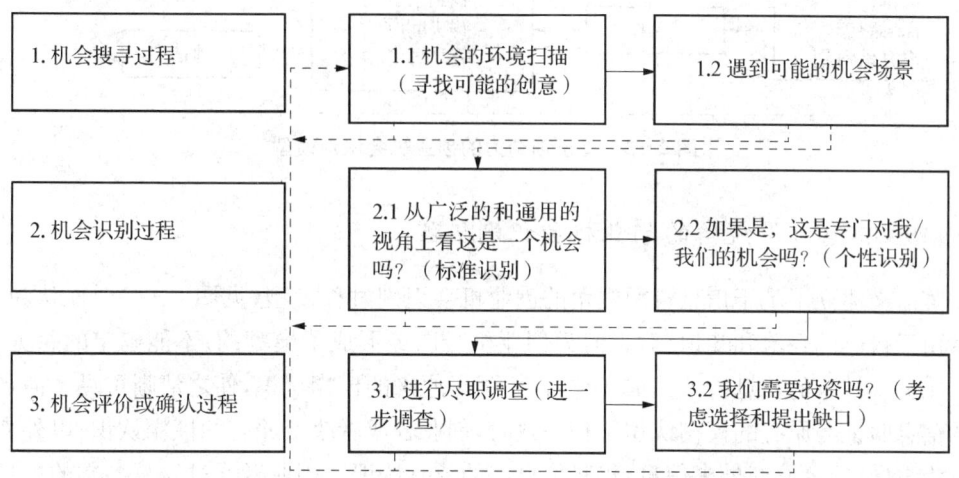

图 2-1 Lindsay 和 Craig 的机会识别过程模型

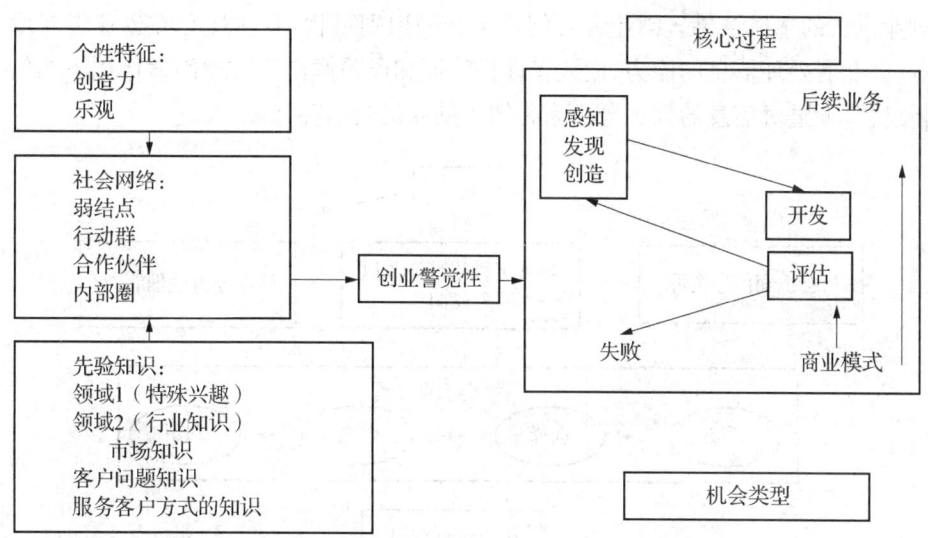

图 2-2 创业机会识别和开发理论模型

(三) Hills 等和 Lumpkin 等基于创造力的五阶段识别模型

Hills 等和 Lumpkin 等基于创造力的五阶段识别模型指出构成机会识别的基本元素,五阶段分别为准备、孵化、顿悟、评估和阐述(见图 2-3)。②

---

① Ardichvili, A, Cardozo, R Ray, S. A theory of entrepreneurial opportunity identification and development. Journal of business venturing, 2003(1): 105-123.

② Limpkin, G T. The role of organizational learning in the opportunityrecognition process. Entrepreneurship: theory & practice, 2005(7): 458.

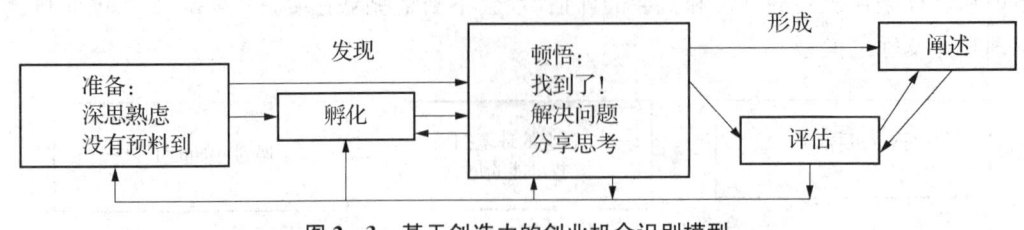

图 2-3　基于创造力的创业机会识别模型

（四）信息资源视角的创业机会识别机理

陈浩义建立了基于信息资源视角的创业机会识别过程模型（见图 2-4）。他认为，创业者由于自己的经验和知识，对于何为创业机会已经形成了模糊的、不能确定的感觉，当这种感觉与外来的信息验证达成一致时，增强了原来的模糊认识，使之清晰可见。而当外来的信息验证与原有的模糊认识不相一致时，创业者或者改变原有的模糊认识，以外来的信息为主导，或者放弃外来信息，仍坚信自己的原有认识。创业者通过反复多次的信息处理活动，对原有的、模糊的机会认识加以检验，把经过验证的正确认识保留下来，以此结果作为创业机会的选择结果。创业者对创业机会的识别过程，其实质是在创业者获取的信息资源、创业者处理信息的能力、创业者性格特征和风险倾向三方面因素作用下的信息处理分析过程，通过对信息的处理分析来感知到创业机会的存在。①

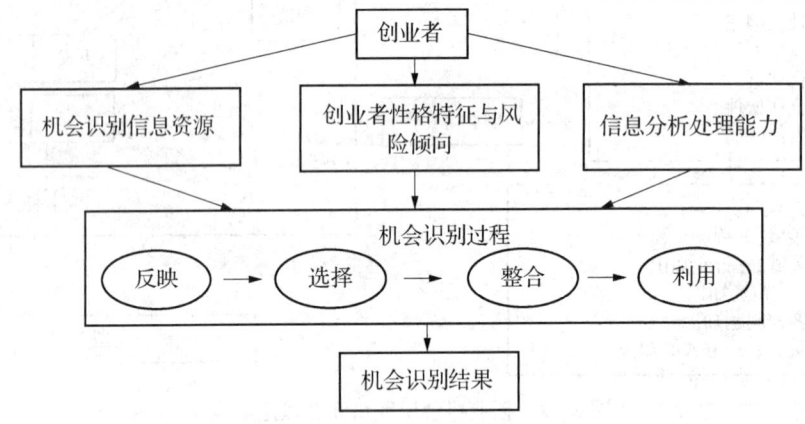

图 2-4　以信息资源为视角的创业机会识别过程模型

（五）我国大学生在校期间创业机会识别过程模型

我国大学生在校期间创业机会识别过程模型，分为机会的获取、评估、开发、检验四个阶段（见图 2-5）②。创业机会识别始于机会获取阶段，而机会的获取有两个途径：第一个

---

① 陈浩义.基于信息资源视角的创业机会识别过程研究[J].情报科学,2008(9):1413-1418.
② 王竞一.中国大学生在校期间创业机会识别过程——基于扎根理论的研究[J].中国人力资源开发,2015(18):86-93.

途径是先意外发现机会,继而产生创业意愿;第二个途径是先产生创业意愿,继而通过主动搜寻去发现机会。而无论哪种机会获取途径,机会的意外发现和机会的主动搜寻都受到大学生个人社会网络、先验知识、个性特征、创业警觉性等因素的影响。获取机会阶段结束后,将进入机会评估阶段,大学生对机会的评估主要考虑两个因素,一个是资源(能力、精力、物力资源等)的可获取性,二是成本(有形成本和无形成本)的可接受性,如因为创业可能对休闲娱乐、学习、休息等的影响。通过评估比较之后,如果觉得该机会不可行,但仍有创业意愿,则重新回到搜寻机会阶段;如果比较之后不仅觉得机会不可行,而且创业意愿也降低或消失,则会放弃创业想法;如果认为该机会可行,则进行试创业。启动创业即标志着进入机会识别过程的第三个阶段,机会开发阶段。这一阶段并没有坚定大学生进行创业的决心,很多人只是抱着试试看的想法。

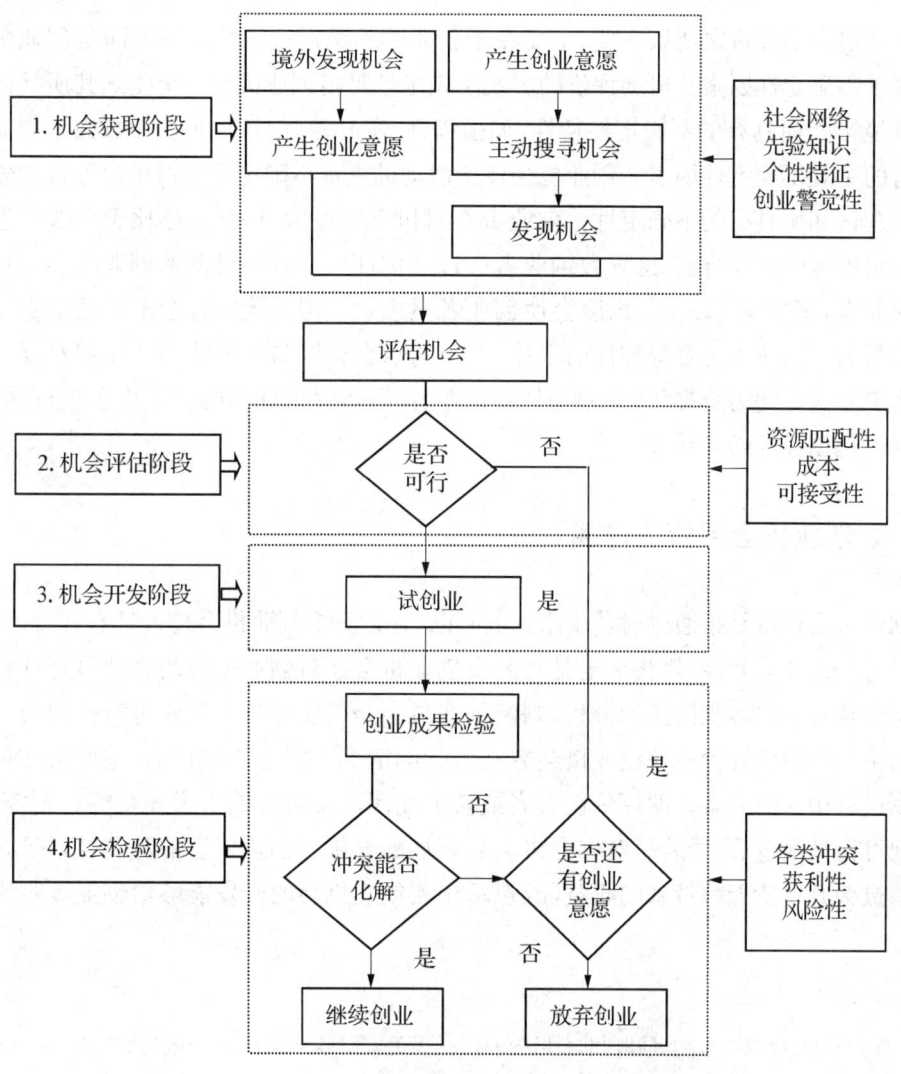

图 2-5　我国大学生在校期间创业机会识别过程模型

通过一段时间的试运营后，要对经营成果进行检验，即进入第四个阶段，机会检验阶段。在该阶段，通过比较衡量在运营中产生的各类冲突以及冲突是否可以化解，如果冲突可以化解，则会考虑继续创业；如果冲突不可化解，但是仍有创业意愿，可能会重新寻找新的创业机会；如果冲突不可化解，且因为其他各种原因，创业意愿降低甚至消失，则放弃创业。除了检验冲突是否可化解之外，此阶段还会对机会运营过程中存在的风险、获取的利润等进行检验，以进一步确认该机会是否是一个好的创业机会，决定是继续运营还是重新寻找新的创业机会，或是彻底放弃在校期间创业的想法。[1]

第三节 创业机会的评价

创业机会的评价之所以重要，主要在于创业的不确定性情境。一方面是创业机会具有的客观不确定性因素。机会评价的客观不确定性是指创业机会由于受到其所处的独特创业环境影响而具有的不确定性特性，如模糊性、实时性、创新性等。一方面是创业者自身具有的主观不确定性因素。创业机会评价活动的主观不确定性是指作为评价主体的创业者主观认知所具有的不确定性。创业者在对机会的评价过程中，相比于一般管理者往往显示出更多的过度自信，这导致创业者会过高估计一个有利可图的创业机会。相较于一般人而言，感知到的较小的风险会使创业者更愿意承担风险并且会不自觉地做出所谓的冒险行为。创业者是有限理性的个体，有限的信息获取与处理能力让他们对复杂的分析式决策方法感到力所难及。[2] 对于任何创业者而言，对识别到的创业机会进行科学、合理的评价是创业的必经环节。

一、创业机会评价的内涵

创业机会评价是指通过对若干指标的判断，评估一个创业机会是否具有客观可行性、主观可行性以及盈利性，最终决定是否开发创业机会。对创业机会的客观可行性评价关注对机会自身一些客观因素的分析，判断创业机会是否能够进入主观可行性评价。创业机会的主观可行性评价是在创业机会客观可行的情况下才需要进行的，主要关注创业机会开发过程中人的因素。即评价创业者或者创业团队是否有能力去开发特定创业机会。在主观可行性通过后，最后是对创业机会盈利性的分析。创业机会的盈利性评价是创业者预估机会开发所能够带来的收益，既包括预测创业机会的开发能够给创业者带来的实

---

[1] 王竞一.中国大学生在校期间创业机会识别过程——基于扎根理论的研究[J].中国人力资源开发,2015(18):86-93.
[2] 程丽,王朝云.不确定情境下基于启发式的创业机会评价研究[J].沈阳工程学院学报(社会科学版),2018(4):499-507+576.

际财富收入,也包括创业者从创业活动中获得的精神满足。①

创业机会的开发过程包括机会的识别、评价和开发,机会评价贯穿了整个创业机会的识别与开发过程。基于评价的判断决定了正在开发的机会是否能得到物力财力以进入下一阶段的发展。在整个机会开发过程中,对机会进行评价的人主要是创业者(及创业团队)和投资人(天使投资人、风险投资家和股东)。一般来说,那些决定资源分配的人(投资人)会对创业企业的商业计划进行全面评价,进行尽职调查。而在开发过程的前期各阶段,创业者也可能会对推测的市场需求或资源(包括发明创造)进行非正式的研究,对机会做出多次评价,这些评价会使创业者识别出其他的新机会或调整其最初的看法。尽管这种评价可能是非正式的甚至是不系统的。创业者在机会开发的每个阶段都要进行机会评价。一个机会是否能够通过每个阶段预先设置的"通过门槛",在很大程度上取决于创业者经常面对的约束或限制,如创业者的目标回报率、风险偏好、金融资源、个人责任心和个人目标等。一项不能成功通过某一阶段的评价门槛进入下一阶段的机会,将被修订或甚至被放弃。因此,通过循环反复的"识别—评价—开发"步骤,一个最初的商业概念或创意就会逐步完善起来。②

二、创业机会的评价方法

(一)专家评判法

以近年来愈发兴盛的各级各类创新创业大赛与创投类节目为代表,创业者要将自己的创业计划展示给专家评判,作为衡量自己是否具有一个好的创业机会的重要依据。尤其在当前,数字经济领域的创新创业更是受到了高度关注。以中国"互联网+"大学生创新创业大赛为例,在第七届的参赛要求中明确规定参赛项目要能够将移动互联网、云计算、大数据、人工智能、物联网、下一代通信技术、区块链等新一代信息技术与经济社会各领域紧密结合,服务新型基础设施建设,培育新产品、新服务、新业态、新模式;发挥互联网在促进产业升级以及信息化和工业化深度融合中的作用,促进制造业、农业、能源、环保等产业转型升级;发挥互联网在社会服务中的作用,创新网络化服务模式,促进互联网与教育、医疗、交通、金融、消费生活等深度融合。参赛项目的评委的构成都是由各个领域的专家构成,包括行业企业、投资机构、创业孵化机构、大学科技园、公益组织、高校和科研院所等领域,负责参赛项目的评审工作,指导大学生创新创业。在项目的评审规则中,以高等教育主赛道的本科生创意组、研究生创意组的评审为例,评审要点如表2-1所示。

---

① 程丽,王朝云.不确定情境下基于启发式的创业机会评价研究[J].沈阳工程学院学报(社会科学版),2018(4):499-507+576.
② 姜彦福,邱琼.创业机会评价重要指标序列的实证研究[J].科学学研究,2004(1):59-63.

表 2-1 高等教育主赛道本科生创意组、研究生创意组项目评审要点

评审要点	评审内容	分值
创新维度	1. 具有原始创新或技术突破,取得一定数量和质量的创新成果(专利、创新奖励、行业认可等)。 2. 在商业模式、产品服务、管理运营、市场营销、工艺流程、应用场景等方面取得突破和创新	30
团队维度	1. 团队成员的教育、实践、工作背景、创新能力、价值观念等情况。 2. 团队的组织构架、分工协作、能力互补、人员配置、股权结构以及激励制度合理性情况。 3. 团队与项目关系的真实性、紧密性,团队对项目的各类投入情况,团队未来投身创新创业的可能性情况。 4. 支撑项目发展的合作伙伴等外部资源的使用以及与项目关系的情况	25
商业维度	1. 商业模式设计完整、可行,项目已具备盈利能力或具有较好的盈利潜力。 2. 项目目标市场容量及市场前景,项目与市场需求匹配情况、项目的市场、资本、社会价值情况,项目落地执行情况。 3. 对行业、市场、技术等方面有翔实调研,并形成可靠的一手材料,强调实地调查和实践检验。 4. 项目对相关产业升级或颠覆的情况:项目与区域经济发展、产业转型升级相结合情况	20
就业维度	1. 项目直接提供就业岗位的数量和质量。 2. 项目间接带动就业的能力和规模	10
引领教育	1. 项目的产生与执行充分展现团队的创新意识、思维和能力,体现团队成员解决复杂问题的综合能力和高级思维。 2. 突出大赛的育人本质,充分体现项目成长对团队成员创新创业精神、意识、能力的锻炼和提升作用。 3. 项目充分体现多学科交叉、专创融合、产学研协同创新等发展模式。 4. 项目所在院校在项目的培育、孵化等方面的支持情况。 5. 团队创新创业精神与实践的正向带动和示范作用	15

(数据来源:第七届中国国际"互联网+"大学生创新创业大赛评审规则[EB/OL].https://cy.ncss.cn/)

(二)创业模拟法

创业者可以借由相关的创业模拟软件系统,将自己的创业计划在线进行仿真演练,从而能够有助于自身更加直观地去认识、思考自己的创业机会。以北京溢润伟业软件科技有限公司开发的创新创业类模拟软件为例,根据该公司的官方网站介绍,公司推出的大学生创业实战模拟平台系统提供了 STP 分析、SWOT 分析、波士顿分析、竞争战略分析等分析工具,锻炼学生利用分析工具的能力,进行创业战略的制定。系统的虚拟市场自动运

行,并进行虚拟购买。通过调整虚拟市场的很多参数,可以改变市场变化的类型。例如,通过调整宏观经济参数可以影响市场需求的大小,通过选择组合市场类型可以使市场需求波动变化无常,通过改变各种敏感度来调节市场的各种弹性。这些调整只需修改参数就可以,方便地做到了市场的千变万化。创业计划书训练与评审系统运用先进的计算机软件与网络技术,结合严密和精心设计的商业模拟管理模型及企业决策博弈理论,模拟真实企业的创业运营管理全过程,学生在虚拟商业社会中完成企业注册、创建、运营、管理等所有决策。该系统以竞赛形式真实再现社会环境中创业所必须经历的种种问题,让大学生在无成本、无风险的情况下接受社会大环境的考验,使学生具备创业意识,提升创业能力,使创业不再是停留在书面上的理论知识,而是真实的体验与实践,并最终为学生创造机会。

(三) 市场分析法

对一个创业机会好坏的评价可以对机会的潜在市场效益进行评判。一是市场定位。一个好的创业机会,必然具有特定市场定位,专注于满足顾客需求,同时能为顾客带来增值的效果。因此评估创业机会的时候,可由市场定位是否明确、顾客需求分析是否清晰、顾客接触通道是否流畅、产品是否持续衍生等来判断创业机会可能创造的市场价值。创业带给顾客的价值越高,创业成功的机会也会越大。二是市场结构。针对创业机会的市场结构进行六项分析,包括进入障碍、供货商、顾客、经销商的谈判力量、替代性竞争产品的威胁以及市场内部竞争的激烈程度。由市场结构分析可以得知新企业未来在市场中的地位以及可能遭遇竞争对手反击的程度。三是市场规模。市场规模大小与成长速度,也是影响新企业成败的重要因素。一般而言,市场规模大者,进入障碍相对较低,市场竞争激烈程度也会略为下降。如果要进入的是一个十分成熟的市场,那么纵然市场规模很大,由于已经不再成长,利润空间必然很小,因此这项新企业恐怕就不值得再投入。反之,一个正在成长中的市场,通常也会是一个充满商机的市场,所谓水涨船高,只要进入时机正确,必然会有获利的空间。四是市场渗透力。对于一个具有巨大市场潜力的创业机会,市场渗透力(市场机会实现的过程)评估将会是一项非常重要的影响因素。聪明的创业家知道选择在最佳时机进入市场,也就是市场需求正要大幅成长之际,你已经做好准备,等着接单。[1]

三、创业机会的评价体系

(一) Timmons 创业机会评价体系

美国百森商学院教授 Timmons 提出了著名的创业机会评价体系,该体系包括了行业和市场、经济因素、收获条件、竞争优势、管理团队、致命缺陷、创业家的个人标准、理

---

[1] 元文.如何评估创业机会[N].中国工商时报,2007-02-09.

想与现实的战略差异等 8 个维度,共 53 个指标(见表 2-2)。该指标体系被认为是目前最为全面的创业机会评价指标体系,但存在着指标数量过多、指标主次不明、评价操作复杂等问题。①

表 2-2 Timmons 创业机会评价指标体系

评价维度	具体指标
行业与市场	1. 市场容易识别,可以带来持续收入
	2. 顾客可以接受产品或服务,愿意为此付费
	3. 产品的附加价值高
	4. 产品对市场的影响力高
	5. 将要开发的产品生命长久
	6. 项目所在的行业是新兴行业,竞争不完善
	7. 市场规模大,销售潜力达到 1 000 万~10 亿元
	8. 市场成长率在 30%~50% 甚至更高
	9. 现有厂商的生产能力几乎完全饱和
	10. 在五年内能占据市场的领导地位,达到 20% 以上
	11. 拥有低成本的供货商,具有成本优势
经济因素	1. 达到盈亏平衡点所需要的时间在 1.5~2 年以下
	2. 盈亏平衡点不会逐渐提高
	3. 投资回报率在 25% 以上
	4. 项目对资金的要求不是很大,能够获得融资
	5. 销售额的年增长率高于 15%
	6. 有良好的现金流量,能占到销售额的 20%~30%
	7. 能获得持久的毛利,毛利率要达到 40% 以上
	8. 能获得持久的税后利润,税后利润率要超过 10%
	9. 资产集中程度低
	10. 运营资金不多,需求量是逐渐增加的
	11. 研究开发工作对资金的要求不高
收获条件	1. 项目带来的附加价值具有较高的战略意义
	2. 存在现有的或可预料的退出方式
	3. 资本市场环境有利,可以实现资本的流动

---

① 蒂蒙斯,周伟民,等.战略与商业机会[M].北京:华夏出版社,2002-01-01.

续　表

评价维度	具体指标
竞争优势	1. 固定成本和可变成本低
	2. 对成本、价格和销售的控制较高
	3. 已经获得或可以获得对专利所有权的保护
	4. 竞争对手尚未觉醒，竞争较弱
	5. 拥有专利或具有某种独占性
	6. 拥有发展良好的网络关系，容易获得合同
	7. 拥有杰出的关键人员和管理团队
管理团队	1. 创业者团队是一个优秀管理者的组合
	2. 行业和技术经验达到了本行业内的最高水平
	3. 管理团队的正直廉洁程度能达到最高水平
	4. 管理团队知道自己缺乏哪方面的知识
致命缺陷	1. 是否存在任何致命缺陷
创业者的个人标准	1. 个人目标与创业活动相符合
	2. 创业家可以做到在有限的风险下实现成功
	3. 创业家能接受薪水减少等损失
	4. 创业家渴望进行创业这种生活方式，而不只是为了赚大钱
	5. 创业家可以承受适当的风险
	6. 创业家在压力下状态依然良好
理想与现实的战略性差异	1. 理想与现实情况相吻合
	2. 管理团队已经是最好的
	3. 在客户服务管理方面有很好的服务理念
	4. 所创办的事业顺应时代潮流
	5. 所采取的技术具有突破性，不存在许多替代品或竞争对手
	6. 具备灵活的适应能力，能快速地进行取舍
	7. 始终在寻找新的机会
	8. 定价与市场领先者几乎持平
	9. 能够获得销售渠道，或已经拥有现成的网络
	10. 能够允许失败

（二）南国君等创业机会评价体系

在 Timmons 的创业机会评价指标体系基础上，南国君等研究构建了大学生创业机会评价指标体系。在创业团队、创业项目和创业环境3个维度设置了12个指标(见表2-3)。①

表2-3 南国君等创业机会评价指标体系

维　度	具体指标
创业团队	1. 警觉性
	2. 风险感知
	3. 自信
	4. 已有的知识
	5. 社会网络
	6. 资源的不可替代性
创业项目	1. 市场规模
	2. 市场预期增长率
	3. 净利润率
创业环境	1. 国家政策支持
	2. 竞争强度
	3. 消费者认可度

创业团队评价方面,除了创业者与机会识别相关的个人特性如警觉性、风险感知、自信、已有的知识和社会网络外,增加了资源的不可替代性指标。创业项目方面,经济或社会价值的体现是创业者所选择的创业项目自身的市场规模、市场预期增长率和净利润率的综合结果。创业环境主要涉及政策扶持力度、竞争强度和消费者认可度。

(三) 吴开军等创业机会评价体系

吴开军等借鉴了国外学者的相关研究成果,并结合我国的创业环境实际,研究构建了技术、产品、市场、管理、资金等5个维度共21项指标的创业机会评价体系(见表2-4)。②

表2-4 吴开军等创业机会评价指标体系

维　度	具体指标
技术要素	1. 科技创新
	2. 工艺水平
	3. 技术风险

---

① 南国君,侯泽君,刘凯.基于熵权法的大学生创业机会评价模型构建[J].合肥工业大学学报(自然科学版),2020(12):1713-1717.
② 吴开军,吴价宝.基于模糊综合评判的创业机会评价研究[J].科技管理研究,2011(17):61-66.

续 表

维　度	具体指标
产品要素	1. 功能创新
	2. 价格优势
	3. 服务创新
	4. 生命周期
	5. 可用性
市场要素	1. 市场规模
	2. 市场成长性
	3. 消费者可获得性
	4. 市场竞争格局
	5. 供货商
资金要素	1. 投资规模
	2. 投资回收期
	3. 资产集中度
	4. 资产流动性
管理要素	1. 管理创新
	2. 管理团队
	3. 核心成员
	4. 机会适应性

技术要素方面,项目技术要素是决定产品功能、质量和生产成本的基础,也是构成创业项目市场竞争力的基础。产品要素方面,项目的盈利是通过向消费者提供的产品来实现的,市场竞争力大小体现在它对消费者需求的满足程度上。市场要素方面,如何成功地将产品引入市场是创业企业的核心工作。产品是否成功不在于它是否新颖、巧妙或具有科学内涵,而在于它是否能够赢得市场。影响创业机会市场成功的因素除了产品本身外,市场也起着关键的作用。资金要素方面,筹资渠道单一、资金不足是创业者普遍面临的一个困境。很多情况下,一些看似具有美好前景的方案,往往因为资金链断裂而功亏一篑,对于资金要素的评价至关重要。管理要素方面,尤其是创业的主体力量建设,作为创业的主观能动性因素,是创业评价必不可少的成分。

第四节　创业机会的建构

创业机会建构是近年来基于社会科学领域的建构主义思想来考察创业现象的一个独特视角,建构主义理论视角下的机会观认为,创业机会并非不变的客观存在,机会源于主体与社会结构的相互构建,是主体与结构相互建构的递进性过程。因此,创业机会是创业活动的社会建构过程,是行动的结果,而非创业者刻意设计的结果,是在不断实践改进中建构而成的,因而结果多在意料之外。①

一、创业机会建构的内涵

建构主义机会观不是从特定的对象或结果出发,而是关注于机会的产生过程,即创业机会在社会情境下经由一定的社会关系共演而被创造出来的可能。其基于的基本假设包括以下方面:

第一,创业机会是创造出来的。在建构主义思想看来,创业机会是一种主观现象,是创业者行动和努力的结果,创业者不断成熟的认知、释义和行为过程使得机会得以开发利用。与经济学尽量弱化创业者角色不同,建构主义视角下创业者的主体地位体现为机会创生实现过程中的支配作用。他们更像一个编排剧目的演员,而非仅仅是信息的加工者与反应者。通过积极嵌入社会互动,实现合意的创业结果。

第二,强调机会的社会建构。在机会问题上,建构主义机会观没有试图对机会本身加以区别,机会的来源、类型都作为情境特征外化在环境当中,建构主义关注的是人与环境互动导致机会的生成过程。换句话说,机会是创业者有意识行为发生的结果,这种行为体现在创业者和社会系统互相影响、共同进化的过程中。

第三,强调沟通互动的重要作用。沟通是创业者发挥聪明才智,积极与社会结构互动的有效手段。沟通的作用不在于对表达对具体物像之所指,也不是内心外显化的方式,而在于建立和维持不同形式的社会关系。所以,语言的使用就在于联结这种社会关系,并且致力于达成具体的社会目标。

第四,认为机会的产生是一个持续、渐进的提高过程。建构主义强调社会互动的特征决定了创业机会是被不同的社会主体在行动中共演创造的,既是前一阶段协调一致的结果,又会影响下一阶段的实施过程。机会的创造与实现过程是一个永无止境,反复提高的过程,二元互动在这样的过程中得以体现。②

二、创业机会建构的基本特征

(一) 创业机会和企业是社会共同建构的

建构主义理论认为,人类是具有理解力和创造力的主体,总是积极主动地通过自己的行动和与他人的互动来不断建构社会现实。创业机会和企业是社会共同建构的产物。建

---

① 王朝云,张芬芬.建构主义与效果逻辑理论整合观下的创业机会研究[J].科技进步与对策,2017(17):154-160.
② 杜晶晶,丁栋虹,王晶晶.建构主义视角下的创业机会研究前沿探析与未来展望[J].科技进步与对策,2014(2):154-160.

构过程包括三个方面:第一,创业者是具有主动性、目的性和创造性的能动者。第二,创业者在建构创业机会和创业企业的过程中伴随着与他者的互动和交流。第三,创业者在社会性地建构创业机会和企业的过程中受到嵌入特定情境的规则和资源的影响,创业者通常是在自己熟悉的情境中开展创业活动,因此能够发现特定产业或者结构中存在的机会信息。

(二)创业机会是一种关系性存在

建构主义创业学者认为,创业机会存在于创业者、利益相关者和情境三者之间的关系中。创业者能否熟悉和理解自己所处的社会结构、能否产生有关机会的想法、能否获得利益相关者的支持、能否从利益相关者那里获得创业所必需的资源、能否为新企业获得合法性等,都会影响创业机会的生成,也就是说,创业者、利益相关者和情境三者之间的关系影响创业机会的生成。

(三)创业机会和创业者身份是在创业过程中生成、建构的

创业机会是在历时过程中不断生成的,并且形成一种解释学意义上的循环,后一循环都会在前一循环的基础上生成新的机会。创业者在创业过程中不断建构自己的身份。在这种开放的、持续的循环过程中,创业者自身的素质不断提高、眼界不断扩大、知识水平也不断提升,创业企业不断成长,创业者的财富越积越多,自身得到历练和成长,并且不断地建构自己的身份。

(四)注重分析意义建构过程

人们基于自己的理解对特定的对象进行阐释,而对特定对象的理解又是由理解的前结构所决定的。每个人的先前知识和价值观各不相同,因此,人们对特定对象的阐释也互不相同。意义建构理论认为,人们是通过在自己所熟识的情境中"读取"不同的重要意义来认识现实的,一种意义的建构受到特定情境和他者的影响,是基于一定社会共识的社会建构,是一个持续变化的过程。创业者要对机会想法的可行性进行意义建构,但在意义建构过程中又受到特定情境以及有见识的同行和亲友的影响,创业者还不断地对自己的身份进行意义建构。创业者身份意义建构不仅仅是个体对自我的确认,而且也是历史地、文化地,通过在一定社会情境中的互动来确立的,是一个持续变化的过程。①

三、创业机会建构的模型

方世建等对国外兴起的建构主义视角下的创业机会研究所构建的经典模型进行了系统的梳理与介绍,共包括了 Jack-Anderson 模型、Chiasson-Saunders 模型、Seo-Creed 模

---

① 方世建,孙累累,方文丽.建构主义视角下的创业机会研究经典模型评介[J].外国经济与管理,2013(5):2-13+22.

型、Rae 模型、Wood-Mckinley 模型、Nielsen-Lassen 模型等六种模型。①

(一) Jack-Anderson 模型

Jack-Anderson 运用结构化理论和嵌入性机制理论，建立了一个表达创业者（能动者）和社会结构（情境）之间动态关系的概念化模型，将创业视为一种嵌入社会经济过程的行为。Giddens 的结构化理论阐述了结构和能动二重性，认为结构制约并形塑社会行动，同时能动者在受结构制约的同时又通过互动来再造制约他们的结构。Jack-Anderson 以嵌入性作为条件来研究创业者能动行为和社会结构之间的关系，并且构建了一个由四部分组成的创业机会模型（见图 2-6）。第一部分表示受特定结构约束的创业者，第四部分表示最终形成的结构，既表示一个循环过程的结束，又表示下一个循环过程的开始。第二部分的"结构"并不是 Giddens 所说的一般结构，而是由特定情境中的机会、结构和情境（规则）三部分组成，它们分别表示嵌入在特定条件中的机会、结构和情境（规则）。由于嵌入在特定的时空条件中，创业者比较熟悉自己身处其中的日常生活结构和情境，因此，这里的结构和情境分别表示创业者所熟悉的结构和情境（规则），而机会则是特定情境中的机会。第三部分的"能动"表示嵌入在特定条件中的结构的促进和制约作用，反映创业者在结构的作用下又能动地作用于结构。

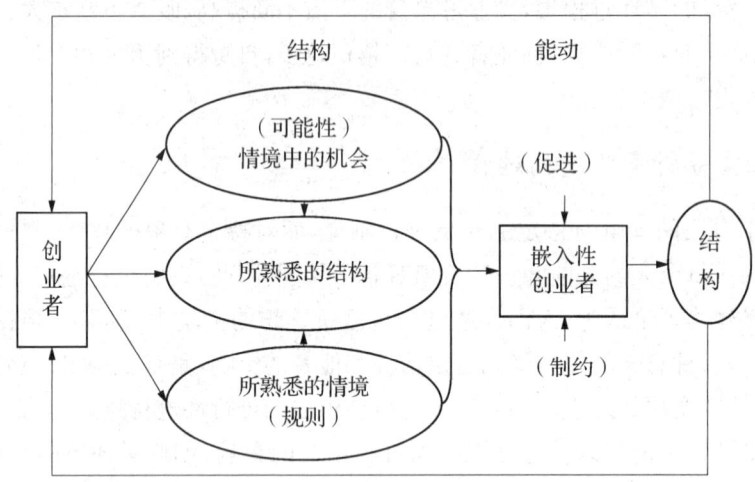

图 2-6 Jack-Anderson 模型

(二) Chiasson-Saunders 模型

Chiasson 和 Saunders 认为创业机会可被构想为结构指导下的脚本选择、修改和实施，并且提出了自己的创业机会研究概念化模型。结构指导下的脚本是指创业者在熟悉特定产业的特征或者结构，发现产业中存在的各种机会信息的基础上对有关规则、资源和

---

① 方世建，孙累累，方文丽.建构主义视角下的创业机会研究经典模型评介[J].外国经济与管理，2013(5)：2-13+22.

机会的信息进行编码所形成的创业行动脚本。两位学者把脚本分为常规脚本和非常规脚本。常规脚本是指合法、能胜任且无风险的脚本，但不一定满足支配（具有竞争优势）条件。非常规脚本则是指从长远来看能够胜任且满足支配条件，但有风险的脚本。Chiasson 和 Saunders 模型的假设前提是创业者熟悉特定产业的特征或者结构，能够发现产业中有关机会的信息，在此基础上对相关规则、资源和机会信息进行编码并形成创业行动脚本集(a)。然后，创业者在结构的约束下有意或无意地选择和实施特定脚本(b)，由于机会信息嵌入在不同的脚本中，因此，从脚本集中选择和实施特定的脚本，也就是识别和开发机会。由于创业者的行动通常都是有意识选择的结果，而且情境也会发生变化，因此，在实施特定脚本的过程中，创业者会发现新的意义并修改常规脚本，从而形成新的脚本集(c)。再后，创业者将非常规脚本客观化和外化(d)，转化为常规脚本，并使之被广为认同，最终改变结构。Chiasson 和 Saunders 模型如图 2-7 所示。

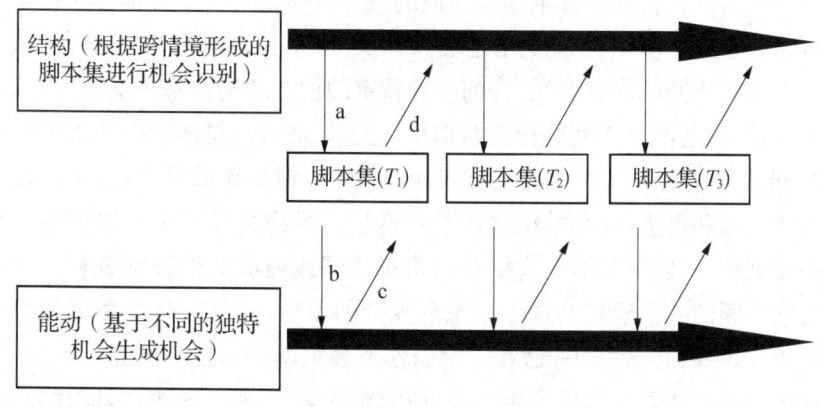

图 2-7 Chiasson 和 Saunders 模型

横向上，T_1、T_2、T_3 表示历时过程：随着时间的推移，创业者的行动通过脚本集不断对社会结构进行形塑；纵向上，单个 T_1、T_2、T_3 表征结构约束下的脚本集。每个脚本集通过四个箭头表示脚本的编码(a)、实施(b)、修改(c)以及客观化和外化(d)过程。向下的箭头 a 表示两层意思：一是结构约束行动；二是创业者在自己熟悉的情境下采取行动，因而了解其中的规则、资源和机会信息，并且按照合法、意义、支配三个标准对结构进行编码形成第一个脚本集（其中的脚本都是结构约束下的常规脚本）。向下的箭头 b 也蕴含两层意思：一是结构约束行动，二是创业者有意识或者无意识地从脚本集中选择并实施特定的脚本。虽然在很多情况下，创业者是凭感觉选择和实施特定的脚本，但从逻辑上看，创业者的行动通常意味着有意识的选择。所以，创业者在实施特定脚本的过程中可能会修改脚本，并可能出现两种情况：一种是因无意识地复制脚本而造成复制误差；另一种是按照自己的主观意愿偏离既有规则，有意识地修改既有的常规脚本，从而有可能形成非常规脚本。向上的箭头 c 表示两种修改脚本集的情况。首先，创业者无论有意识还是无意识地修改脚本，都会形成新的脚本，新脚本加入脚本集或取代被舍弃的脚本并形成新的脚本集。这样，新脚本集就包含了非常规脚本。其次，情境是否发生变化对于创业者复制或者修改常规脚本至关重要。在情境发生变化的情况下，创业者比较容易修改脚本；而在情境保持不变的情况下,修改脚本就比较困难。向上的箭头 d 意味着对新脚本集中的非常规脚本进行客观化和外化。如果非常规脚本能够适应情境变化,那么就能得到客观化和外化,在更加广阔的时空范围内得到认可。此时的非常规脚本就能变成常规脚本,形塑和改变结构,从而实现结构再造,而结构和能动之间的关系进入第二个时段 T_2。

(三) Seo-Creed 模型

Seo-Creed 模型(见图 2-8)采用建构主义观点对制度创业过程进行分析。他们把社会建构、总体性、矛盾和实践串联起来,共同构成了一个辨析社会生活基本特征的整体,从而为制度安排产生、维系和变迁的长期持续过程建立了一个辩证的分析模型。根据该模型,首先,社会建构是一个可以预测的有序关系产生和再生的社会过程。社会模式是随着由利益和权力驱动的社会互动逐渐建构而成的,最终,一整套制度安排会在社会互动中产生并不断再生。这就是所谓的制度化过程。其次,联系和总体性是辩证法的基本思想。总体性指社会模式之间的内在联系,任何一种特定的社会结构都是多层次、多部门的总体社会结构的一部分,各部分之间的社会结构相互关联、渗透。总体社会结构中的不同特定社会结构之间并不完全一致,它们往往具有内在联系,但又松散耦合,甚至是自治的。随着社会建构的持续和再生,社会结构之间的松散耦合最终会导致不兼容的制度安排生成多样化的制度创业机会。再次,已有的社会安排之间或内部的种种割裂和分歧会导致制度矛盾。持续不断的社会建构会产生一系列复杂的矛盾,并且在社会系统之间和社会系统内部不断产生冲突,形成张力,这在一定条件下会重塑行动主体的意识。最后,变革意识会引导众多行动主体参与制度变革实践,他们相互学习、相互影响,形成社会互动,在重构社会安排的同时也会对自身进行重构。

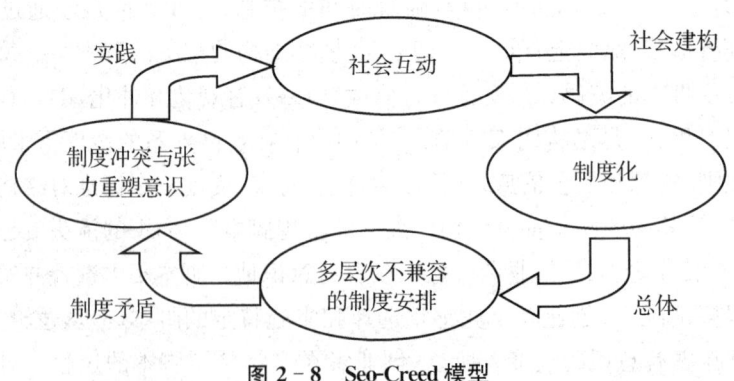

图 2-8 Seo-Creed 模型

(四) Rae 模型

Rae 基于社会建构理论提出了创业学习模型,把创业作为一个基于机会创造、认知和行动三者内在联系的过程,并且把创新以及决策制定和实施结合在一起。Rae 从社会建构的视角来审视创业学习,认为学习是一个突现的意义建构过程,由知晓、实践和理解三个环节组成,能使创业者具备不同于常人的行为能力。通过学习,创业者在互动和经历中建构意义,发现或生成机会,并创造新的现实。Rae 的模型由三大主题和 11 个次级主题组成(见图 2-9)。具体而言,第一大主题是个人和社会身份变化,是指创业身份形成,包括早期生活和家庭经历、受教育和从业经历以及社会关系,并且包括创业者的未来抱负。一个人想成为创业者,就必须重新界定自己的个人和社会身份,以此来表明自己是谁、想做什么,并让社会认可。这个大主题下的四个次级主题分别是目前和未来身份之间的张力、实践身份、家庭的作用和叙事性身份建构。第二大主题是情境学习,是指创业者通过嵌入社区、行业和个人关系网络就可以共同建构意义,创业者从情境经历和关系中产生识别机会的直觉和能力。第二大主题下的三个次级主题分别是行业学习、通过文化共享来识别机会、创业行动和实践。第三大主题是共同建构企业,意指企业并非由创业者个人创建,而是与他人共同创建的。创业者的理想和抱负是通过与企业内、外部利益相关者的互动来实现的,其中包括顾客、投资者、合伙人和员工。第三大主题下的四个次级主题分别是"企业是共同利益和信念联合体""共同建构的意义、结构和实践""随时间改变角色"和"融入外部关系网络"。

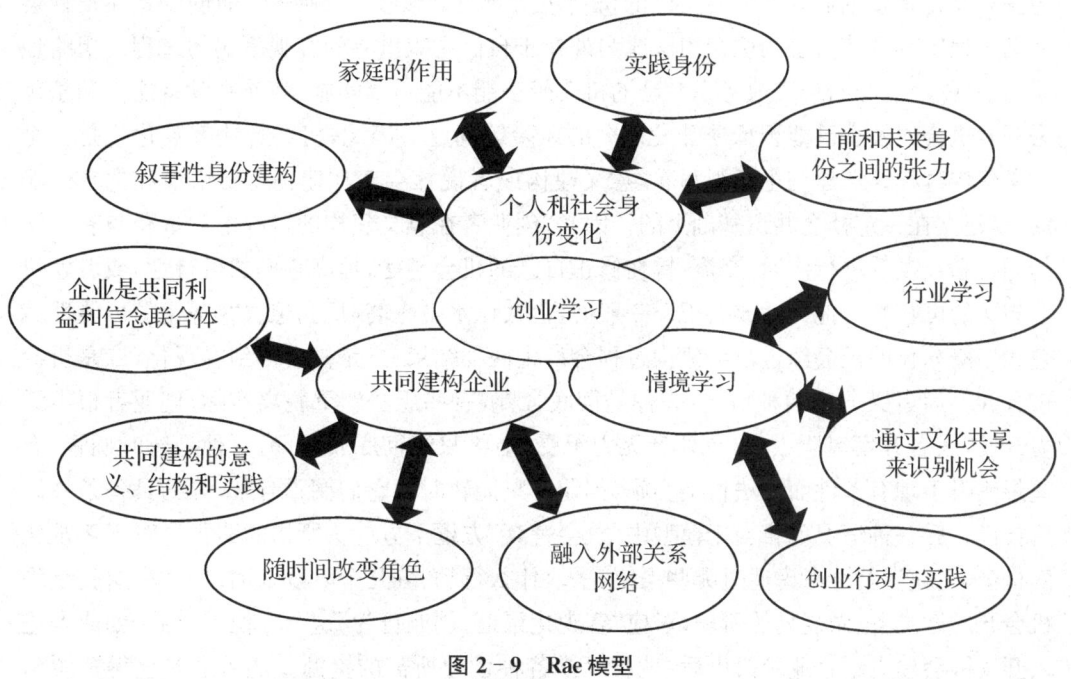

图 2-9 Rae 模型

(五) Wood-Mckinley 模型

Wood 和 Mckinley 运用建构主义观点来研究创业机会,把创业机会视为主观现象,认为机会是创业者努力和行动的结果,是在创业者与他人和环境的互动中社会建构的,从而提出了一个关于创业机会生成开发过程的概念化理论模型,把创业机会生成开发过程分为机会想法概念化、机会想法客观化和开发机会创建新企业三个阶段(见图 2-10)。

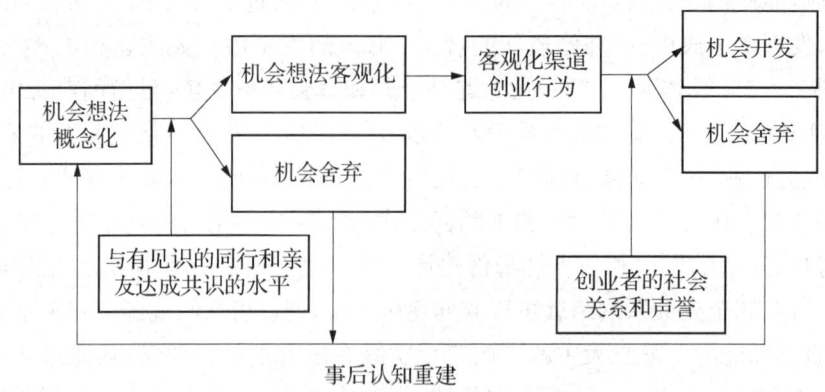

图 2-10 Wood-Mckinley 模型

在这个模型中,第一阶段,创业者在熟悉和理解当前社会结构的基础上形成对现实的认知评价,产生机会想法。此时的机会是创业者的一种主观构想,机会是否可行并不确定,必须经历客观化成为现实的机会才有意义。第二阶段是机会想法客观化,这里的机会想法客观化是指创业者努力使自己的机会想法具有客观实在的属性,即创业者在与社会互动过程中逐渐使自己的机会想法成为外在于自己主观世界的客观事实的过程。粗略地说,就是创业者开始现实地考虑自己的机会想法能不能付诸实施,当前有没有能力和条件去开发机会以及自己能否承受开发机会的风险等问题。因此,机会想法客观化就是一个意义建构过程。从建构主义视角看,意义建构或者说社会实在建构是受情境和他者影响的,是建立在一定社会共识基础上的。因此,创业者在意义建构的过程中常常要与有见识的同行和亲友等进行沟通、交流,旨在修正自己的机会想法,提高它们的可行性,或者就机会想法的可行性与他们达成共识。一般而言,共识水平越高,机会想法客观化的可能性就越大。概念化的机会经过社会建构过程会产生两种结果:一是机会得到客观化,二是机会被舍弃。后者又分为两种情况:一种是彻底舍弃,有些想法严重脱离实际,创业者根本无力开发,或者开发风险太大,创业者无力承受,最终只能彻底放弃;另一种是暂时搁置,有些想法限于现有条件而无法付诸实施,创业者只能暂时把它们搁置起来,等到具备条件以后再说。后一种情况就相当于模型中"机会舍弃"方框下方箭头所指的路径。对于客观化的机会,创业者就会考虑通过哪些渠道、采取什么行动、分几个阶段来加以开发,这就是为机会开发做准备、做规划的阶段,对应"客观化渠道、创业行为"这个方框。最后,创业者进入开发机会建立新企业阶段以后,就要筹措各种创业所需的资源。能否适时获得资源与创业者的社会关系和声誉相关。因此,扩展社会关系网络、提高商业声誉是吸引他人合作和投资开发机会的重要途径。人是有限理性的,环境是变化的,未来是不确定的,因此,在机会开发过程中,创业者常常会因为一些业已客观化的机会在环境和条件发生变化以后变得不可开发或者不值得开发而不得不舍弃。这个阶段的舍弃不同于第二阶段的机会舍弃。第三阶段,创业者舍弃机会以后会进行错误归因,为日后开发客观化机会积累知识和经验,这是一个经过开发实践、反思进而重新开始机会概念化的过程,对应于模型中右边"机会舍弃"方框下方箭头所指的路径。

（六）Nielsen-Lassen 模型

基于建构主义理论，Nielsen 和 Lassen 提出了一个创业者身份建构模型，认为创业者的身份建构过程包括五个相互依存的子过程，并且指出创业者的身份和创业行动是在创业过程中同时发生、动态互构的（见图2-11）。

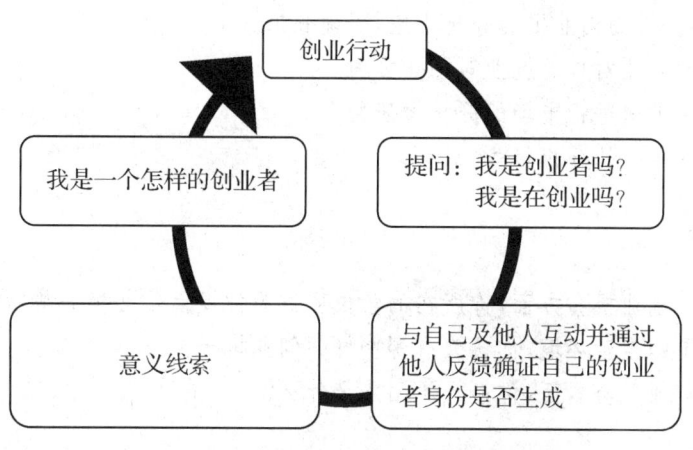

图2-11　Nielsen-Lassen 模型

在该模型中，创业者身份建构过程的起点是基于机会的创业行动。从初次创业行动起，初创者就开始建构自己的创业者身份，初创行动也会改变创业者的生活。在行动过程中，初创者会不断地对（创业）行动价值和生活意义进行自我拷问，这对应第一个方框。紧接着，初创者会不断地自我追问：我现在已经是创业者了吗？我现在所做的事情就是在创业吗？这相当于第二个方框。于是，初创者会通过与他人和制度（话语）体系进行互动来弄清楚自己现在是否已经是一个创业者了，即对身份的初次确认。与此同时，初创者借助于由不同意义线索构成的反馈机制，通过与他人互动和话语交流来证实自己的创业者身份已经生成，并且进一步了解自己的创业者身份是怎样形成的、创业者身份包括哪些内容、自己现在是否已经创业者了、创业是否就是自己现在所做的事情，这对应图中的第三个方框。意义线索是指初创者在与他人互动过程中获得的反馈，其中包括积极的反馈和消极的反馈，如初创者的创业行为得到他人的褒奖或者指责。对于初创者来说，意义线索更重要的作用在于帮助他识别环境中是否出现了新的机会线索、哪些人是可能的利益相关者和合作者，这对应第四个方框。在创业过程中，初创者会不断地追问自己现在是一个怎样的创业者，已经取得哪些创业绩效，这对应第五个方框。这种行动过程中的不断反思和追问会形塑创业者的身份并引发进一步的创业行动，这就重新回到了第一个方框，于是第二轮创业行动又开始了。因此，创业可被看作一个不断循环的过程，新机会不断生成，创业者不断积累知识、经验、资源、手段、财富和人脉关系等，他们的想法和信念也在不断变化。在这个过程中，创业者得到历练、成长，不断建构或变更自己的身份，既成就了自己，也成就了事业。

 **应用训练**

背景：
围绕与自己所学专业相关的市场业务，去发掘可能的创业机会。

要求：
1. 组建3～5人的创业机会分析小组，明确分工。
2. 梳理分析专业对口的就业与创业方向。
3. 基于某一方向进行市场的分析和研判。
4. 撰写创业机会的分析报告。

 思维训练

1. 你认为在创业机会方面，你所在的学校应该为你提供什么样的帮助？
2. 就你当前的生活环境，你认为有哪些好的创业机会？
3. 在寻求创业机会方面，你最大的困惑是什么？

第三章　创业团队

> 了解什么是创业团队,掌握创业者及合伙人应具有哪些素质。
> 理解创业团队的构成和角色,掌握创业者需要什么样的合伙人。
> 掌握创业团队的组建过程,掌握组建高效团队的方法。
> 掌握化解团队冲突的策略与技巧,掌握创业团队如何进行绩效管理。

 案例导入

大学生合伙创业,玩转水果O2O

如今,在O2O(线上与线下)商业模式的席卷下,"手机、电脑下单,在家收货"成为越来越多市民购买水果的首选。北京某学院毕业的大学生宁姓同学也和同伴一起加入了"O2O卖水果"的创业大军。他们创办的电商平台"果乐乐",通过网站和移动平台接受订单,每天的营业额超过千元。

宁同学说自己从高中开始就"不务正业"涉足商业。那时候某品牌的智能手机还非常流行。不少中学生都渴望拥有一部手机,但又苦于囊中羞涩。宁同学瞅准商机,联系省城郑州的大批发商,批量进货,以远低于当地销售商的价格把手机卖给自己的同学,"挣了大约一万多块钱。"宁同学说,这是他人生的第一桶金。

2012年宁同学高考。他的分数足以上当地的三本院校,但他毫不犹豫地选择来北京读高职。"我当时就想得很清楚,要试着自己创业,上大学一定要去一线大城市,因为那里可以获得开阔的视野、第一手的商机。读高职可以获得更多实践的机会。"最终他被北京某学院录取。

一次偶然,宁同学有了打造一个吃喝玩乐平台的想法,他给这个吃喝玩乐的平台做了详细的商业计划书,将水果作为销售内容。他们的方案很快获得了投资人的青睐。一位投资人给予了20万元的风险投资,另一位投资人则答应提供技术支持。

2014年7月份,宁同学和伙伴们创立北京创锐时光信息科技有限公司,并入驻中关村创业大厦。公司旗下建立了生鲜电商平台"果乐乐",该平台基于网站、移动平台,为用户提供鲜果当天下单、当天送达服务。

"果乐乐"最先进入的是对外经济贸易大学。宁同学找到了靠近学生宿舍楼的水果店,和老板谈判后商定:学生下单付账,平台向水果店派单,水果店送货至宿舍楼下,学生收货,水果店获得货款和提成。

宁同学表示,为了保证水果有最低的价格、最优的品质,他和伙伴跑遍了丰台新发地、朝阳来广营等多家水果批发市场,"一样样品尝,从西瓜到榴莲,从苹果到杨桃,从捂着嘴吃完了吐到最后吃出了经验。"他笑道。

在团队的努力下,"果乐乐"逐渐在高校站稳了脚跟。除了对外经贸大学,"果乐乐"还进入了中国农业大学、北京航空航天大学等高校,受到师生的普遍好评。生意好时,平台每天收获超过300份订单,营业收入上千元。

之后,为了节省成本,"果乐乐"在2015年年初关闭了校园送货点,改为专攻天通苑、北苑家园等大型居民社区,送货方式也从上门送货改为小区自提。"既保证了水果的新鲜,也减少了我们的物流成本。"宁同学说。

(资料来源:王中强,陈孟工.创新思维与创业教育[M].北京:清华大学出版社,2017,173-176)

第一节 创业团队的内涵

对创业团队要进行全面的掌握,首先要了解创业团队的内涵。本节主要分析创业团队的定义、创业团队的组成要素、创业团队的角色、创业者及合作人素质特征分析等内容。

一、创业团队的提出及定义

目前,有关创业团队的概念界定,不同的学者从不同的角度有着不同的看法,正如Huovinen和Pasanen(2010)所言,多种定义并存,这正说明不同的学者审视创业团队现象的视角有所不同。Shonk(1982)最早将团队定义为两个或两个以上为完成任务而协调行动的个体所构成的群体。但是,就创业领域的团队而言,创业团队是致力于创建和管理一个新创企业的一群人。创业团队概念的完善是一个过程,其中不乏是建立在实践的基础之上。Cooney(2005)在完善Kamm等(1990)提出、后经Watson等(1995)修正的定义的基础上,把创业团队定义为积极参与企业发展且有重大财务利益的两个或更多的人。Schjoedt和Kraus(2009)在以往研究成果的基础上,基于团队理论,将创业团队定义为,创业团队由具有财务或其他利益,对新企业做出过承诺且未来能从新创企业中成功获取利益的两个或更多的人构成。从创业团队成员的加入时间来看,在企业的前创业期就已经存在。从创业团队的目的来看,他们为追求共同的目标和企业成功而相互依存地工作,对团队和企业负责,在创业早期被视为负有行政责任的高管,并且把自己同时又被别人看作是一种社会团队。简言之,创业团队是有两个或两个以上的企业创始人组建成的并占有新创企业的股份或共同的目标或利益的一群人[汪良军(2007)、张振华(2009)、吴钊阳等人(2016)]。Bollinger、Hope 和 Utterback(1983)发觉高科技产业的创业团队具有下列共通性:创业团队往往是2～5人的团队组合,而非个人式的创业;创业团队创业前的经验能迅速且有效转移至新的事业;创业团队以专业技术为界定人才的标准。

由以上的定义中可以发现,创业团队大致包含以下三个基本要素:两个或两个以上的成员、团队成员参与新创企业的重大决策、成员与企业共生存和风险利益共担。因此,创业团队可以表述为是由两个或两个以上的新创企业创始人,参与新创企业的重大决策,从而为新创企业带来不确定性利益的团体。本教材对创业团队的定义有狭义和广义之分。创业团队狭义上是指有着共同目的、共享创业收益、共享创业风险的一群经营新成立的营利性组织的成员,他们提供一种创新的产品或服务,为社会提供新增价值。创业团队广义上除了包含狭义上的创业团队之外,还包括与整个创业过程有关的各种利益相关者,如风险投资商、供应商、专家咨询群体,等等。

二、创业团队的组成要素

创业团队需具备五个重要的团队组成要素,简称为5P。

(一) 目标(Purpose)

创业团队应该有一个既定的共同目标,为团队成员导航,指导要向何处去,没有目标这个团队就没有存在的价值。目标在创业企业的管理中以创业企业的远景、战略的形式体现。

(二) 人员(People)

人员是构成创业团队最核心的力量。两个及两个以上的人就形成一个群体,当群体有共同奋斗的目标就形成了团队。在一个创业团队中,人力资源是所有创业资源中最活跃、最重要的资源。应充分调动创业者的各种资源和能力,将人力资源进一步转化为人力资本。目标是通过人员来实现的,所以人员的选择是创业团队中非常重要的一个部分。在一个团队中可能需要有人出主意,有人订计划,有人实施,有人协调不同的人一起去工作,还有人去监督创业团队工作的进展。评价创业团队最终的贡献,不同的人通过分工来共同完成创业团队的目标。

(三) 定位(Place)

定位是指创业团队的内部结构设计,一般包括两层意思:
(1) 创业团队的定位。创业团队在企业中处于什么位置,有谁选择和决定团队的成员,创业团队最终应对谁负责,创业团队采取什么方式激励下属。
(2) 个体(创业者)的定位。作为成员在创业团队中扮演什么角色,是制定计划还是具体实施或评估。是大家共同出资来委派某个人参与管理,是大家共同出资、共同参与管理,还是共同出资来聘请第三方(职业经理人)管理,这体现在创业实体的组织形式上,是合伙企业或是公司制企业。

（四）权限（Power）

创业团队当中领导人的权力大小与其团队的发展阶段和创业实体所在行业相关。一般来说，创业团队越成熟领导者所拥有的权力相应越小，在创业团队发展的初期阶段领导权相对比较集中。数字经济企业多数实行扁平化的管理方式。

（五）计划（Plan）

计划有两层含义：

（1）目标最终的实现，需要一系列具体的行动方案，可以把计划理解为达成目标的具体工作程序。

（2）按计划进行可以保证创业的顺利进行。只有在计划的操作下创业团队才会一步一步地贴近目标，从而最终实现目标。

三、创业团队的角色

团队中每个成员所扮演的角色各有不同，也就是说，一个团队是由不同的角色组成的。

《西游记》中，唐僧、孙悟空、沙和尚、猪八戒去西天取经的故事，大家都耳熟能详，许多人会被这个团队中四位性格各异、兴趣不同的人物所感染。为什么这四个在各方面差异如此之大的人竟能融为一体，而且能融洽相处？因为在团队中这四个人分别扮演了不同的角色。

被誉为"团队角色理论之父"的英国团队管理专家梅雷迪思·贝尔宾（Meredith R. Belbin）观察与分析成功团队后发现，一支结构合理的团队应该由3大类、9种不同的角色组成（见表3-1）；依据成员所表现出来的个性及行为特征来划分，这9种角色分别是完成者、执行者、塑造者、协调者、资源调查者、写作者、创新者、专家、监控评估者，他们分别负责行动导向（执行团队任务）、人际导向（协调内外部人际关系）、谋略导向（发想创意）三类任务活动。这就是著名的"贝尔宾团队角色理论"。

没有完美的个人，但是可以有完美的团队。此理论可以帮助创业者在构建团队时，确保配置职位的逻辑性与完整性，并让团队成员正确分析自我能力与特质，找准自己在团队中的定位，同时不断优化自己的能力，形成优势互补，实现"1＋1＞2"的效果，从而塑造一支完美的创业团队。

表3-1　创业团队的9种角色分类

类　型	角　色	角色描述及个性特征
行动导向（负责执行团队任务活动）	完成者 (Completer/Finisher)	为团队带来严谨、担当。勤勤恳恳、尽职尽责、积极投入，找出差错与遗漏，准时完成任务
	执行者 (Implementer)	为团队带来稳健、信誉。执行力强、纪律性强、办事效率很高、值得信赖、保守稳健
	塑造者 (Shaper)	为团队带来动力、韧性。极强的成就导向，充满活力，激发人心，有克服困难的动力和勇气

续表

类　型	角色	角色描述及个性特征
人际导向（负责协调团队内外部人际关系）	协调者 (Co-ordinator)	为团队带来成熟、掌舵支柱。成熟、自信，能够阐明目标，促进决策、合理分工，成员信任与认同，典型的人际导向型团队领袖
	资源调查者 (Resource Investigator)	为团队带来热情、发展机会。外向、热情、健谈，善于发掘机会、谈判、构建关系网络，获取外部资源
	协作者 (Team worker)	为团队带来高效合作、凝聚力。善于倾听、性情温和、感觉敏锐，能够防止摩擦、平息争端、趋利避害，促使团队融洽，保持振奋向上的团队精神
谋略导向（负责发想创意与提供专家智慧）	创新者 (Plant)	为团队带来创新、变革力。高智商，富有创造力和想象力，不墨守成规，敢想敢干，能够解决难题
	专家 (Specialist)	为团队带来特殊技能、专业性。目标专一。提供专业的知识与技能，同时表现为高度内向，自我鞭策，甘于奉献
	监督评估者 (Monitor Evaluator)	为团队带来客观评判、明智决策。明智、谨慎、聪明，遇事沉稳冷静，具有战略眼光与远见卓识，在重大决策上往往能够做出正确评估与判断

（资料来源：即学即用，创业阶段 300 套随身手册[DB/OL]. https://www.jianshu.com/p/28b8888c0a1a,2017）

以上表格中所列为理论上成功团队中的 9 种角色，而事实上，创业团队通常都不会有这么多人，何况一支完美团队的形成也不可能一蹴而就。但是，这个理论框架至少给我们提供了一个重要的信息，那就是角色之间的能力互补，我们仍然可以参考这种成功团队的组合结构，尽量去按照这个标准去组建自己的团队，去规划和寻找合适的成员，而在创业初期，我们完全可以一个人兼任不同的角色，成员之间还可以轮换角色，这样依然会取得较好的团队成效。待队伍壮大、时机成熟了，一支结构更合理、成员更多元，运行更高效的完美团队也就自然形成了。因此，建议创业者在深刻理解其内涵的基础上灵活地去运用它即可。

四、创业者及合伙人素质特征分析

在数字经济时代，企业能走多远、能做多大，很大程度上取决于创业者及合伙人的素质特征。一个优秀的创业团队要具有优秀的管理能力、精湛的技术能力、前卫的营销能力，这些能力都应被创业者及合伙人所具有，这就要求他们具有独特的能力[1]。因此要求创业者及合伙人具有相应的素质特征。

（一）创业者的素质特征分析

（1）非凡的前瞻力。也就是把握趋势的能力，在如今这个数字经济的时代里，即使你现

---

[1] 刘志阳，林嵩，路江涌. 创新创业基础[M]. 北京：机械工业出版社，2021：142.

在做得不错,但如果不能对随时发生着的事物保持敏感与准确预估,也将迅速被市场淘汰。

(2)专业的判断力。想创业,先做到所要从事领域的专家才行,因此要潜心学习观察,注重积累,充分掌握该行业的市场特点、产品发展趋势、消费需求情况等。

(3)顽强的抗阻力。创业之路是艰难的,创业过程需要启动资金,需要有前景的项目,需要创业者费尽心血去做。创业产品生产之后,需要好的销路。销路好了,竞争对手又出现了。当企业步入正轨后,受到环境的影响,资金链又出现紧张情况,后来人才又开始流失。可见,创业者需要超强的抗逆能力。

(4)敏锐的洞察力。不知道大家是否发现了,面对一件新生事物,有些人觉得新奇有趣,仅看看而已,而有些人则会认真探究,从中发现很多更深刻与有价值的东西。这就是普通人思维与优秀创业者思维的差别,优秀创业者具有本能的敏感洞察力。当然,这也需要一些锻炼,和个人的素质特点也有关系。善于洞察并思考的人才适合创业,否则只能做一个跟在别人后面、很累的追随者。

(5)扎实的务实力。这是初创公司创业者必备的素质。在创业过程中,不要注重形式,绝不铺张浪费,必须对每一分钱都要采取审慎节约的态度,脚踏实地,绝不好高骛远。

(6)超强的说服力。领导者要具备演说能力,具有团队感染力,可以说服合作伙伴,甚至竞争对手。因此,创业者要锻炼自己的表达能力和沟通能力,善于抓住问题的要害,善于与人沟通。

(7)长期的持续力。创业者面对的环境一般不可能是一帆风顺的,甚至还很残酷。企业在创业者的带领下向前走,必须要坚持正确的创业理念,只有坚持到最后才能提高成功的概率。创业企业在面临最困难的环境时,如果能够坚持下来,可能已经成功了一半。优秀的创业者需要具有坚持不懈和勇往直前的品质,特别是在环境瞬息万变的数字经济领域,更需要这种品质。

(8)宽广的容纳力。古语言:海纳百川,有容乃大。自私的创业者会将自己的利益放在企业之上。优秀的创业者需要具有宽广的胸怀,容纳别人、宽容别人、善待别人,这样才能吸引更多的优秀者参与到企业的创业中,促进企业获取竞争优势。所以,创业者要培养自己的学习能力,同时还要修炼自己的胸怀。

(二)合伙人的素质特征分析

在数字经济时代,要想创业获得成功,还必须有优秀的创业合伙人,因此要求创业合伙人要具有一定的素质特征[①]。

(1)坦诚(Frank)。创业合伙人之间要坦诚相待,要实现彼此良性认知。为此,坦诚相待是合伙人非常重要的素质,否则即便创业项目再好,团队再协调,彼此之间不够坦诚,也难以实现成功创业。在数字经济的创业中,深层次的沟通更为重要,而坦诚是深层次沟通的前提。

(2)忠诚(Loyalty)。创业合伙人之间要保持忠诚的素质,这样创业团队之间才能更

---

① 王中强,陈工孟.创新思维与创业教育[M].北京:清华大学出版社,2017:178.

加团结。在数字经济领域,涉及更多的高科技技术,企业内部机密和行业规则较多,合伙人之间的团结显得更为重要。在数字经济竞争激烈的环境中,要想获得长期发展,更应通过合伙人彼此之间的忠诚,保持企业行稳致远。

(3)信任(Trust)。"无信则不立",信任是创业合伙人之间合作的基础。数字经济时代,创业过程中对信任的要求更高。可以设想,在创业过程中,每一个合伙人的行为都会彼此相互影响,即都是自己的一面镜子。只有合伙人之间的信任,才能打造数字经济创业的"铁军",取得创业的成功。

(4)沟通(Communication)。数字经济的创业是高科技创业,涉及互联网、大数据、人工智能等先进技术,这需要合伙人之间良性沟通,加强彼此之前的交流,增强团队的学习能力。创业者之间既是合作者,又是伙伴,需要做到互通有无,尤其是商业上的信息和资源,提升团队整体竞争力。

(5)包容(Inclusive)。创业合伙人之间涉及整个团队的配合与项目是否能正常运转,所以彼此包容是至关重要的,尤其在意见相左的时候,要学会包容对待彼此,这种素养是合伙人之间必不可少的。

(6)勇敢(Brave)。在数字经济的创业领域,面对的环境变化更快,触及的技术更加复杂,失败的可能性显著增加,因此创业带来的挑战性更大。合伙人要具有很大的勇气,面对创业的挫折和失败时,决不能气馁,要不断地学习先进的技术,培养团队不服输的性格和精神,在数字经济领域劈波前行。

中国新能源汽车企业——小鹏汽车的合伙人关系是创业中的兄弟姐妹,每一位合伙人在专业、业务、管理方面都具有优秀的素质,合伙人将核心精力聚焦于当下要做正确的事。小鹏汽车提出,创建和运营企业需要找到和培养正确的人,与志同道合的人做正确的事,并设定与控制正确的创业节奏。

"难得"的创业五兄弟

第二节　创业团队的类型

界定创业团队的类型有利于区别对待创业团队,高效的创业团队才能针对自身的特点有针对性地选择适合的类型。

一、创业团队的主要类型

一般说来,创业团队大体上可以分为三种:星状创业团队(Star Team)、网状创业团队(Nesh Team)和从网状创业团队中演化来的虚拟星状创业团队(Virtual Star Team)。这和网络拓扑结构极其相似。

(一)星状创业团队

星状创业团队一般在团队中有一个核心主导人物(Core Leader),充当了领军的角色。这种团队在形成之前,一般是核心主导人物有了创业的想法,然后根据自己的设想进行创业团队的组织。因此,在团队形成之前,核心主导人物已经就团队组成进行过仔细思考,根据自己的想法选择相应人物加入团队,这些加入创业团队的成员也许是核心主导人物以前熟悉的人,也有可能是不熟悉的人,但其他团队成员在企业中更多时候是支持者角色(Supporter)。

这种创业团队有几个明显的特点:

(1) 组织结构紧密,向心力强,主导人物在组织中的行为对其他个体影响巨大。

(2) 决策程序相对简单,组织效率较高。

(3) 容易形成权力过分集中的局面,从而使决策失误的风险加大。

(4) 当其他团队成员和主导人物发生冲突时,因为核心主导人物的特殊权威,使其他团队成员在冲突发生时往往处于被动地位,在冲突较严重时,一般都会选择离开团队,因而对组织的影响较大。

这种组织的典型例子比如:太阳微系统公司(Sun Microsystem)创业当初就是由维诺德·科尔斯勒(Vinod KhMla)创立的,科斯拉确立了多用途开放工作站的概念,接着他找了Joy、Bechtolsheim(两位分别是软件和硬件方面的专家)和一位具有实际制造经验和人际技巧的麦克尼里(Mc Neary),于是,组成了SUN的创业团队。

(二) 网状创业团队

这种创业团队的成员一般在创业之前都有密切的关系,比如同学、亲友、同事、朋友等。一般都是在交往过程中,共同认可某一创业想法,并就创业达成了共识以后,开始共同进行创业。在创业团队组成时,没有明确的核心人物,大家根据各自的特点进行自发的组织角色定位。因此,在企业初创时期,各位成员基本上扮演着协作者或者伙伴角色(Partner)。

这种创业团队有几个明显的特点:

(1) 团队没有明显的核心,整体结构较为松散。

(2) 组织决策时,一般采取集体决策的方式,通过大量的沟通和讨论达成一致意见,因此组织的决策效率相对较低。

(3) 由于团队成员在团队中的地位相似,因此容易在组织中形成多头领导的局面。

(4) 当团队成员之间发生冲突时,一般都采取平等协商、积极解决的态度消除冲突。团队成员不会轻易离开,但是一旦团队成员间的冲突升级,使某些团队成员撤出团队,就容易导致整个团队的涣散。

这种创业团队的典型例子:微软(保罗·艾伦和童年玩伴比尔·盖茨)、HP(戴维·帕卡德和他在斯坦福大学的同学比尔·休利特)等多家知名企业的创建多是先由关系和结识,基于一些互动,激发出创业点子,然后合伙创业。

(三) 虚拟星状创业团队

这种创业团队是由网状创业团队演化而来。基本上是前两种的中间形态。在团队中,有一个核心成员,但是该核心成员地位的确立是团队成员协商的结果,因此核心人物某种意义上说是整个团队的代言人,而不是主导型人物,其在团队中的行为必须充分考虑其他团队成员的意见,不像星状创业团队中的核心主导人物那样有权威。

二、高效创业团队的特征

数字经济的创业团队是为了实现数字经济创业目标而由相互协作的个体组成的正式群体。现实中,高效的工作团队对提高企业绩效、员工满意度等方面有重要作用[①],是数字经济企业的生力军。

(一) 明确的目标

高效的创业团队对要达到的目标有清楚的理解,并坚信这一目标包含重大的意义和价值。而且,这种目标的重要性还激励着团队成员把个人目标升华到群体目标。在有效的团队中,成员愿意为团队目标做出承诺,清楚地知道他们做什么工作,以及他们怎样共同工作并实现目标。

(二) 相互的信任

成员间相互信任是有效创业团队的显著特征,也就是说,每个成员对其他人的品性和能力都确信不疑。在数字经济领域进行创新,建立高效的创业团队,需要彼此之间的相互信任。为了高效地完成创业中的工作任务,团队成员之间需要建立一种创业默契,而这种默契的建立是以高度的信任为基础的,所以维持群体内的相互信任,还需要引起创业领导层足够的重视[②]。

(三) 创业的技能

高效的团队是由一群有能力的成员组成的,他们具备实现目标必需的技术和能力,而且相互之间有良好合作的个人品质,并能出色完成任务。后者尤为重要,但却常常被人们忽视。有精湛技术能力的人并不一定就有处理群体内关系的高超技巧,而高效团队的成员则需要兼而有之。

(四) 一致的承诺

高效的团队成员对团队表现出高度的忠诚和承诺,为了能使群体获得成功,他们愿意去做很多重要事情,把这种忠诚和奉献称为一致承诺。对成功团队的研究发现,团队成员对他们的群体具有认同感,他们把自己属于该群体的身份看作是自我的一个重要方面。因此,承诺一致的特征表现为对群体目标的奉献精神,愿意为实现这一目标而调动和发挥

---

① 雷重熹,池云霞,靳润奇,等.创新创业案例与分析[M].北京:高等教育出版社,2019:29.
② 张雷.上海雷跃创业团队激励机制研究[D].大连理工大学,2019:29.

自己的最大潜能。

(五) 良性的沟通

毋庸置疑,这是高效团队一个必不可少的特点。群体成员通过畅通的渠道交流信息,包括各种言语和非言语交流。此外,管理层与团队成员之间顺畅的信息反馈也是良好沟通的重要特征,它有助于管理者指导团队成员的行动,从而消除误解。

(六) 谈判的艺术

以个体为基础进行工作设计时,员工的角色有工作说明、工作纪律、工作程序及其他一些正式或非正式文件进行明确规定。但对高效的创业团队来说,其成员角色具有灵活多变性,总在不断地进行调整。这就需要成员具备充分的谈判艺术和技能。由于团队中的问题和关系时常变换,成员必须能面对和应付这种情况。

(七) 恰当的领导

优秀的领导者能够让团队跟随自己共同度过最艰难的时期,因为他能为团队指明前途所在,他们向成员阐明变革的可能性,鼓舞团队成员的自信心,帮助他们更充分地了解自己的潜力。优秀的领导者不一定非得指示或控制,高效团队的领导者往往担任的是教练和后盾的角色,他们对团队提供指导和支持,但不试图去控制团队。这不仅适用于自我管理团队,当授权给小组成员时,也适用于任务小组、交叉职能型的团队。

(八) 内外的支持

要成为高效团队的必需条件就是它的支持环境。从内部条件来看,团队应拥有一个合理的基础结构。这包括适当的培训、一套易于理解的并用以评估员工总体绩效的测量系统,以及一个起支持作用的人力资源系统。恰当的基础结构应能够支持并强化成员行为已取得的绩效水平。从外部条件来看,创业领导者应给团队提供完成工作所必需的各种资源。

三、高效团队的精神

优秀的团队精神才是企业真正的核心竞争力。一个企业如果没有团队精神,将成为一团散沙,为此高效的团队需要具有优秀的团队精神。

(一) 持续学习的精神

团队需要具有学习的精神,一个善于学习的团队拥有共同愿景、和谐的沟通氛围。在数字经济时代,知识的更新速度加快,更加需要团队成员的学习精神。团队拥有同样的目标,更好地分析当前形势,积极思考和团队相关的对策,能够激发团队成员不断学习,充分实现自我,带动整个团队的创新和进步,使团队顺应变化。持续学习的团队,能够不断提升企业绩效,提高工作热情,使得共同愿景更进一步地深入人心。持续学习的团队能够按照制度办事,制定制度能为团队的协调运作提供保障,避免团队偏离目标,最大限度地缩小风险,更进一步地体现了团队的共同愿景。

(二)相互协作精神

如果团队中每个成员都能把自己掌握的新知识、新技术、新思想拿出来和其他团队成员分享,集体的智慧势必大增,就会产生"1+1>2"的效果,团队的智商就会大大高于成员的智商,整体大于部分之和。在团队中,协作能够弥补能力不足。无论何种性质的企业,都存在一个投入和产出的问题。每个人的能力都有一定限度,善于与人合作的人,能够弥补自己能力的不足,达到自己原本达不到的目的。而且能互惠互利,让协作的双方都能从中受益。为此,组织内成员要相互分享知识,集中智慧,形成合力,打造出核心团队。

(三)参与竞争的精神

高效的团队不仅需要相互协作,还需要良性竞争。团队内部的竞争为的是团队成员给自己的现阶段一个正确和客观的评价。把自己的努力成果呈现出来,不断地训练自己,提升团队每个成员的竞争力。竞争中,团队成员了解到自己的优势和劣势,然后能够有针对性地进行弥补。所以我们要用平和的心态去对待这个情况,我们要的是了解我们自己身上的短处,以便于明确后期的训练方向,从而让自己进步。团队中的良性竞争能够激发团队成员的战斗力和潜力。每个人心中都会有障碍,需要被激发,才能被冲破。一个人的进步是一个循序渐进的过程,它也是有阶段性、有卡点的。当你觉得不能再进步的时候,通过良性竞争推动自己,突破卡点,推动自己又上了一个台阶,相应的也增加了团队整体的竞争力。

第三节 创业团队的组建

创新团队的组建是一个系统工程,涉及团队组建的原则、影响因素、组建程序和基本要素。要组建一个高效的团队,要合理整理各种资源和要素,并要有效把握各环节的相互衔接。

一、创业团队组建的原则

(一)目标明确原则

目标必须明确,这样才能使团队成员清楚地认识到共同的奋斗方向是什么。与此同时,目标也必须是合理的、切实可行的,这样才能真正达到激励的目的。只有明确合理的目标,才能帮助团队在目标的指引下,科学地进行团队的组建,为下一步企业的创建打下坚实的基础。

(二) 互补原则

创业者之所以寻求团队合作,其目的就在于弥补创业目标与自身能力间的差距。只有当团队成员相互间在知识、技能、经验等方面实现互补时,才有可能通过相互协作发挥出"1+1>2"的协同效应。

(三) 精简高效原则

为了减少创业期的运作成本、最大比例地分享成果,创业团队人员构成应在保证企业能高效运作的前提下尽量精简。扁平化组织是创建团队经常采用的一种组织模式,有利于团队成员之间保持高效的沟通,且减少沟通时信息的损耗,提高创新团队的工作效率。

(四) 动态开放原则

创业过程是一个充满了不确定性的过程,团队中可能因为能力、观念等多种原因不断地有人在离开,同时也有人在要求加入。因此,在组建创业团队时,应注意保持团队的动态性和开放性,使真正完美匹配的人员能被吸纳到创业团队中来。

二、创业团队组建的主要影响因素

创业团队的组建受多种因素的影响,这些因素相互作用、共同影响着组建过程并进一步影响着团队建成后的运行效率。

(一) 创业者

创业者的能力和思想意识从根本上决定了是否要组建创业团队、团队组建的时间表以及由哪些人组成团队。创业者只有在意识到组建团队可以弥补自身能力与创业目标之间存在的差距,才有可能考虑是否需要组建创业团队,以及对什么时候需要引进什么样的人员才能和自己形成互补做出准确判断。

(二) 商机

不同类型的商机需要不同类型的创业团队与之匹配。创业者应根据创业者与商机间的匹配程度,决定是否要组建团队以及何时、如何组建团队。商机的把握需要创业者的前期创业知识和专业技能的积累,也需要创业直觉,商机把握的程度决定着创业成功与否。

(三) 团队目标与价值观

共同的价值观、统一的目标是组建创业团队的前提,团队成员若不认可团队目标,就不可能全心全意为此目标的实现而与其他团队成员相互合作、共同奋斗。而不同的价值观将直接导致团队成员在创业过程中脱离团队，进而削弱创业团队作用的发挥。没有一致的目标和共同的价值观，创业团队即使组建起来，也无法有效发挥协同作用。

（四）团队成员

团队成员能力的总和决定了创业团队的整体能力和发展潜力。创业团队成员的才能互补是组建创业团队的必要条件，而团队成员间的互信是形成团队的基础。互信的缺乏，将直接导致团队成员间协作障碍的出现。

（五）外部环境

创业团队的生存和发展直接受到制度性环境、基础设施服务、经济环境、社会环境、市场环境、资源环境等多种外部要素的影响。这些外部环境要素从宏观上间接地影响着对创业团队组建类型的需求。

三、创业团队组建的程序

（一）明确创业目标

创业团队的总目标就是要通过完成创业阶段的技术、市场、规划、组织、管理等各项工作实现企业从无到有、从起步到成熟。总目标确定之后，为了推动团队最终实现创业目标，再将总目标加以分解，设定若干可行的、阶段性的子目标。

（二）制定创业计划

在确定了一个个阶段性子目标以及总目标之后，紧接着就要研究如何实现这些目标，这就需要制定周密的创业计划。创业计划是在对创业目标进行具体分解的基础上，以团队为整体来考虑的计划。创业计划确定了在不同的创业阶段需要完成的阶段性任务，通过逐步实现这些阶段性目标来最终实现创业目标。

（三）招募合适的人员

招募合适的人员也是创业团队组建最关键的一步。关于创业团队成员的招募，主要应考虑两个方面：一是考虑互补性，即考虑其能否与其他成员在能力或技术上形成互补。这种互补性形成既有助于强化团队成员间彼此的合作，又能保证整个团队的战斗力，更好地发挥团队的作用。一般而言，创业团队至少需要管理、技术和营销三个方面的人才。只有这三个方面的人才形成良好的沟通协作关系后，创业团队才可能实现稳定高效。二是考虑适度规模，适度的团队规模是保证团队高效运转的重要条件。团队成员太少则无法实现团队的功能和优势，而过多又可能会产生交流的障碍，团队很可能会分裂成许多较小的团体，进而大大削弱团队的凝聚力。一般认为，创业团队的规模控制在2～12人最佳。

(四) 职权划分

为了保证团队成员执行创业计划、顺利开展各项工作,必须预先在团队内部进行职权的划分。创业团队的职权划分就是根据执行创业计划的需要,具体确定每个团队成员所要担负的职责以及相应所享有的权限。团队成员间职权的划分必须明确,既要避免职权的重叠和交叉,也要避免无人承担造成工作上的疏漏。此外,由于还处于创业过程中,面临的创业环境又是动态复杂的,不断会出现新的问题,团队成员可能不断出现更换,因此创业团队成员的职权也应根据需要不断地进行调整。

(五) 构建创业团队制度体系

创业团队制度体系体现了创业团队对成员的控制和激励能力,主要包括团队的各种约束制度和各种激励制度。一方面,创业团队通过各种约束制度(主要包括纪律条例、组织条例、财务条例、保密条例等)指导其成员避免做出不利于团队发展的行为,实现对其行为进行有效约束,保证团队的稳定秩序。另一方面,创业团队要实现高效运作需要有效的激励机制(主要包括利益分配方案、奖惩制度、考核标准、激励措施等),使团队成员能看到随着创业目标的实现,其自身利益将会得到怎样的改变,从而达到充分调动成员的积极性、最大限度发挥团队成员作用的目的。要实现有效的激励首先就必须把成员的收益模式界定清楚,尤其是关于股权、奖惩等与团队成员利益密切相关的事宜。需要注意的是,创业团队的制度体系应以规范化的书面形式确定下来,以免带来不必要的混乱。

(六) 团队的调整融合

完美组合的创业团队并非创业一开始就能建立起来的,很多时候是在企业创立一定时间以后随着企业的发展逐步形成的。随着团队的运作,团队组建时在人员匹配、制度设计、职权划分等方面的不合理之处会逐渐暴露出来,这时就需要对团队进行调整融合。由于问题的暴露需要一个过程,因此团队调整融合也应是一个动态持续的过程。如图3-1所示,在完成了前面的工作步骤之后,团队调整融合工作专门针对运行中出现的问题不断地对前面的步骤进行调整,直至满足实践需要为止。在进行团队调整融合的过程中,最为重要的是要保证团队成员间经常进行有效的沟通与协调,培养强化团队精神,提升团队士气。

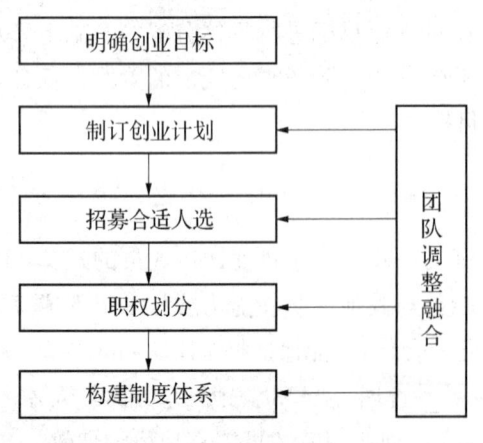

图3-1 创业团队组建程序图

(资料来源:MBA智库百科[DB/OL]. https://wiki.mbalib.com/wiki/%E5%88%9B%E4%B8%9A%E5%9B%A2%E9%98%9F,2012)

四、组建成功创业团队的四个基本要素

创业团队中每个人都有一定的创造性,在合适的时候让团队的创业智慧共同发光,特别是在数字经济时代,更需要创业团队快速适应快速变化的环境,共同高效完成组织的目标。组建成功的创业团队一般需要四个基本要素:愿景、关系、规范与领导力。

(一)愿景

心理学家马斯洛说:杰出团队的显著特征,便是具有共同的愿景与目的。因此,建立团队的首要要素,便是建立团队共同的愿景与目的。由于人的需求不同、动机不同、价值观不同、内心的恐惧不同,要让目标趋于一致,也是极为困难的。但是,俗话说"人同此心,心同此理",只要能具有同理心,加上熟练的技巧,建立共同的目标还是不难的。

(二)关系

关系方面,存在着正式关系与非正式关系,例如经理与部属,这是正式关系,他们两人是同乡,这是非正式关系。团队关系的挑战,需要领导者创造环境与机会,协调、沟通、安抚、调整、启发、教育,让团队成员从生疏到熟悉,从防卫到开放,从不稳定到稳定,甚至从排斥到接纳、从怀疑到信任,关系愈稳定,愈信赖,组织内耗愈小,团队效能就愈大。

(三)规范

没有规矩无以成方圆,车子不按照车道驾驶,马路上会一片混乱。组织中缺乏规范更会引起各种不同的问题,报销缺乏制度、休假没有清晰的规定、奖惩没有标准,不仅会造成困扰、混乱,也会引起猜测、不信任。写下制度规矩很容易,如何彻底推行则很困难。领导者必须有能力建立合理、有利于组织的规范,并且促使团队成员认同规范,遵从规范。

(四)领导力

将以上三种要素有效的运用,并能判断情况,决定何时、何处、针对何人提出何种对策的能力,便是第四要素——领导力,所以领导能力可以说是在动态情况中,运用各种方式,以促使团队目标趋于一致、建立良好团队关系,以及树立规范的能力。使用的技巧有沟通、协调、任务分配、目标设定、激励、教导、评价、适当批评、建议、授权、开会、奖惩等。

第四节　创业团队的管理

数字经济时代企业的成功需要对创业团队采用科学和有效的管理。加强团队的领导首先要提高科学领导力,其次创业团队要有效管理团队的冲突。

一、创业团队领导力

(一)创业团队领导力的内涵

团队领导力是指领导者向所有的团队成员描绘公司使命与目标的能力,团队领导与团队成员一起,确定团队的使命与存在的价值,共同推动团队目标的完成,通过角色定位与分工协作,承担不同的职责并分享领导,同时更好地沟通、协作与共享,遵循一定的工作流程,进行团队学习与不断创新,提升团队效率与提高成员的满意度。

(二)创业团队领导力要素

结合多角度、多来源的领导力要素的研究,在前人研究的基础上,本书将创业团队领导力的内涵总结为管理团队的能力、品格与行为三个方面[①]。如表3-2所示。进一步细分,管理团队能力细化为科学的决策能力、激励他人的能力、敏锐的洞察力、前瞻性、知人善任、执行力、创新能力、交流与沟通技巧、善于授权等;管理团队的品格细化为人文关怀、人品良好、职业道德、优良的品德等;管理团队行为则包含管理团队的工作参与度、工作热情化及管理团队的自我领导力。

表 3-2 创业团队领导力要素

维 度	要 素	定 义
管理团队能力	科学决策	洞悉组织每个决定与行动会带来的可能后果,并做出最有利于组织的决策
	激励他人	鼓舞激励他人、凝聚人心、坚定信心,激发热情与才能
	敏锐的洞察力	熟知组织所处社会与文化环境,掌握组织优劣势,知晓组织内成员的技能与局限,有利于组织战略目标实现的机遇
	前瞻性	基于组织战略目标,不断为组织的未来贡献新思路、新想法,并提出对未来各种可能性的见解
	知人善任	善于发现与培养锻炼后备人才的能力,积极支持人才成长,保障后续人才发展
	执行力	将目标、任务、计划转化为结果绩效的能力。执行力在于理解决策实质、贯彻决策精神要旨的能力和效力,是一连串围绕决策而发生的组织具体运作行为
	敢于创新	以积极有效的方式应对瞬息万变的市场环境,主动深入思考并寻求新的方式,提出创新性的意见与方案,并且付诸实践以应对挑战并最终使组织能力与绩效都有所提升
	交流沟通技巧	交流理解,获取配合与支持的能力
	善于授权	授予合适人才以适当权力,使其在领导者的监督下,自主地对本职范围内的工作进行决断与处置的行为

---

① 朱建民.齐晖药业管理团队领导力提升策略研究[D].华东理工大学,2016.

续 表

维 度	要 素	定 义
管理团队品格	人文关怀	关心爱护员工,了解员工心理,与员工共同成长进步,使其真切地感受到温暖
	人品良好	诚实守信,不以妥协道德准则以获得暂时性成功
	职业道德	诚实正直,信守承诺,严格遵守职业道德准则
	爱岗敬业	热爱本职工作,乐于奉献,勇于承担责任
管理团队行为	工作参与度	在工作上花费大量精力,对工作充满热情,专注工作
	工作热情	对自己的工作贡献、意义保持持续关注,并在工作中保持主动积极的态度
	自我领导力	设立自我目标,并适当地进行自我评价与自我奖励

二、创业团队冲突的管理

创业团队的冲突可以看作为高层管理冲突的一种特殊的表现形式,因为创业团队不仅仅是一个企业的基层员工,同时也是高层管理者、投资者、风险承担人。因此,对于创业团队的管理,需要采取适当的管理模式加以解决[①]。

创业团队管理——正泰电器的成功之道

(一) 创业团队的冲突原因分析

在创业团队开始构建的时候,由于时间仓促,或者团队成员之间没有充分的沟通,或者没有指定一个明确的创业目标,就可能埋下了冲突的风险成因,大约可以概括为以下几点:

(1) 脆弱的组建模式。创业团队的组建基本可以分成三种模式:关系驱动、要素驱动和价值驱动。关系驱动是指以创业领导者为核心的人际关系圈内成员构成团队。他们因为经验、友谊和共同兴趣结成合作伙伴,彼此发现商业机会后共同创业。要素驱动是指创业团队成员分别贡献创业所需的创意、资源和操作技能等要素。由于这些要素完全互补,团队成员之间处于相对平等的地位。价值驱动是指创业成员将创业视为一种实现自我价值的手段,他们的使命感很强,成功的冲动也很强。不同的组建模式适用的条件不尽相同。如果盲目照搬照套某种组建模式,会给企业带来巨大的风险。现在应用最广泛的是关系驱动模式,它比较适用中国文化的特点,其团队的稳定性相对较高。但是,关系的远近亲疏经常会成为制约团队发展的瓶颈。现在的互联网创业团队大多属于要素驱动模式,如果成员之间磨合顺利,可以缩短企业成功所需的时间;但是如果磨合不顺利,就很容易发生解散风险。价值驱动模式中的团队成员虽然是为了追求自我实现组合在一起,但是一旦产生分歧,就是路线斗争,难以妥协。

(2) 团队成员选择具有随意性和偶然性。创业团队是要将个体的力量整合为集聚的

---

① 金帅哲.AT公司创业团队冲突案例研究[D].安徽财经大学,2018.

攻击力,并保持这种攻击力的持久性。英国学者贝尔宾曾经考察了多支团队,研究理想创业团队的构成,最后提出了"九种角色"论,即成功的团队必须包含九种不同角色的人。这九种角色分别是:提出创新观点并做出决策的创新者;将思想语言转化为行动的实干者;将目标分类,进行角色职责与义务分配的协调者;促进决策实施的推进者;引进信息与外部谈判的信息者;分析问题与看法并评估别人贡献的监督者;给予个人支持并帮助他人的凝聚者;强调任务的时效性并完成任务的完美主义者;以及具有专业技能和知识的专家。但是,在组建初期由于规模和人数的限制,创业团队在成员选择方面考虑不够全面,过于随意和偶然,甚至只是因为碰巧谈到创业问题而一拍即合,所以不可能具备所有这九种角色,之后又没有进行及时的补充,或是在团队中承担某种角色的人才过多,团队成员之间角色和优势重复,这些都会引发各种矛盾,最终导致整个创业团队的散伙。

(3) 缺乏明确和一致的团队目标。在创业初期,创业团队的目标一般并不十分清晰和明确,可能只是一个朦胧的发展方向,有些人甚至不明白自己为什么会走上创业的道路①。而且即使创业领导者的目标明确,也不能保证其他成员都能够准确理解团队目标的含义。随着创业进程的推进以及外界环境的变化,团队成员可能会发现原先确定的目标和现实之间存在差距,必须对目标进行适当调整,此时如果团队成员之间意见难以调和,或是个人目标与组织目标出现较大的不一致,那么团队就会面临解散的风险。

(4) 在团队组建初期,由于企业前途未卜,各成员在创业企业中的作用和贡献无法准确衡量,因此团队无法给出一个明确的利润分配方案,可能只是简单的采取平均主义的做法。这样,随着企业的发展和利润的增加,团队成员在利润分配时就会出现争议,从而导致创业团队解散。

(5) 创业团队内部沟通渠道的缺失。创业的过程不可能一帆风顺,有效的沟通对于稳定创业团队至关重要。另外,创业团队成员通常在不同任务上并行工作,信息共享至关重要。只有进行有效的沟通,团队成员才能在企业使命、目标和战略等方面达成共识,在战略实施过程中求同存异,从而做到齐心协力,同舟共济。目前,我国民营企业中的创业者沟通技巧比较缺乏,特别是创业团队中的技术型创业者,创业团队成员之间无法进行有效的信息交换,沟通渠道不畅和信息失真等现象存在。

(二) 创业团队冲突的正面影响

冲突分认知冲突和情感冲突。认知冲突就是当个体意识到个人认知结构与环境或是个人认知结构内部不同成分之间的不一致所形成的状态。而情感冲突,这是日常生活中,俗人常犯的错误,就好比意气用事。一般认为,认知冲突是具有有益效果的冲突,而情感冲突是具有负面功能的冲突。认知冲突和情感冲突是冲突的两个不同维度,而不是冲突连续体的两端。两个人或多人因为意见不合会有所冲突,避免在情感上主观地去判断事物,这样才能避免情感冲突。

冲突不一定都是坏事,冲突跟压力一样,压力本身会令人振作,也可以把人压垮。同

---

① 唐富川.KM公司创业团队冲突管理的案例分析[D].电子科技大学,2019.

样,冲突可以把团队冲垮,也可以使团队振作,这取决于如何面对冲突,如何对冲突进行引导。事实上,有了冲突的团队可能会更健康。有了冲突,团队才会做自我检讨,团队成员也会自我反省,对自己犯的错误或者工作欠妥的地方进行分析改进,小冲突小改进,大冲突大改进,不断地改进之后,整个团队的目的和行动方案也会得到修正。另外,可以利用冲突把团队成员的观念和思维方式进行调整,如果没有冲突发生,则团队观念和意见是否正确、是否切实可行,都没有量化的表现;同样,团队成员的想法是否正确,团队成员的观念是否合理,都没有衡量的标准,而冲突发生以后,在冲突中大家的表现将自己的想法表露无遗,这对调整提供了非常好的契机。

(三)创业团队冲突的负面影响

一旦创业团队成员发生冲突,那么可能造成以下负面影响:

(1)冲突会造成公司严重内耗,效率低下。如果创业团队成员的精力被浪费在了钩心斗角上,当这样的情况持续一段时间后,团队成员就会因此而感到十分气愤与烦恼。在这个时候,大多数的人都会觉得合伙还不如不合伙,肯定会选择退出了。

(2)创业团队成员内部的冲突,会让员工无所适从,人才大量流失。如果创业者团队成员内部发生内讧,会严重影响员工工作的积极性和方向性,他们开始怀疑、担忧自己在公司发展的前途和机会,并尽力避免冲突带来的后遗症,因此无法安心在公司工作。当条件具备时,他们往往更愿意离开公司谋求新的发展。

(3)冲突造成创业者团队成员之间感情的付出,而且要涉及团队成员的家人。团队成员之间往往在最初的时候有一定的感情基础,甚至互相家庭成员之间都相处融洽,一旦团队成员之间发生冲突,自身的私人感情受损,必定还会间接影响双方的家人。

(4)调节、仲裁诉讼成本巨大。一旦创业者团队成员之间的冲突走入法庭,双方需要用法律手段解决冲突,对于团队成员来说,精力和经济方面都会面临巨大损失。即使公司创业团队的冲突最终并没有走向法律途径解决,但是中间经历了漫长的胶着及调解过程,浪费了双方大量的人力与物力,对于双方来说,都造成了不小的损失。

(5)失去团队成员对公司带来的风险以及招纳新合伙人需要付出时间和金钱的代价。一旦因为合伙人之间的冲突导致创业团队散伙,公司将可能面临各种风险。可能会因为某个合伙人的离开丧失部分社会资源或者部分资金来源,这对于创业公司来说,很可能是致命的风险。同时,如果招纳新的合伙人将损失大量时间和精力,并且与新的合伙人之间仍然需要一段时间的磨合,这期间,可能会影响公司的正常运作。

(四)创业团队冲突管理的方法[①]

1.如何对良性冲突进行引导

冲突管理是创业团队从始至终一个重要的管理环节。良好的冲突管理是对未来的投资。良性冲突会导致团队成员间紧密的关系,公司的高绩效以及成就有才能的个人。面

[①] 陈燕.H公司创业团队冲突管理研究[D].南京:南京大学,2011.

对冲突,团队成员要善于对良性的冲突进行合理的引导,这样会有助于发挥冲突对团队绩效的正面影响。综上所述,可以通过以下几个方式对冲突加以利用及引导:

(1)团队成员可以有意识地激发良性冲突的发生。一般来说,人们意识到潜在冲突的存在时,往往只认识到冲突有害的一面,会以折中、妥协甚至逃避的策略去对待它,在这样的情况下,合理地激发和引导冲突就显得尤为重要。要培养团队成员树立一个正确的冲突观,在组织中保持一定水平的冲突存在。少部分冲突可能不利于短期效率的提高,但是却有益于组织的长期绩效。一味地压制冲突只会降低组织的变革力及群体的思考能力。激发冲突则可能带来更高的决策质量和增加成员间的相互理解。为了更好地理解冲突,必须正确区分认知冲突与情感冲突,只有认知冲突才能触发有益的建设性的行为。激发冲突的目标包括直接、间接或有条件地影响绩效,可以把事前状态、冲突问题、冲突行为或冲突发生后作为冲突干预的切入点。

(2)团队成员用合作的态度来面对冲突。何为合作,即要有有意解决问题的态度。冲突双方必须抱有解决问题的最终目的,而不是意气用事,一味地发泄对对方不满的情绪。① 面对差异分享意识与知识。当冲突双方的意见发生差异时,用与对方进行分享的态度去表达自己的意见与建议,而不是强硬地向对方灌输自己的思想,利用权威达到自己的目的。② 寻求完整的解决。当冲突发生时,不能以逃避与退让的态度面对冲突,而应该有效解决双方的分歧。③ 寻求双方皆赢的局面。冲突发生后,不能将双方摆在敌对的地位,不能一味地追求输赢的结果,要求同存异,达到共赢的一个结果。④ 视问题与冲突为一种挑战。视冲突为一种挑战,要以积极的态度去面对,去寻求解决的途径,而不是一味地躲避与妥协。

(3)以解决问题为冲突的导向,以组织利益为共同目标。冲突发生时,双方应开诚布公地讨论问题,寻求解决问题的通道。在讨论过程中,一旦一方意识到自己的意见有损于组织利益时,应主动放弃自己的某些坚持,做出部分让步与妥协。妥协并不意味着输或者赢,而是对利益结果进行定量分配,双方都必须付出某些代价,但最终受益的是组织。

2. 预防不良冲突并消减不良冲突的负面影响

(1)确定清晰的创业目标。创业团队在实践中要不断总结和吸取教训,形成一致的创业思路,勾画出共同的目标,以此作为团队努力的目标和方向,鼓励团队成员积极掌握工作内容和职责,竭诚与他人合作交流,贡献个人能力。创业团队的目标必须清晰明确,能够集中体现出团队成员的利益,与团队成员的价值趋向一致,并保证所有团队成员都能正确理解,这样才能发挥鼓励和激励团队成员的作用。此外,创业团队的目标还必须切实可行,既不应太高,也不应太低,而且能够按照环境和组织的变化及时更新和调整。

(2)制定有效的激励机制。正确判断团队成员的"利益需求"是有效激励的前提。实际上,不同类型的人员对于利益的需求并不完全一样,有些成员将物质追求放在第一位,而有些成员则是希望能够获得荣誉、发展机会、能力提高等其他利益。因此,创业团队的领导者必须加强与团队成员的交流,针对各成员的情况采取合理的激励措施。创业团队的利润分配体系必须体现出个人贡献价值的差异,而且要以团队成员在整个创业过程中的表现为依据,而不仅是某一阶段的业绩。其具体分配方式要具有灵活性,既包括诸如股权、工资、奖金等物质利益,也包括个人成长机会和相关技能培训等内容,并且能够根据团队成员的期望进行适时调整。

（3）营造顺畅的沟通渠道及和谐的团队协作氛围。沟通是传递出信息,这种信息可以是语言,可以是语调,也可以是肢体的动作,而传递出的则是人内心的感受。团队的协调工作和凝聚力的增强必须经过沟通,了解到别人的想法,认同别人,或者是能够接受别人,才能够把团队的力量变成整体的力量。沟通与通知、告知、交换是有本质区别的(见图3-2)。

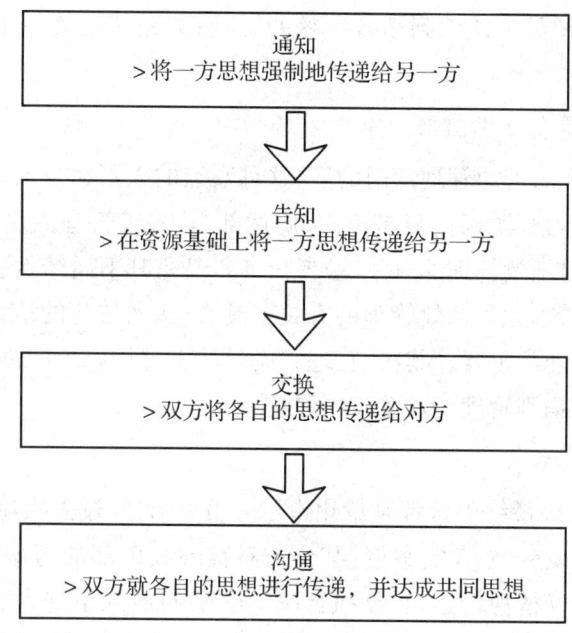

图3-2 沟通层级图

三、创业团队的绩效考核

创业之初,组织的全部精力几乎都集中在业务拓展上,创始人想的是"如何让企业活下来,其他都可睁一只眼闭一只眼"。赚来第一桶金后多数情况是"平均分配不能亏待兄弟",企业逐渐趋于平稳后创始人们往往会意识到"必须马上做考核,必须通过绩效考核激活组织,激励高价值员工,淘汰低价值员工"。但是,绩效考核从何下手呢,往往是没有头绪[①]。

---

① 赵国军.创业公司绩效考核二三事[DB/OL].https：//zhuanlan.zhihu.com/p/112109086？ivk_sa=1024320u,2020.

(一)绩效考核的常见误区

1. 绩效考核就是挑员工毛病

很多企业认为绩效管理就是绩效考核,把绩效考核作为约束、控制员工的手段,通过绩效考核给员工增加工作压力,把绩效考核不合格作为辞退员工的理由。有些企业甚至盲目地采用末位淘汰制,对绩效考核不合格的员工进行末位淘汰。按照这样的初衷做绩效考核,一定会遭到员工的抵制,绩效考核不可能取得预期效果。实际上绩效考核是为了正确评估组织或个人的绩效,以便有效地进行激励,是绩效管理最重要的环节。加强绩效宣贯,使员工认识到绩效考核的好处;加强绩效管理工具、方法和技巧的培训。

2. 绩效考核只是人力资源部的事

持"绩效考核是人力资源管理部门的事"这种观点的人不在少数,甚至某些企业决策领导都这么认为。人力资源部门只是组织、协调部门,各级管理人员才是绩效管理的主角;各级管理人员既是绩效管理的对象(被考核者),又是其下属绩效管理的责任人(考核者)。对管理者进行管理尤其绩效管理的有关工具、方法和技巧的培训,提高管理者能力素质和企业管理水平非常重要。其次,管理者应对员工进行思想灌输,使他们改变"大业务员"的思维定式,认识到管理以及考核的重要性。

3. 过于痴迷量化考核

很多企业绩效考核最终失败都是量化指标应用出问题,过去痴迷量化考核就是最典型的一个问题。以下是一个真实案例:某公司对行政人事部的考核指标。服务满意率98%,力争100%;会议精神传达、贯彻执行率100%;行政人事部人员都要会写公文,选拔、培养后备人员2~3人,选拔、培养文秘人员3~4人;预算内费用降低10%;档案及时归档率95%,完好率100%;重大治安消防事故为0;招聘、培训完成及时率100%;关键岗位人员流失率低于1%。企业的绩效考核可能进入一个误区——痴迷量化考核,绩效考核不是绩效统计,一定要发挥考评人的主观能动性,根据实际情况的变化对被考核者做出客观、公正的评价。除了定量指标外,定性指标、过程指标从本质上来讲都是软性指标,这其中都涉及考核人的主观判断,但并不影响这些指标的使用,如果这些指标与定量指标结合使用,绩效考核会获得更高的效度。

(二)创业团队绩效考核技巧

目前企业管理(包括绩效管理)面临的最大难题是,外部环境越来越具有不确定性,那种以注重结果为前提的管理方式遇到了极大的挑战。对于创业期的企业,这种挑战更大,因为外部环境的变化是不确定性的,而员工能力素质跟不上企业发展需要是短期难以解决的问题。解决这些问题的关键是做好关键业绩考核,在注重结果的同时,关注过程控制。以下几点非常重要。

1. 选对关键业绩指标——结果指标和过程指标要均衡

科学合理的绩效考核指标是绩效考核结果有效的基础,绩效考核指标设计是绩效管理体系设计的一个重要环节。关键业绩指标体系由权重指标和非权重指标组成,如图3-3所示。

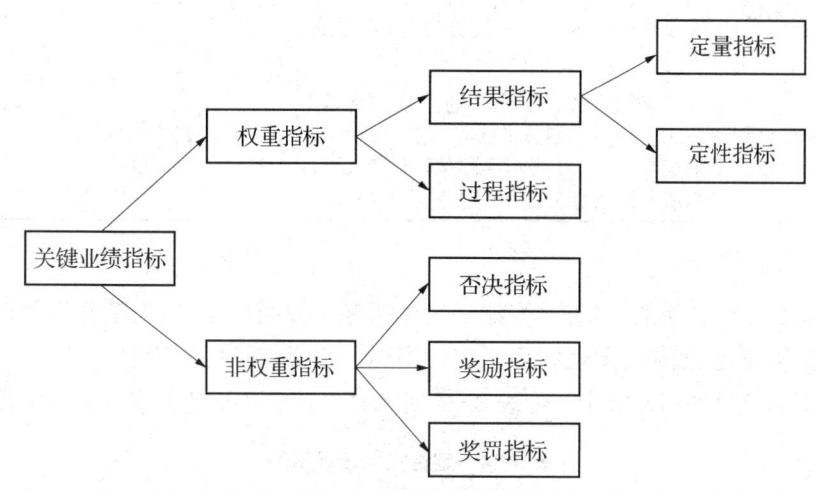

图3-3 关键业绩考核指标体系

(1)权重指标。

权重指标反映部门或岗位的核心价值,体现战略导向,使部门和员工向组织期望的方向努力。权重指标分为过程指标和结果指标,前者用于评估被考核者的工作过程行为,适用于目标任务完成情况的考核;后者用于评估被考核者的工作结果。结果指标又分为定量指标和定性指标。为了体现公司发展战略导向,权重指标不宜选择太多,否则会冲淡最核心指标的权重。

(2)非权重指标。

非权重指标考核的事项一般不是常规工作,如果将其作为权重指标考核,会给绩效考核的导向带来影响,但事项的发生对组织和部门战略目标的实现又具有重大意义和影响,因此对这类指标的考核采取不占权重的形式。非权重指标包括否决指标、奖励指标和奖罚指标。常规日常工作,也可以采取非权重指标的形式。日常工作中出现重大失误或者屡次错误,可以用非权重指标直接扣分。

2. 确定指标形式,用对考核标准

(1)定量指标。

对于反映工作结果的结果指标,若这个指标可以明确定义并能精确衡量,可以确定出数量化绩效目标,绩效数据信息准确并且获得成本有限,就采用定量指标。定量指标分为绝对量指标和相对量指标两种,绝对量指标如产值,相对量指标如生产计划完成率。如何对定量指标进行评价标准的设计和说明,我们举例来说明(见表3-3)。

表 3-3 定量考核指标设计示例

序号	名称	指标说明	评分标准	信息来源
YJ-01	产出值	考核公司月度工作任务完成情况,用完成产品产值来衡量,用实际产值 CZ 除以目标产值 CZ_0 来计算,该指标最高分为 15 分,最低为 0 分	得分=$CZ/CZ_0 \times 10$	财务部
YJ-02	工作计划完成率	考核部门部署工作计划完成情况,用按时完成的计划总批次除以总目标批次来衡量。设 JH 表示实际值,JH_0 表示目标值。该指标最高 12 分,最低 0 分	得分=$10+(JH/JH_0) \times 100$	PMC 部

(2) 定性指标。

对于反映工作结果的结果指标,如果这个指标可以明确定义,但精确衡量成本过高,绩效目标难以量化,就采用定性指标。定性指标与定量指标的差别在于绩效目标是定性的描述而不是定量的精确数字。如表 3-4 所示,"经营业务统计上报",就是定性指标。

表 3-4 定性指标设计示例

序号	名称	指标说明	评分标准	信息来源
TJ-07	经营业务统计上报	该指标反映经营业务统计上报的及时性及准确性。该指标满分 10 分,最低 0 分	未按规定时间上报经营业务统计的,一次扣 2 分;上报的经营业务统计数字不准确的,发现一次扣 2 分。若上报经营统计项目或内容有缺漏的,发现一次扣 3 分;若上报的经营业务弄虚作假,对公司决策或下一步工作产生负面影响的,发现一次扣 5 分	财务部

(3) 过程指标。

过程指标根据主要工作流程控制点行为特征来进行描述,以评估表的形式得出评价标准。如"渠道管理"指标及其评价标准。

表 3-5 渠道指标设计示例

名称	指标说明	评价标准			信息来源
		差(0~3 分)	中(4~7 分)	好(8~10 分)	
渠道管理	该指标反映考核期间销售渠道的建设和维护情况	渠道建设无法支持公司产品和服务的有效销售,渠道建设不畅,在供货、广告、促销、结算等方面有很大的提升空间,对渠道商没有进行销售辅导和培训	渠道建设基本能够支持公司产品和服务的有效销售,渠道建设基本到位,在供货、广告、促销、结算等方面起到一定的推动作用,能够对渠道商进行销售辅导和培训	销售渠道建设成果显著,完全能够支撑公司销售目标的实现,能够快速、高效地实现人、财、物、信息等资源在公司、各级分销商、客户之间的快速流动,对渠道商进行全程销售辅导、业务培训等	分管副总销售部

(4) 非权重指标。

对于非常规工作或者对战略导向意义不大的常规工作的结果指标,若事件发生对组织影响重大,可以考虑采用非权重指标形式,然后再根据工作结果对组织目标实现的正面或负面影响,设计否决指标、奖励指标和奖惩指标。考核的一般不是常规工作,却是重要事项。该类指标包括否决指标、奖励指标、奖惩指标。否决指标用于对一些重要提前事项(必须完成的事项或不能发生的事项)的考核,如质量事故、安全事故等。奖惩指标用于对某些既要奖励又要惩罚的事项的考核,如责任客户投诉次数、员工工伤等指标。

表3-6 非权重指标设计示例

序号	名称	指标说明	评分标准	信息来源
AJ-01	责任客户投诉	考核部分的责任客户投诉情况,已经认定存在责任过失的客户投诉数表示	超过规定,一次扣0.5分,最多扣5分;未发生责任客户投诉加2分	品管部(奖惩指标)
AJ-02	模具制作失误	考核部门负责的工作过程设计、总结失误工作情况	工作过程失误,一次扣5分;若因工作失误导致物料、工时严重浪费或生产延误,给公司带来重要财产损失,扣10分	企管部(否决指标)

3. 确定绩效考核者以及绩效信息提供者——确保绩效考核落地的基石

(1) 绩效考核者和信息提供者。

规定由谁负责进行考核,一般情况下可以采取自上而下法进行,考核者可以是直接上级、跨级上级、其他职能部门等。对于某些指标,考核者可以是一个人;对于某些指标,考核者可以是多个,每个占有一定的权重。对于实行360度考核的企业,考核者是被考核者的上级、同级、下级和服务的客户等,每个人占有同样的权重,也可以占有不同的权重。由谁负责提供绩效考核数据信息是设计绩效考核指标时需要慎重考虑的因素,如果绩效考核信息不准确,绩效考核就无法进行。保证绩效考核数据的准确、公平、公正性,是绩效考核取得成效的关键。

(2) 关键业绩指标有效的五要素。

① 明确的(Specific)。绩效考核指标应该是具体、明确的而不是抽象的,考核指标应该是具体的工作结果或工作行为。评价标准应该是具体的而非抽象的,评价标准应定义准确,不能含糊不清。

② 可衡量的(Measurable)。绩效指标是数量化或者行为化的,前者应该可以明确定义和衡量,衡量可以是精确计量,也可以是数据调查、抽查、检查等统计意义上的衡量,或是工作发生差错次数的计量;后者可以准确描述,关键控制点行为特征应该能够清晰表达。

③ 可获得的(Attainable)。绩效考核数据信息可以有效获得;如果考核者无法获得绩效考核数据信息,或者获取考核数据信息要花费很大的成本,那么这样的考核指标也不具备可操作性。例如,某客户对质量主管的月度绩效考核指标是"本部门资料的保存",评

价标准是"本部门各种资料保存完整率达95%以上,归档率达100%,否则此项扣5分"。资料保存完整率、归档率无法计算——分母无法获取,分子也很难获取,即使能获取,也要花费很大成本,因此这个考核指标也不具备可操作性。

④ 相关的(Relevant)。绩效考核结果应该是被考核者的行为或结果,也就是说被考核者可以决定或者影响着绩效考核指标的达成。如果绩效考核结果与被考核者无关,或者被考核者不能控制或影响,那么就不是合理、可行的绩效考核指标。

⑤ 有时限的(Time-bound)。绩效考核是一段时间内工作的绩效,如果目标没有确定的时间期限,则不具有可操作性;要尽量避免使用"尽快""较快"等模糊的时间概念,而应给出清晰的时间限制。

(三)创业期团队绩效考核的注意事项

(1)考核周期要合理。创业期的企业,重要的是让员工养成有绩效管理的行为习惯,所以在考核周期的设置上,不宜过长,一般以一个季度作为一个考核周期比较好。考核周期不能太短,周期太短,员工和人力部门往往疲于考核,绩效考核易流于形式。若考核周期太长,员工可能已经忘记了有绩效管理这件事,得不到员工重视;其次,创业期的企业面临的变数更多,业务方向和重点任务调整频繁,因此考核周期不宜过长。

(2)关键业绩指标数量要少而精。有的企业考核指标很多,每项指标3~5分,即使最重要的事项出现重大失误,可能最终考核还是会在90分以上。一般地,对部门考核关键业绩指标(不占权重的考核指标除外)不宜超过8~10个,对岗位考核关键业绩指标(不占权重的考核指标除外)不应超过8个。

(3)结果指标和过程指标相结合。工作产出是某项活动的结果,如果结果可以用数量来衡量,那就选用结果指标。如果结果难以衡量或获取成本很高时,可以考虑考核工作过程中的关键行为,这样的指标一般是过程指标。

(4)奖惩形式灵活多样。奖罚方式可以比较灵活。例如,奖励方面,可以进行物质奖励(团建费用等),也可以奖励假期(允许调休多少天等);而在罚的方面,一般不建议将扣员工工资作为惩罚方式,否则容易引起员工的反感和抵触。总而言之,要综合运用好不占权重的指标,让被考核者一直感觉胡萝卜和大棒就在眼前。

 应用训练

暑假的时候,你和同学一起去云南进行深度游,每个人只有300元,你们需要在云南生活一个月,这时候你会怎么办?你们如何生存?如果由你来组建一个团队来度过这个为期一个月的深度游,你会如何组建团队,彼此何如分工?你会如何领导,如何与团队成员很好地进行沟通?产生冲突时,你会如何化解?

要求:

1. 不能以个体的形式完成,必须以团队的形式完成体验。

2. 只能以现有300元为基础。

提示：

1. 你需要具备哪些素质与能力？你的目标是什么？如何达成目标？
2. 团队核心成员有哪些？以哪种组织类型进行运作？成员如何分工？
3. 你将如何有效领导团队成员？

思维训练

1. 什么是创业团队？创业者及合伙人具有哪些素质特征？
2. 创业团队有哪些类型？
3. 创业团队如何组建？组建的过程受哪些因素影响？
4. 怎样组建高效团队？如何化解团队冲突？

第四章 创业资源

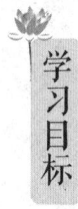

> 了解创业资源理论,正确掌握创业资源的内涵。
> 了解创业资源的类型,掌握系统性的创业资源,为企业创业提供条件。
> 掌握创业资源的拼凑方法,理解资源短缺情况下创业企业如何创造性地利用资源。
> 理解创业资源整合的内涵、原则及过程,促进企业创业活动。

众筹——资源聚力,实现梦想

众筹,顾名思义指的是由大众和个体群众参与资本筹集的项目运作方式。它由发起人、跟投人、平台等构成。

"众筹"模式随着美国网站 Kickstarter 的成功而崛起,任何人都可以将自己的创业构想发给网站,经网站审核后发布,网友自愿给予资金支持,回报则是相应的产品或服务。众筹成功后,众筹网站再从成功项目中抽取一定比例的资金报酬。

根据世界银行预测,2025 年全球众筹市场规模将达到 3 000 亿美元,中国市场将占 500 亿美元。在国内,众筹网等一批众筹网站快速发展,众筹已成为互联网金融的一个重要领域。

1. 京东众筹平台——"凑份子"

京东的凑份子,与目前市面上绝大多数的众筹平台在功能上并没有太大的不同,即用户通过资金支持项目,得到筹资方的产品和服务回报。

然而刚成立一周时间,凑份子平台就产生了第一个百万的众筹项目——造梦者智能空气净化器。两个月后,三个爸爸仅用两个小时就众筹了 100 万元的金额,创造了中国互联网众筹领域一个新的里程碑。

之后,京东众筹平台还完成了汪峰"峰暴来临"北京演唱会 10 个表白机会的众筹,另外还有智能硬件方面,如"丢不了"儿童手表项目的众筹。

2. 国内其他众筹模式动态

2013年11月,淘宝推出众筹平台淘星愿,以影视明星借力淘宝流量带动粉丝经济。

2014年4月,百度开始众筹实验。

2014年8月,点名时间借助众筹转型进入智能硬件领域。

2014年8月12日,众筹空间上线轻松筹,主打社交众筹和轻众筹。

众筹模式的优势是,对于企业而言,可缓解资金短缺时期的资金压力,特别是初创企业,众筹模式可帮助其快速导入启动资金。另外,通过众筹模式的推动,企业产品将会得到市场的检验,有助于优化企业的经营模式。

(资料来源:根据亿欧网资料整理,https://www.iyiou.com/)

第一节 创业资源理论

创业资源是指企业创立以及成长过程中所需要的各种生产要素和支撑条件。因此,创业资源对企业创业而言有重要意义。企业创业过程中,创业资源不只单纯量的积累,更在于创业过程还是一个各类创业资源重新整合以获取竞争优势的过程。因此,在创业过程中,不仅要广泛地获取创业资源,更要懂得如何整合这些资源。创业之初,创业所需的各项资源往往只能依靠创业者通过自身努力获取,由于新创企业的高度成长性,很快就发展到一定的规模,创业者这时发现,通过自身的努力获取的资源远远不能支持企业持续发展,获取企业外部组织给予企业的资源就显得相当必要了。在创业过程中,要获得成功就要良好地获取资源,首要条件是认知企业创业资源的内涵和价值,借助资源打造企业优势;其次,随着数字技术时代的来临,将数字技术所带来的优势融入企业资源之中。

一、资源基础理论

(一) 资源基础理论内涵

资源基础理论(Resource-Based Theory, RBT)的基本观点是将企业概念化为一系列资源的集合体。该观点可较早地追溯到英国管理学家伊迪丝·彭罗斯(Edith Penrose)1959年出版的《企业成长理论》(*The Theory of the Growth of the Firm*)。[1] 该书把企业看成由一系列具有不同用途的资源相联结的集合,关注企业内部的资源对实现企业成长的重要性,以及企业在其成长战略中如何利用不同的资源。

(二) 创业资源的特性

在前人研究的基础上,Barney根据资源特性和竞争优势将企业资源进行了进一步的

---

[1] Edith Penrose. The Theory of the Growth of the Firm[M]. Oxford University Press, USA. 1995.

探讨和划分,尤其是对形成企业持续竞争优势的战略性资源属性进行了分类,为资源基础理论的实际应用提出了一个分析框架,①如图4-1所示。一方面,企业有不同的资源起点和特性,企业资源的这种特性被称为"资源的异质性",是企业自身特性的彰显,而这些资源又是其他企业难以仿效的长期资源,因此,企业资源又显示出另一种特性,被称为"资源的固定性"。创业者在创业过程中形成的有特色的创意、创业精神、愿景目标、创业动力、创业初始情境等,这些就属于兼具有异质性和固定性的资源。持续竞争优势是指某企业目前的潜在竞争对手不仅无法同步执行该企业现在所执行的价值创造战略,同时也无法复制并取得该企业在此项战略中所获得的利益;竞争优势之所以能持久,是因为在企业拥有的异质性和不可流动性资源中,有部分资源具有价值性、稀缺性、不可模仿性与不可替代等特性。②

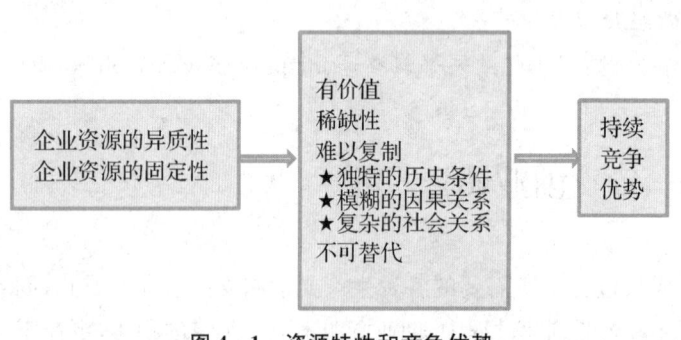

图4-1 资源特性和竞争优势

数字经济时代,网络平台的诞生,信息技术的发展,海量数据的涌现,为企业资源异质性和固定性打造提供新的机会和机遇,使得企业家可以创建新的企业,发展新的行业,开拓新的市场,这也意味着创业资源的类型更加丰富。

（三）创业资源的作用

资源基础理论从企业的内部寻找企业成长的动因,用资源与能力来解释企业差异的原因。其基本假设是,企业具有不同的有形和无形资产,这些资源可转变成独特的能力;资源在企业间是不可流动的且难以复制;企业内部能力、资源和知识的积累是企业获得超额利润和保持企业竞争优势的关键。

对于新创企业来说,一般都不具有资源优势。然而,在实践中,初始资源相同的企业,其发展结果却大相径庭。根据资源基础理论的观点,说明在新创企业里一定存在异质性的资源。

Sharon A. Alvarez 和 Lowell W. Busenitz 两位教授于 2001 年在《管理学研究》杂志上刊发的题为"基于创业的资源基础理论"一文,认为创业者认知能力是新创企业获取竞争优势的异质性资源,这种能力包括如何获取价值被低估的资源,以及配置和开发这些资源的一种抽象的概念的思考能力,这种能力是企业获取竞争优势的重要资源。③

---

① BARNEY J B. Firm Resources and Sustained Competitive Advantage[J]. Journal of Management, 1991, 17(1): 99-112.
② 伊迪丝.企业成长理论[M].赵晓,译.上海:上海三联书店,上海人民出版社,2007.
③ ALVAREZ S A, BUSENITZ L W. The Entrepreneurship of Resource-based Theory [J]. Journal of Management, 2001, Vol. 27, Issue 6: 755-775.

二、资源编排理论

(一)资源编排理论的内涵

资源基础理论认为竞争优势源于企业的异质性资源,但拥有异质性资源本身并不能保证企业一定能够获取持续的竞争优势,创业者需要协调其资源以实现资源的充分开发与利用,发挥潜在优势。因此,仅从静态角度分析,并不能解释拥有相似资源的企业,为什么其绩效存在较大差异的问题。

在资源基础理论和动态能力理论基础上,Sirmon等提出了资源编排理论(Resource Orchestration Theory),该理论强调对资源进行协调和组合的竞争优势,并将资源重新配置出的竞争优势转化为创新产出。[1]

(二)资源编排理论的特征

资源编排理论认为,企业竞争优势的来源除了与自身拥有资源的异质性有关外,更依赖于企业对自身资源的编排组合,即通过科学合理的资源编排,发挥资源的最大价值,为新企业提供条件,推动企业发展。

从过程角度看,资源编排主要包括资源结构化、资源捆绑和资源利用三部分。[2] 资源结构化是指通过获取外部资源、内部积累资源、剥离非生产性资源等行为实现资源的重整;资源捆绑包括对组合后的资源开展稳定化、丰富化、开拓等活动,实现资源优化;资源利用则是通过对现有资源的开发和能力转换,改进、丰富扩展现有能力,并开创出新的能力,构建新的资源组合,提升企业竞争优势。数字经济的发展,带来更多的资源和可能,可以丰富企业创业资源编排组合。

第二节 创业资源类型

一、创业过程与创业资源

(一)创业过程

创业首先是一种活动过程。谢恩和维卡塔拉曼认为:作为一个商业领域,创业致力

---

[1] SIRMON D G, HITT M A, IRELAND R D. Managing Firm Resources in Dynamic Environments to Create Value: Looking inside the Black Box[J]. Academy of Management Review, 2007, 32, 273-292.

[2] SIRMON D G, HITT M A, IRELAND R D. Managing Firm Resources in Dynamic Environments to Create Value: Looking inside the Black Box[J]. Academy of Management Review, 2007, 32, 273-292.

于理解创造新事物(新产品或服务、新市场、新生产过程或原材料、组织现有技术的新方法)的机会是如何出现并被特定个体所发现或创造的;这些人如何运用各种方法去利用或开发它们,然后产生各种结果。① 该定义强调创业包含两个过程:一是创业机会识别,创业机会的识别包含创业机会的发现与创造,这是创业的前提;二是创业机会开发,即创业者通过组织创业资源创造出新颖的产品、服务或实现其潜在价值。数字经济时代的创业机会识别和创业机会开发会更多地借用数字技术手段和信息资源来实现创业可能性。

(二)创业过程与创业资源的关系

蒂蒙斯提出了一个影响深远的创业过程模型(见图 4-2)。蒂蒙斯认为,创业过程是创业机会、创业团队和创业资源之间适当配置的高度动态平衡过程。创业机会、创业资源与创业团队都是创业过程的关键构成要素,其中,创业机会是创业过程的核心要素,创业过程实质上是识别与开发创业机会的过程;创业资源是创业过程的必要支持,是开发机会谋求收益的基础;创业团队是在创业过程中识别和开发机会、整合创业资源的主体,是新创企业的关键构成要素。

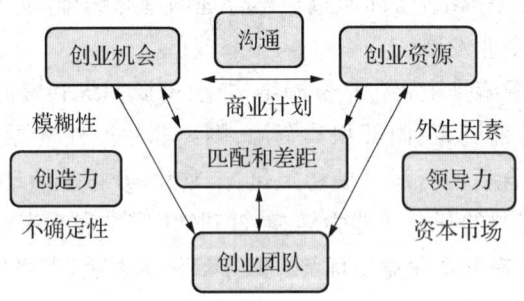

图 4-2 蒂蒙斯的创业过程模型

蒂蒙斯运用创业机会、创业资源与创业团队三要素来概括创业过程的复杂性,采用三要素的动态平衡过程来总结创业过程的动态性。蒂蒙斯认为,随着时空变迁、机会模糊性、市场不确定性、资本市场风险及外在环境等因素对创业活动的冲击,创业过程充满风险与不确定性,创业机会、创业团队和创业资源三要素也会因相对地位的变化而产生失衡现象,此时创业团队扮演着调整活动重心以获得创业机会与创业资源相对平衡的核心决策者角色。在创业初期,机会挖掘与选择是关键,创业团队的决策重心在于迅速整合创业资源以抓住创业机会。随着新企业的创立与成长,创业资源日渐丰富,企业面临更为复杂的竞争环境与市场环境,创业团队的决策重心转向合理配置资源以提高创业资源使用效率,构建规范管理体系以抵抗外部竞争与不确定性等。②

---

① Shanes, Venkataraman S. The Promise of Entrepreneurship as a Field of Research [J]. Academy of Management Review, 2000, 25(1): 217-226.
② 张玉利. 创业研究经典文献述评[M]. 北京:机械工业出版社,2018.

二、创业资源的类型

传统创业资源主要包括技术资源、人力资源、财务资源、环境资源、物质资源、声誉资源和组织资源，但随着数字经济的发展，信息技术的进步，用户思维的觉醒，创业资源内涵进一步扩展和提升。现今创业资源主要包含以下九种。

（一）技术资源

传统技术资源包括关键技术、制造流程、作业系统、专用生产设备等，主要聚焦于生产、制造，且技术资源大多与物质资源结合，可以通过法律手段予以保护，形成组织的无形资产。但随着数字经济的发展，技术创新是当前企业良好发展的驱动力，所以技术资源不仅仅局限于生产制造阶段，研发也是技术资源不可分割的一部分。对新创企业来说，积极寻找并引进有商业价值的科技成果，加强与高校、科研院所的产学研合作，将有助于加快产品研发速度，为企业在市场上提供强有力的竞争优势。比如，运用数字技术，基于线上线下相结合的创业网络进行资源整合和团队组建，就能突破传统的实体创业模式，大大降低沟通成本和资源获取成本。

（二）数据资源

传统数据资源是少量的，不全面的，获取渠道受限的。在数字时代，大数据俨然已经成为企业必需的生产资料，是创业者生产、营销，甚至做出一切管理决策的前提，网络平台、自媒体渠道等是数据资源的重要通道。数字时代，缺少数字赋能企业发展，创业行之不远。

（三）智力和人力资源

智力和人力资源包括创业者与创业团队的知识、训练、经验，也包括组织及其成员的专业智慧、判断力、视野、愿景。传统场景下，创业者是新创企业中最重要的人力资源，因为创业者能从混乱中看到市场机会。创业者的价值观和信念，更是新创企业的基石。人力资源中除了团队成员还包含社会资源，主要指由于人际和社会关系网络而形成的关系资源，如创业者本身的人际关系网络。社会资源对创业活动非常重要，因为能使创业者有机会接触到大量的外部资源，有助于透过网络关系降低潜在的风险，加强合作者之间的信任和声誉。数字经济时代，除了需要优秀的创业者之外，高素质及数字人才的获取和开发，是现代企业可持续发展的关键，特别是创业企业数字化发展是必然进程，专业人才和数字人才资源尤为重要。

（四）用户资源

用户是指那些企业能为之长期提供一种产品或服务，能感知到企业的存在，并能长期跟企业保持联系的人。在互联网的世界里，用户是产品持续创造价值的基础，没有用户的产品是没有意义的。随着数字时代的来临,网络打开空间边界,用户不再受地域限制,谁拥有更多的用户,谁就会拥有更多的财富,用户就是流量,就是企业资产,就是企业生存的根本,随着用户的注意力被进一步分散,用户资源的获取重要性越来越凸显。

(五)财务资源

财务资源包括资金、资产、股票等。对创业者来说,财务资源主要来自个人、家庭成员和朋友。由于缺乏抵押物等多方面原因,创业者从外部获取大量财务资源比较困难。资金资源对任何一家企业来说都非常重要,尤其是新创企业。无论是进行产品研发还是生产销售,新创企业都需要大量的资金,如何有效地吸收资金资源是每个创业者都极为关注的问题。

(六)物质资源

传统物质资源指创业和经营活动所需要的有形资产,如厂房、土地、设备等,其中场地资源指的是企业用于研发、生产和经营的场所。良好的场地资源能够为企业大幅度降低运营成本,提供便利的生产经营环境,使其在短期内积累更多的顾客或质优价廉的供应商。有时也包括一些自然资源,如矿山、森林等。但如今,也有一些行业,因数字平台的创建,构建虚拟空间,形成新型物质资源——在线物质资源。

(七)环境资源

环境资源可以分为宏观环境资源和微观环境资源。作为一种外围资源,环境资源影响着新创企业的发展。创业者只有认清创业的各种环境因素及其发展趋势,才能真正抓住机遇,避免环境的威胁,数字时代的在线企业会出现突然"井喷"式的发展,也会出现线下企业发展因突发事件导致的萎缩,顺应社会的发展,才能实现成功创业。

(八)声誉资源

声誉资源是一种无形资产,包括真诚、信任、尊严、同情和尊重等。在商业关系中,声誉资源已成为商业运营成功的决定性因素,比任何有形资产更为重要。数字经济时代,粉丝经济盛行,声誉资源是当前非常重要的资源,互联网舆论快速发酵传播的影响非常巨大,好的信息会让企业起死回生,就如2021年7月,河南暴雨受灾,鸿星尔克在自我发展不佳的情况下,仍然担当企业的社会责任,大量捐款支援灾区,获得了大量的用户支持,为企业带来生机;而一些企业因不良舆论,致使用户流失。

(九)组织资源

组织资源包括组织结构、作业流程、工作规范、质量系统。组织资源通常指组织内部的正式管理系统,包括信息沟通、决策系统以及组织内正式和非正式的计划活动等。一般来说,人力资源需要在组织资源的支持下才能更好地发挥作用,企业文化也需要在良好的组织环境中培养。数字经济时代,组织资源不仅仅指内部资源,也要同其他组织合作才能更好地进行企业创业,尤其是一些平台组织,为大众提供了新的创业机会和条件,如抖音平台。

第三节 创业资源拼凑

一、资源拼凑理论

（一）资源拼凑的内涵

拼凑(Bricolage)一词最早于1967年由人类学家克洛德·列维斯特劳斯(Claude Levi-Strauss)提出，说明早期人类对现实世界的理解是一个发展的过程，在已有的神话元素基础上，不断替换其中的一些要素，形成新的认识。[①] 这样的思维方式被称为"修补术"或"打零活"，中文翻译成"修修补补"。"拼凑"一词自提出后，被广泛运用于众多学科，比如文化人类学、法律、教育学、社会学、生物学、计算机软件科学等方面，描述在各个领域中创新概念或行为的实现过程。例如，生物学家认为，基因的形成就是拼凑的结果。长期存在的普通的基因组或者基因片段，作为拼凑的基础材料，在进化过程中产生了新的功能和物种。进化经常利用同样的元素，或者有所调整，这儿或那儿改变，把不同的组件整合成新的对象，或增加复杂度。

特德·贝克(Ted Baker)和里德·纳尔逊(Reed Nelson)拜访及记录了40家独立的中小企业，进行了757个小时的田野调查和167次访谈，发现总有一些企业能够在很少的资源下运营并获得成长。于是他们挑选出20家特别的企业和9家对照企业进行了为期两年的跟踪研究，发现拼凑能够很好地描述创业者资源利用方面的独特行为。[②] 学者发现，创造性拼凑有三个关键要素。

1. 手边的已有资源

善于进行创造性拼凑的人常常拥有一批"零碎"，它们可以是物质，也可以是一门技术，甚至是一种理念。这些资源常常是免费的或廉价处理品。手边的已有资源经常是通过日积月累慢慢积攒下来的。当时创业者也许并不十分清楚它们的用途，只是基于一种习惯，或是"也许以后用得着"的想法。而那些根据当前项目的需要，经过仔细调研而获得的资源，不属于手边资源的范畴。很多创业者都是拼凑高手，将手边"破铜烂铁"妙手回春，改造为早期的设备。

很多高新技术企业的创业者并不是科班出身，他们出于兴趣或其他原因，对技术略知一二，但后来往往就是凭借这个"一二"敏锐发现机会，并将这一手边资源迅速转化成生产力。

[①] Levi-Strauss, C. The Savage Mind. Chicago[M]. University of Chicago Press, USA. 1967.

[②] BAKER T, NELSON R E. Creating Something from Nothing: Resourse Construction through Entrepreneurial Bricolage[J]. Administrative Science Quarterly, 2005, 50(3): 329-366.

2. 整合资源用于新目的

拼凑的另一个重要特点是为了其他目的重新整合已有资源。市场环境日新月异,对企业是一个挑战也是机遇,环境的变化使得一些闻所未闻的问题层出不穷,但同时机会也接踵而来。机会稍纵即逝,任何企业的资源结构不可能适合于所有情况,也没有企业总是能够在第一时间找到合适的新资源。于是,整合手边已有的资源,快速应对新情况,成为创业的利器。拼凑者有一双善于发现的眼睛,洞悉手边资源的各种属性,将它们创造性地整合起来,开发新机会,解决新问题。这种整合大多不是事前仔细计划好的,往往是具体情况具体分析、"摸着石头过河"的产物。

"垃圾银行":
农村资源整合

3. 将就使用

出于成本和时间的考虑,拼凑的载体常常是手边的一些资源。这种先天不足从一开始就注定了拼凑出的东西品质有限。特德·贝克和里德·纳尔逊在他们的文章中使用英文"Making Do"指代将就使用,意味着经常利用手边的资源将就。拼凑者需要突破固有观念,忽视在正常情况下人们对资源和产品的常规理解,坚持尝试突破。这种办法在资源使用上经常和次优方案联系在一起,也许是不合适的、不完整的、低效率的、不全面的、缓慢的,但是在某种程度上是我们能够唯一理性选择的。这种方案的产出是混杂的、不完美的半成品,也许看上去不精致,有很多缺陷、阻碍和无用的成分,但是,它们已经尽到职责,并且还可以改进。拼凑的东西会事故频发,需要一次次尝试,然后才能满足企业的基本需求。拼凑有时就是在一个个不完美中逐渐蜕变出辉煌。

数字经济时代,拼凑还包含了以下几层意思:一是借助数字技术和数字信息加入一些新元素,实现有效组合,结构会因此改变,推动企业的创新创业能力。二是新加入的元素往往是手边已有的东西,也许不是最好的,但可以通过数据挖掘、清洗、分析、处理来发现一些未曾重视的企业内部资源信息或是去掉一些不合适的资源,随着市场的发展变化,利用一些技巧或窍门将资源组合重构在一起。三是这种通过数据研究,突破常规,持续性地发现资源的新用途,是一种创新行为,会带来意想不到的惊喜。

(二)资源拼凑理论与资源基础理论的区别

资源基础理论认为,竞争优势来源于那些有价值、稀缺、不可模仿和不可替代的资源(Barney,2009)。[①] 创业拼凑理论认为,在资源约束环境下,现有资源的创造性利用对于创业者非常重要,通过发现并高度开发这些资源的价值,可以形成持久的竞争优势。这两种理论都是以企业资源为基础,出发点都是企业获得竞争优势。不过,前者相对来说是静态的资源观点,后者是动态的资源观点。与资源基础理论相比,创业拼凑理论并非完全的资源情境依赖,而是以建构主义视角通过创造性利用现有资源获得竞争优势(Salunke et

---

① Barney, J. Firm Resources and Sustained Competitive Advantage[J]. Journal of Management, 2009, 17(1): 3-10.

al.,2013)。① 它们描绘了企业不同的成长路径,资源基础理论强调异质性资源的价值,只要有了异质性资源,企业就能够获得成长,但它对异质性资源的来源没有明确说明。而创业拼凑理论不仅说明了异质性资源是企业获胜的关键,而且阐述了异质性资源的来源,即通过创造性地挖掘手头现有资源或资源的组合,以形成稀缺资源服务于新机会或挑战。从资源条件上来说,资源基础理论强调有价值和稀缺等特性的资源就可以为企业带来价值,而创业拼凑理论强调对现有资源的挖掘和复合利用。企业的有价值资源可以是内部资源,也可能是外部获取的资源,而创业拼凑理论的资源主要是指内部资源。

从这个角度讲,创业拼凑理论是资源基础理论的延伸和扩展,是对资源基础理论的有效补充。资源基础理论为企业如何创造性利用资源提供了资源条件,从而也为创业拼凑提供了资源条件。这两种理论的比较如表 4-1 所示。

表 4-1 资源基础理论与创业拼凑理论的比较

	资源基础理论	创业拼凑理论
定义	竞争优势来源于那些有价值、稀缺、不可模仿和不可替代的企业资源	在资源约束环境下,创业者通过手头现有资源的"将就"利用以服务于新的机会或挑战,是新企业获得生存与成长的有效途径
企业状态	面临资源约束	面临资源约束
目标	企业获得竞争优势	企业获得竞争优势
资源观点	静态资源观点	动态资源观点
资源状态	资源情景依赖	资源创造性构建
异质性来源	没有明确说明	创造性拼凑获得
资源条件	有价值、稀缺等资源	现有资源的挖掘和复合利用
资源范围	内部和外部资源	主要是内部资源
联系	创业拼凑理论的基础	资源基础理论的扩展

(资料来源:于晓宇,李雅洁,陶向明.创业拼凑研究综述与未来展望[J].管理学报,2017,14(02):306-316)

二、创业资源拼凑方法

(一)创业拼凑的内涵

创业拼凑,即为了缓解稀缺资源的桎梏,通过组合已有手段和创造性再造现有资源,以最低的成本和最快的速度应对新的问题与挑战。创业拼凑更注重创业阶段的资源拼

---

① Salunke, S., Weerawardena, J., & Mccoll-Kennedy, J. R. Competing through service innovation: The role of bricolage and entrepreneurship in project-oriented firms[J]. Journal of Business Research, 2013, 66(8), 1085-1097.

凑,关注的是已有资源的快速利用,而非资源的等待获取,更在乎的是资源的可用性与可塑性,而不是资源的可行性和正确性。创业拼凑理论更充分地揭示了新创企业在面对高度资源匮乏情况下,如何从无到有、从小到大的实践过程。为了避免不同创业拼凑类别的差异性影响,学者们摒弃先前研究中的整体构念,从拼凑要素、拼凑方式、拼凑导向、拼凑动机等方面对创业拼凑维度进行探索,并取得了一定的研究成果。①

(二) 创业资源拼凑的类型

在进行拼凑资源类型划分时,于晓宇团队在经过国内外资源拼凑相关理论研究后,认为大多数学者从拼凑频率与范围、拼凑对象、拼凑动机、拼凑导向4个方面划分创业拼凑的类型②,如表4-2所示。从拼凑频率与范围的角度,研究将创业拼凑分为并行型拼凑和选择型拼凑两类。③ 前者是指在同时进行的多个项目、多个领域开展拼凑,后者是指在个别项目、个别领域开展拼凑,且待一次拼凑结束之后再开始下一次拼凑。从实际效果观察,会对企业的成长产生促进作用,而前者并没有显著的影响。从拼凑对象进行分类,创业拼凑可分为物质拼凑④、人力拼凑⑤、技能拼凑⑥等。不同对象的拼凑适用于不同情境之下,因此,区分不同对象的创业拼凑有助于理解不同情境下创业拼凑的作用。从拼凑动机看⑦⑧,创业拼凑分为基于需求的拼凑和构想性拼凑。前者是以满足资源需求为动机,后者是以满足资源价值为动机。从拼凑导向⑨⑩分析,可以分为资源导向型、机会导向型和顾客导向型。资源导向型创业拼凑关注的是手中拥有什么样的资源,机会导向型则关注有哪些市场需求可以被满足,顾客导向型是以寻找新的市场需求为出发点进行拼凑。

---

① 王兆群,胡海青,张丹,张琅.环境动态性下创业拼凑与新创企业合法性研究[J].华东经济管理,2017,31(10):36-42.

② 于晓宇,李雅洁,陶向明.创业拼凑研究综述与未来展望[J].管理学报,2017,14(2):306-316.

③ BAKER T, NELSON R E. Creating Something from Nothing: Resourse Construction through Entrepreneurial Bricolage[J]. Administrative Science Quarterly, 2005, 50(3): 329-366.

④ BAKER T, MINER S A, EESLEY T D. Improvising Firms: Bricolage, Account Giving and Improvisational Competencies in the Founding Process[J]. Research Policy, 2003, 32(2): 255-276.

⑤ SENYARD J, BAKER T, PAUL S. The Role of Bricolage and Resource Constraints in High Potential Sustainability Ventures[C]. Babson Park: Proceedings of the 8th AGSE International Entrepreneurship Reseach Exchange, 2011.

⑥ RICE R, ROGERS E. Reinvention in the Innovation Process, Knowledge: Creation, Diffusion, Utilization[J]. Science Communication, 1980, 1(4): 499-514.

⑦ BAKER T. Resources in Play: Bricolage in the Toy Store(y)[J]. Journal of Business Venturing, 2007, 22(5): 694-711.

⑧ GEOFFREY D, SANDIP B. Optimization or Bricolage? Overcoming Resource Contriaints in Global Social Entrepreneurship[J]. Strategic Entrepreneurship Journal, 7(1): 26-29.

⑨ BAKER T, NELSON R E. Creating Something from Nothing: Resource Construction through Entrepreneurial Bricolage[J]. Administrative Science Quarterly, 2005, 50(3): 329-366.

⑩ SOLESVIK M, WESTHEAD P. Female and Male Opportunity Effectuation and Bricolage in a Resource Constrained Environment[D]. Durham: Durham University Business School, 2012.

表 4-2 创业拼凑的类型

分类依据	类型	解释	影响
拼凑频率与范围	并行型拼凑	在多个同时执行的项目中进行拼凑,是一种持续性、重复性的多领域拼凑	采取并行型拼凑的企业的成长性无显著提高
	选择性拼凑	在个别方面或个别项目进行拼凑,通常会在一次拼凑结束之后才考虑开始下一次拼凑,是一种不连续的、具有选择性的拼凑	采取选择型拼凑的企业的成长性有显著提高
拼凑对象	物质拼凑	利用被遗忘的、被遗弃的、已磨损的或被假定为"单一用途"的材料进行拼凑	将无价值的资源转变为富有价值的资源,物质拼凑创造了新的资源投入
	人力拼凑	对项目中的客户、供应商等利益相关者进行拼凑	人力拼凑创造了新的劳动力投入
	技能拼凑	允许和鼓励业余爱好者和自学的人参与活动,技能拼凑创造了有用的服务	面对快速变化的市场需求,可以迅速做出反应
	客户拼凑	调节客户的需求并建立卖方与买方间的相互责任,企业提供给顾客便宜的、非标准的产品和服务	客户拼凑为市场创造了新的客户,这些客户先前可能并未考虑过会进入该市场
	制度拼凑	拒绝标准和常规的限制,在各个规则并不明确或是并未受到限制的领域积极尝试	制度拼凑创造了"侥幸"的解决方案
	网络拼凑	利用先前存在的或建立的人际网络关系进行拼凑	网络拼凑有可能导致企业即兴创建,创业者在自己曾经从事的行业创办企业
拼凑动机	需求型拼凑	为了降低对资源提供者的依赖和资源投入成本,通过拼凑达到可接受任务的要求	以极低的资源成本满足要求,减少了资源寻找的时间,但产品可能是残次品
	构想型拼凑	识别出价值被低估的废弃资源,感知到废弃资源的优势,有目的地利用废弃资源开发新产品	通常发生在拥有丰富资源的企业,创造性地利用手头资源不会影响企业其他业务的进行
拼凑导向	资源导向的创业拼凑	以手中资源为导向,利用手边已有的资源重新组合,不考虑结果,产生创造性的结果后再去考虑是否有需求的市场	加深了对手头资源的理解,是对手头资源的创造性利用
	机会导向的创业拼凑	以市场机会为导向,利用存在的但尚未被利用的资源提供给已完全建立起来的市场,拼凑就是为了满足已发现的市场机会	以极低的资源成本满足市场需求,但产品可能是残次品
	顾客导向的创业拼凑	以顾客偏好为导向,利用普通的资源创造性地构想出全新的服务组合,更好地满足消费者需求	满足了消费者自身此前都未意识到的需求,是一种创造需求的手段

(资料来源:于晓宇,李雅洁,陶向明.创业拼凑研究综述与未来展望[J].管理学报,2017,14(2):306-316)

（三）创业资源拼凑策略

受到资源限制的创业者一般有三个选择。首先，应对环境的限制，企业可以从外部寻找并获得符合标准的外部资源，以满足新挑战的需求。其次，另一些企业（包括那些尝试资源搜寻但失败了的企业）转而逃避新挑战，如拒绝新挑战，或者某些极端的例子，缩减规模或者解散。最后，就是采用拼凑，通过整合手头的资源将就去应对新的问题或者开发新的机会。之后，创业者又面临两种选择，即全面拼凑和选择性拼凑。

1. 全面拼凑

很多新企业在创办之初都在不自觉地采取了拼凑策略。所谓全面拼凑，也称并行性拼凑，是指创业者在技术资源、数据资源、智力和人力资源、用户资源、财务资源、物质资源、环境资源、声誉资源、组织资源等诸多方面长期持续、重复地使用拼凑方法，在企业现金流步入稳定后依然没有停止拼凑的行为。

但全面拼凑也存在一定的缺陷，这种不断的拼凑行为导致企业在内部经营管理上难以形成公正有力、符合标准的规则章程，在外部拓展市场上也会因为采用低标准资源遇到阻力，使企业无法走上正轨。此外，全面拼凑的企业还表现出如下特点：往往过分重视"零碎"，经常收集储存各种工具、材料、二手旧货等；偏重个人技术、能力和经验；不太遵守工艺标准、行业规范、规章制度；不遵守在社会网络中的传统角色，顾客、供应商、雇员、亲戚、朋友等角色都是可以互换的，并且形成了一种"互动强化模式"。创业者在每个领域都采用拼凑手段，久而久之容易被大众认定成标准低、质量次的"拼凑型企业"，一旦拼凑型企业定位形成，企业往往在同一群人际关系圈中打转，很难拓展新的市场，因而也丧失了更有利润的顾客群，阻碍了企业进一步成长。

2. 选择性拼凑

与全面拼凑的表现和效果大不相同的是另一种方式：选择性拼凑。顾名思义，选择性拼凑是指创业者在拼凑行为上有一定的选择性，即有所为、有所不为。在应用领域上，他们往往只选择在一两个领域内进行拼凑，以避免全面拼凑的那种自我加强循环；在应用时间上，他们只在早期创业资源紧缺的情况下采用拼凑，随着企业的发展逐渐减少拼凑，甚至到最后完全放弃。由此使得企业摆脱拼凑型企业的阴影，逐步走向正规化，满足更广泛的市场需求。

（四）数字经济时代创业资源拼凑技巧

1. 突破习惯思维方式

数字经济时代，要学会试图开辟新的市场和机会，但并不是天马行空，而是利用现有的基础寻求突破。例如，在传统概念中，出口加工企业一般两头在外，只是专注控制成本，很少去考虑市场和销售的问题。数字经济时代，不仅要考虑市场和销售，还要考虑产品组合、渠道。创业者需要借助互联网思维突破传统观念，学习另外行业的发展优势进行自我发展，将已有产品开出新用法、新市场，进行创业。例如，打造雪糕中最贵的雪糕"钟薛高"——雪糕界的爱马仕,"钟薛高"号称要做中国雪糕品牌的代表,品牌采用汉字姓氏,雪糕呈瓦片状以区别市面常见雪糕,在消费升级的时代浪潮下,追逐个性的"95后""00后"成为品牌的主战场,2018年"双十一",钟薛高推出66元一支的"厄瓜多尔粉钻"雪糕,当天2万片全部售罄,其他雪糕产品也全面开花,让钟薛高在一天内销售额突破400万元[1]。同时"钟薛高"还拿下家庭消费人群,作为冰激淋届的新星,一块钟薛高冰激淋卖15元到23元,比市场上偏中高端的八喜和梦龙都要高出1~2倍。当然只花15块你依然买不到一块钟薛高的冰激淋,针对家庭消费的钟薛高一般按件卖,一件10片装的产品得花150元左右。钟薛高官网显示,从成立到2020年8月一共卖出了1 700万支雪糕。根据天猫平台数据,截至2020年8月21日,在天猫平台一个月的销售额超过3 000万元,另外,其线上渠道还包括京东等平台,京东销量最高的累计评价达到了8.9万条[2]。

2. 手边资源再利用

资源拼凑是动态资源观点,企业内部的资源也会随着企业的发展成长或变化,数字经济时代,企业的发展数字技术、数字资源会成为企业新的资源,会让手边资源产生新的功能,也会产生新的资源组合方式,学会手边资源价值新发现对企业产品创新有重要作用。传统情况下,手边资源的充分利用都是非常重要的,如出口章鱼,去除章鱼头、章鱼爪之后的就是无用的下脚料,会当废料处理掉,但也可以将这些废料卖给做章鱼丸子的经销商用来做章鱼丸,变废为宝。现今,数字技术之下可以让更多产品变成在线产品,实现新的用途,以前唱歌去KTV,算是自我消遣,现在抖音唱歌,会吸引粉丝,成为人们生活中的娱乐产品。

3. 将就

将就不是凑合,而是在一个并不十分完美的情形下积极行动,并随着事情的进展不断改进。数字经济时代,在线用户逐渐增多,开拓在线宣传销售能力是当前很多创业企业的必经之路,一开始,创业者的网络尝试就是一步步将就的结果,随着数字技术和网络专业人才的获取,创业企业的在线销售宣传能力一定会在不断的实践和改进中提升。创业不是一开始就能成功,需要不断地尝试和改善,才能立足市场,包括现在的产品、包装、品牌也是在不断改进的结果。

4. 不是所有的领域都在拼凑

通常,创业企业能够在多个领域拼凑,比如利用种种现成的物质资源;通过自学获得技巧和能力;利用现成的人际关系网混淆员工、朋友和顾客的界限以获得更多订单和市场;突破标准制度和规范的限制等。但是,全方位的拼凑往往形成互动强化模式,使得企业不断陷入新项目中,不利于建立稳定和标准化的日常程序,企业难以成长。数字经济是社会发展的必然趋势,所以数字技术资源、人力资源、数据资源的拼凑是必不可少的;另一

---

[1] 品牌界的007,https://baijiahao.baidu.com/s? id=1670727514972632345&wfr=spider&for=pc.
[2] 新零售百科 Retnews 第569期 https://baijiahao.baidu.com/s? id=16758720635713257568&wfr=spider&for=pc.

方面,企业也要根据自身的优势和异质性资源进行选择性拼凑,设立企业的战略目标,建立企业规范和运作流程,扩大自身优势,推动企业健康稳定地发展。

第四节 创业资源整合机制

一、创业资源整合的内涵

在机会开发过程中,哈佛大学霍华德·史蒂文森强调,创业作为创业者的活动过程,与当时其所控制的资源无关。事实上,大多数创业者都经历了"白手起家"或是"空手套白狼"的过程。例如,我国晋江、温州等创业比较发达地区的绝大多数创业者,在企业创建初期,自身往往没有多少创业资源,但这并不妨碍这些创业者借用或是整合本地或外地的资源来实现创业目的。所以,整合资源也是机会开发过程中创业者能力的体现,也被认为是创业过程的本质特质之一。

受资源约束的限制,创业者要依靠自有资源,分阶段投入资源,用拼凑的策略用好资源,探索最经济的方式开展工作,自力更生,这些必要也有效。但优秀的创业者绝不会停留在这样的水平上,他们会关注外部资源。创造性地整合内外部资源是优秀的创业者所具有的关键技能之一。数字经济时代,快速高效稳步的发展是时代要求,所以创业不是一蹴而就,需要利用好创业资源,阶段性地稳步推进,而社会的发展趋势要求现在的创业者要更注重数字相关资源和用户资源的利用。

二、创业资源整合机制

(一)识别利益相关者

美孚石油公司(标准石油)创办人、超级资本家约翰·D.洛克菲勒有句名言:"建立在商业基础上的友谊永远比建立在友谊基础上的商业更重要。"资源是创造价值的重要基础,资源交换与整合显然要建立在利益的基础上,要整合外部资源,特别是对缺乏资源的创业者来说,更需要资源整合背后的利益机制。利益相关者及其相关理论也许有助于分析资源整合背后的利益机制。

1984年,弗里曼出版了《战略管理:利益相关者方法》一书,明确提出了利益相关者管理理论。[①] 利益相关者管理理论指企业的经营管理者为综合平衡各个利益相关者的利益要求而进行的管理活动。与传统的股东至上主义相比较,该理论认为任何一家公司的发展都离不开各利益相关者的投入或参与,企业追求的是利益相关者的整体利益,而不仅仅

---

① 爱德华·弗里曼.战略管理:利益相关者方法[M].王彦华,等译.上海:上海译文出版社,2006.

是某些主体的利益。数字经济时代,利益相关者的范围更广,这些利益相关者包括企业的股东、债权人、雇员、消费者、供应商等交易伙伴,也包括政府部门、本地居民、本地社区、媒体、环保组织等方面的利益相关者,甚至包括自然环境、人类后代等受到企业经营活动直接或间接影响的客体。这些利益相关者与企业的生存和发展密切相关,他们有的分担了企业的经营风险,有的为企业的经营活动付出了代价,有的对企业进行监督和制约,企业的经营决策必须要考虑他们的利益或接受他们的约束。从这个意义上讲,企业是一种智力和管理专业化投资的制度安排,企业的生存和发展依赖于企业对各利益相关者利益要求的回应的质量,而不仅仅取决于股东。

1. 尽可能多地搜寻出利益相关者

既然资源与利益相关,要整合外部资源显然要关注有利益关系的组织或个人。利益相关者是组织外部环境中受组织决策和行动影响的任何相关者。要更多地整合到外部资源,首先要尽可能多地找到利益相关者,同时这些组织或个体和自己以及想要做的事情有利益关系,利益关系越强、越直接,整合到资源的可能性就越大,这是资源整合的基本前提。创业者之所以能够从家庭成员那里获得支持,就是因为家庭成员之间不仅是利益相关者,更是利益整体。

数字经济时代,因为技术的发展,行业合作和跨界专业人员的协作,才能真正做成事情。资源整合更多的时候是指企业借助内部资源实现多方合作共赢,产生"1+1>2"的效益的过程。所以现在的"产、学、研"合作,为企业创新和创业提供了很多可行的途径,企业提供资金,学校提供研发创意,实现专利成果技术转化,一方面,为企业提供产品竞争力,另一方面,也使科研成果专利实现市场转化;并且数字经济时代,多种行业需要借助数字经济东风实现,行业转型升级和发展,快速整合数字技术专业人才、数字技术平台资源,提升企业数字产品制造和数字服务能力非常重要。

2. 寻找共同利益

利益关系者之间的利益关系有时是直接的,有时是间接的;有时是明显的,有时是隐含的;有时还需要创造出来。这与机会识别有很多相似之处。

利益相关者是有利益关系的组织和个体,有利益关系并不意味着能够实现资源整合,还需要有共同的利益或者说利益共同点。为此,识别到利益相关者后,逐一认真分析每一个利益相关者所关注的利益非常重要。

数字经济时代的利益相关者可以更多地结合国家政策、行业发展趋势,寻找合作者,彼此促进,实现资源共享,发现商业机会,形成新的业态和商业形式。例如,互联网和电商从业者和农业相结合,发展智慧农业、农村电商等。

(二)构建共赢机制

有了共同的利益或利益共同点并不意味着就可以合作,只是意味着具备了前提条件。资源整合是多方面的合作,切实的合作需要以各方面的利益能够真正实现作为保证,这就要求必须能够寻找和设计出使大家共赢的机制。对于在长期合作中获益、彼此建立起信任关系的合作,双赢和共赢的机制已经形成,进一步的合作并不很难。但对于首次合作,特别是对受到资源约束的创业者来说,建立共赢机制需要智慧。首先,把主要目的隐藏起来,从满足对方的利益入手,找政府、找企业增强可信度,让对方看到潜在的收益,获取收益需要投入资源,这是基本规律。创业者在设计共赢机制时,既要帮助对方扩大收益,也要帮助对方降低风险,降低风险本身也是扩大收益。共同利益的实现需要共赢的利益机制做保证,共赢多数情况下难以同时赢,更多是先后赢,创业者要设计出让利益相关者感觉到赢而且是优先赢的机制。

(三) 维持信任

维持信任是实现共赢的重要途径,共赢机制的背后其实是博弈问题,说到博弈,就会发现双输、单赢是普遍现象,共赢信任是博弈过程中比较难实现的结果。以前,更多地强调企业与企业的合作共赢关系,通过长期良好的合作,获得信任和可持续发展的关系。现今,数字经济时代,用户价值非常重要,商业关系中,除了企业与企业的关系建立,因为流量时代,用户价值的凸显,企业与用户之间的信任关系更为重要,只有更好地实现用户价值的企业,获得用户的信任,才能真正立于不败之地。维持信任对资源整合也同样重要,资源整合的机制首先要有利益基础,同时还要有沟通和信任才能维持。

卢曼(Luhmann)将信任区分为人际信任和制度信任,认为人际信任建立在熟悉度及人与人之间的感情联系的基础之上;制度信任是用外在的,利用诸如法律一类的惩戒式或预防式的机制来降低社会交往的复杂性。福山等学者进一步认为人际信任是存在于人际关系中的保障性的信任,而制度信任是由对外的社会机制的信任而产生的一种对人的基本信任,这两种信任共同构成了社会的信任结构。

创业者要充分认识信任的重要性,要区分不同的信任关系。以前的创业家族创业形式较多,企业内部的信任关系主要是家族信任,作为创业者,要扩大企业规模,要尽快从早期的家族信任过渡到泛家族信任。现在,在数字经济时代,在流量为王的时代,除了要建立企业内部信任、企业与合作者的信任,还要建立用户信任。用户的信任成为社会资本的一个重要因素,只有建立用户信任,进而建立起更宽广范围的信任关系,才能获取更大规模的社会资本。创业者在维持信任的过程中也要注意,一方面,沟通是产生信任的前提,是创业者与利益相关者之间相互了解的重要手段,信任关系的建立有助于资源整合,降低风险,扩大收益;另一方面,诚信的业务能力和承诺实现能力是信任的基石,没有诚信的基础,信任不会长久,而且这种信任在企业与用户之间更为忠诚。企业和企业之间的信任关系更多的是基于利益合作,企业和用户的信任关系更多的是企业社会责任带来的。

三、资源整合过程

(一) 资源整合准备

1. 资源扫描

创业者要知道自己的资源禀赋及企业所拥有的最初资源。创业者要先将已有资源识别出来，包括己方所有有价值的有形资产和无形资产，如人才、技术、设备、品牌等，找到自己的资源优势和不足，同时认清哪些属于战略性资源，哪些属于一般性资源，还要确定资源的数量、质量、使用时间及使用顺序。

在扫描自身已有资源的同时，也要对外部环境进行扫描，以及时发现创业企业所需的资源，确定自己所缺的创业资源可以从哪些渠道获得，以及谁拥有这些重要资源，并对各种资源渠道的获得难易程度进行排序；进而寻找利益交集，对资源所有者的利益需求进行深度分析，并与自己所拥有的资源进行比较，找到利益契合点。这通常需要创业者具有行业知识和一定的社会关系网络。

在现实生活中，有些人有很好的创意，但整合不到实现创意所需的资源。有些人虽然自己没有资源，但凭借自己的专业、信息和技术优势，凭借自己的个人信任和人脉关系，总能一次次幸运地找到资源实现自己的企业梦想，成就自己的财富人生。"机会总是眷顾有准备的人"，创业资源整合不只是技术问题，还是社会问题。在创业前或资源整合前做好准备，有助于创业资源整合的成功。

2. 建立个人信用

市场经济是一种信用经济，信用对国家、企业和个人来说都是一种珍贵的资源。在整合创业资源时，信用有很重要的作用。人都生活在一定的社群中，创业者也不例外。创业者因为具有创业精神、创新意识，在思维方法和行为方式上会有不同之处，显示异质型人才资本的特征，但信任是一种市场规则，谁违背了，信息会在社群内通过口碑传播，而创业最初的资源往往来自自己的亲人、朋友和同事，如果口碑太差、信任度太低，资源整合难度就会加大。数字经济时代，舆论影响的传播迅速而广泛，只有树立良好企业社会责任意识和诚信度，才能更好地获得用户信任，建立属于创业者的信用。

3. 积累人脉资源

创业者的关系网络形成了新企业的社会资本。边燕杰等认为，企业社会资本是指企业通过社会关系采取稀缺资源并由此获益的能力。[1] 许多研究表明，创业者的人脉关系对创业融资和创业绩效有直接的促进作用。我们不应该把人脉关系等同于所谓的"拉关系""走关系"等寻租行为，而是基于正常的社会经历建立的诸如师生、同学、朋友、同事等的人际关系，这些关系在创业过程中会带来有用的信息、资源。因此，在校大学生要善于建立良好的同学关系和师生关系，勤于参加社团活动和社会实践，建立健康、有益的人脉关系，创造和积累基于同事关系、师生关系与亲友关系的社会资本，为创富人生、实现自我奠定好基础。

（二）测算资源需求

每个创业者在整合资源前都需要明确资源需求量，换言之，资源需求量的测算是整合资源的基础。

---

[1] 边燕杰，丘海雄.企业的社会资本及其功效[J].中国社会科学，2000(2)：87-99+207.

1. 估算启动资金

企业要开始运营,首先要有启动资金,启动资金用于购买企业运营所需的资产及支付日常开支。对启动资金进行估算,需要具备足够的企业经营的经验,以及对市场行情的充分了解。创业者在估算启动资金时,既要保证启动资金足够企业运营,也要想方设法节省开支,以减少启动资金的花费。在满足经营要求的情况下,可以采用租赁厂房、采购二手设备等方法节约资金。

2. 测算营业收入、营业成本、利润

对新创企业来说,预估营业收入是制定财务计划与财务报表的第一步。为此,企业需要立足于市场研究、行业营业状况以及试销经验,利用购买动机调查、推销人员意见综合、专家咨询、时间序列分析等多种预测技巧,估计每年的营业收入。之后,要对营业成本、营业费用以及一般费用和管理费用等进行估计。由于新创企业起步阶段在市场上默默无闻,市场推广成本相当大,所以营业收入不可能与推动营业收入增长所付出的成本成比例增加,因此,对于第一年的全部经营费用都要按月估计,每一笔支出都不可遗漏。在预估第二年及第三年的经营成本时,首先,应该关注那些长期保持稳定的支出,如果第二年、第三年销量的预估是比较明确的话,则可以根据销售百分比法,即根据预估销售额按固定百分比计算折旧、库存、租金、保险费、利息等项目的数值。

在完成上述项目的预估后,就可以按月估算出税前利润、税后利润、净利润以及第一年利润表的内容,然后就进入预计财务报表过程。

3. 编制预计财务报表

新创企业可以采用销售百分比法预估财务报表。这一方法的优点是,能够比较便捷地预测出相关项目在销售额中所占的比率,预测出相关项目的资本需求量。但是,由于相关项目在销售额中所占比率往往会随着市场状况、企业管理等因素发生变化,所以,必须根据实际情况及时调整有关比率,否则会对企业经营造成负面影响。

预计利润表是应用销售百分比法的原理预测可留用利润的一种报表。通过提供预计利润表,可预测留用利润这种内部筹资方式的数额,也可以预计资产负债表,为预测外部筹资额提供依据。

预计资产负债表是应用销售百分比法的原则预测外部融资额的一种报表。通过提供预计资产负债表,可预测资产和负债表及留用利润有关项目的数额,进而预测企业需要外部融资的数额。

预计现金流量表。大量的事实证明,现金流量是新创企业面临的主要问题之一。一家可以盈利的企业也会因为现金的短缺而破产,因此,对于新创企业来说,逐月预估现金流量是非常重要的。与预估利润表一样,如何精确地算出现金流量表中的项目是一个难题。为此,在预计财务报表时需要据点设各种情境,比如最乐观的估计、最悲观的估计以及现实情况估计。这样的预测既有助于潜在投资者更好地了解创业者如何应对不同的环境,也能使创业者熟悉经营的各种因素,防止企业陷入可能的灾难。

4. 结合企业发展规划预测资源需求量

上述财务指标及报表的预估是创业者必须了解的财务知识,即使企业有专门的财务人员,创业者也应该大致掌握这些方法。需要指出的是,融资需求量的确定不是一个简单的财务测算问题,而是一个将现实与未来综合考虑的决策过程,需要在财务数据的基础上,全面考察企业经营环境、市场状况、创业计划以及内外部资源条件等因素。同时,创业者也应对企业股权和债权的比例安排进行考虑。

(三) 资源获取

测算完资源的需求量之后,接下来的工作就是确定资源的来源,即资源的渠道和对象。此时,创业者需要对自己的人脉关系进行一次详尽的排查,初步确定可以成为资源来源的各种关系。同时,也需要借助各种渠道搜集各方面的信息。数字经济时代给创业者提供了更多的新型数字技术及数字平台资源,为创业者提供了新的资源,也扩大了创业者资源信息的渠道和途径,去了解各种能够提供资源支持的对象的资料。

1. 通过市场途径获取创业资源

(1) 购买。即通过市场购入的方式获取创业资源,主要包括购买厂房、设备等物质资源,购买专利和技术,聘请有经验的员工及通过外部融资获取资金等。

(2) 联盟。即通过联合其他组织,对一些自己无法或难以开发的资源实行共同开发。联盟的前提是联盟双方的资源和能力互补且有共同的利益,能够对资源的价值及其使用达成共识。

(3) 第三方平台。数字经济时代,网络商业逐渐成熟,现在的电商网络平台作为第三方也为创业者提供了重要的资源整合渠道和途径,如京东、阿里、抖音等平台整合了多种行业、企业、用户资源,让创业者有丰富的数据资源和用户资源进行整合。

2. 通过非市场途径获取创业资源

(1) 资源吸引。即发挥无形资源的杠杆作用,利用创业企业的商业计划和创业团队的声誉,通过对创业前景的描述来获得或吸引物质资源、技术资源、人力资源和资金等。

(2) 资源积累。即利用现有资源在企业内部通过培育形成所需的资源,主要包括自建企业的厂房、设备,在企业内部开发新技术,通过培训来增加员工的技能和知识,通过企业的自我积累获取资金等。

(3) 资源信息检索。数字经济时代,网络无处不在,海量信息可被检索和查阅,网络给创业者提供了更多资源信息了解的渠道和途径,去了解银行、政府、担保机构、行业协会、旧货市场、拍卖行等创业者的支持对象,同时,也可以了解政府政策,发现宏观环境发展趋势和政策支持情况,如资金支持、厂房支持等。

3. 资源控制

资源控制的范围包括创业者自身拥有的资源、通过交易等形式可获得的资源,以及通过社会网络等形式可以控制的资源。在特定的行业,创业团队中成员的社会网络资源和技术对于企业的成功至关重要。在获取资源的过程中,需要判断这种资源对实现企业的目标是否关键,并且创造性地设计出双赢的合作方案,形成长期互利关系。

(1) 编写商业计划。证据表明,无论企业的规模大小,有计划的企业比没有计划的企业表现得更好。商业计划是融资的重要工具,商业计划书的质量高低代表创业者创业思维清晰度,一个高质量的商业计划书代表背后有一支高质量的团队。

(2) 资源整合谈判。无论商业计划写得有多好,在与资源提供者谈判时表现糟糕的创业者都很难完成交易。因此,要做好充分准备,事先想想对方可能提到的问题;要表现出信心;陈述时抓住重点,条理清楚;记住资源提供者关心的是让他们投资有什么好处。这些原则对资源整合至关重要。

4. 获取创业资源的注意事项

为了及时并以较低成本获取创业所需要的资源,创业者需注意以下几点:

(1) 充分重视人力资源的获取。人力资源在创业资源中的决定性作用要求创业者必须充分重视人力资源的获取。数字经济时代,创业者要顺应时代的发展需求,一方面应努力增强自身能力的培养,另一方面应充分重视创业团队的建设,尤其要积极获取数字技术专业人才。一支顺应企业数字化发展需求,知己知彼、才华各异、能力互补、目标一致、彼此信任的团队是创业资源中最为重要的资源,也是数字经济时代创业成功必不可少的保证。

(2) 以能用和够用为原则。不是所有的资源都是创业需要的资源,创业者在获取资源时应坚持能用的原则,只有满足自己需求、自己可以支配并使其充分发挥作用的资源,才是需要获取的资源,并且,所获资源能满足企业发展需求,符合创业发展规划和战略目标,如数字经济时代的资源要让企业能更好地适应数字化社会发展趋势。另外,资源的使用是有代价的,因此,在获取创业资源时应该本着够用的原则,而不是多多益善。

(3) 尽可能获取多用途资源和杠杆资源。资源自身的特性决定了其用途的不同,有的资源可能在不同场合具有不同的用途,获取具有多用途的资源可以帮助创业者应付创业过程中出现的意外。在数字经济时代,知识社会中,通过数据信息获得的具有独特创造性的知识是现代社会的高杠杆资源。对杠杆资源的合理利用,有助于创业者取得一定的杠杆收益,达到事半功倍的效果。

(4) 关注政府资源。创业者需要对自己的人脉关系进行一次详尽的排查,初步确定可以成为资源来源的各种关系。同时,需要搜集各方面的信息,以获得银行、政府、担保机构、行业协会、旧货市场、拍卖行等各种能够提供资源支持的对象的资料。现在政府出台了很多的政策,其中有一些好的政策,但是由于一些创业者不了解,而失去了获得有关支持的机会。

(5) 借助数字平台资源进行多种形式的资源整合。按照企业之间整合资源的方式不同,可以把资源整合分为三种形式:纵向整合、横向整合和平台式整合。纵向整合是处于一条价值链上的两个或者多个厂商联合在一起结成利益共同体,致力于整合产业价值链资源,创造更大的价值。横向整合是把目光集中在价值链中的某一个环节,探讨利用哪些资源,怎样组合这些资源,才能最有效地组成这个环节,提高该环节的效用和价值。它与纵向资源整合不同,纵向资源整合是把不同的资源看作是位于价值链上的不同环节,强调的是每个企业要找准自己的位置,做最有比较优势的事情,并协调各环节的不同工作,共同创造价值链的最大化价值。横向整合的资源往往不是处于产业链内,而是处于本产业链外。不论是纵向还是横向资源整合,都是把企业自身作为所整合资源的一部分,考虑怎样联合其他资源得到最佳效果。而平台式资源整合却不同,它考虑的是,企业作为一个平台,在此基础上整合供应方、需求方甚至第三方的资源,同时增加双方的收益或者降低双方的交易成本,自身也因此获利。阿里巴巴就是一个典型的搭建平台整合资源的案例。它整合了供应商和需求方的信息,打造了一个信息平台,供应商和需求商可以通过它交换信息,互通有无,达到最佳的交易效果,而阿里巴巴则通过收取服务费而盈利。类似的成功案例还有携程网和众筹平台等。

(四) 创业资源整合

创业资源的整合是一个复杂的过程,是创业企业对不同来源、不同层次、不同结构、不同内容的资源进行选择、汲取、配置、激活和有机融合的过程,以使之具有更强的条理性、系统性和价值性,并对原有的资源体系进行重构,摒弃无价值的资源,以形成新的核心资源体系。

一个优秀的资源整合企业

1. 资源利用

资源利用即在获取和控制大量资源的基础上,对这些资源进行配置和利用,将它们合理有效地配置到最能发挥其使用效益的地方去,体现出这些资源的价值。企业资源在未整合之前大多是零碎的、低效的,要发挥这些资源的最大使用价值、产生最佳效益,就必须运用科学方法对各种类型的资源进行细化、配置和激活,将有价值的资源有机地融合起来,使它们相互匹配、互为补充、互相增强。

在配置资源之后,新的资源或者说竞争优势就会形成,企业必须利用区别于其他企业的这种优势来赢得市场。资源在整合并转化为企业内部的独特优势之后,创业者需要协调各种资源之间的关系,匹配有用的资源,剥离无用的资源。通过协调,使资源的联系更加紧密,更加具有匹配性,形成"1+1>2"的局面,并为下一步拓展奠定基础。

2. 资源拓展

资源拓展即将以前没有建立起联系的资源建立联系,将新获取的资源与已有的资源加以联结融合,进一步开发潜在的资源为企业所用,这也是企业持续竞争优势的根本来源。数字经济时代的竞争优势就是要借助数字技术和数据信息,为创业企业带来新的能力,使创业者能够更充分地发现和掌握创业机会,顺应时代发展。

 **应用训练**

背景:
评估自身拥有的资源,发现外部资源并能有效整合外部资源。

要求：

1. 请利用表4-3对自身条件进行评估。

表4-3 自身条件评估

评估内容	具体要求	自我描述
你想做什么	根据你的兴趣、爱好确定你想做的事情	
你拥有什么	你的优势、强项是什么（如技术优势、人脉优势、知识优势等）	
你缺少什么	你的劣势、缺点是什么（如技术劣势、人脉劣势、知识劣势等）	

2. 如果要进行创业，还需要哪些资源？
3. 写出资源获取的途径和方法。
4. 撰写创业资源分析报告。

思维训练

1. 资源基础理论与创业拼凑理论有什么区别？
2. 人们常说创业是白手起家、无中生有，对此你怎么看？
3. 互联网对创业者资源整合带来了什么样的影响？
4. 数字时代的创业资源的特点是什么？

第五章 商业模式

> ➢ 了解商业模式的含义和构成要素。
> ➢ 掌握商业模式的画布。
> ➢ 掌握商业模式的类型。
> ➢ 熟悉商业模式的设计方法和流程。

 案例导入

苹果公司的平台运营商进化记

苹果产品线的进化从 iPod 到 iPhone,显示了公司向一个强大平台形式商业模式的转型过程。iPod 本是一个独立的设备。相反,iPhone 已进化成一个强大的多边平台,使得苹果公司得以通过 App Store 来控制第三方的应用程序供应商。

苹果公司在 2001 年将 iPod 作为独立的产品推向了市场。用户可以拷贝自己的 CD 或者从网络上下载音乐内容存入 iPod 播放器内。当时 iPod 代表了一种可储存多种来源音乐内容的技术平台。尽管如此,当时的苹果公司并没有从商业模式层 iPod 作为平台的潜能。

2003 年,苹果公司推出了 iTunes 音乐商店,并与 iPod 播放器紧密绑定。该商城允许用户以极其方便的操作购买并下载数字音乐。该商城是苹果公司开发平台效应的首次尝试。iTunes 从根本上做到了将用户直接与音乐版权提供者连接。这一战略将苹果公司迅速推到了今天的位置——世界上最大的在线音乐零售商。

2008 年,苹果公司为其广受热捧的产品 iPhone 加载了 App Store,进一步巩固了其平台战略。App Store 使得用户可以直接从 iTunes 商城上浏览、购买并下载应用程序,并安装在 iPhone 上。应用程序开发商必须通过 App Store 发展销售渠道,且每当有一个用户购买其应用程序时,都要付给苹果公司 30% 的平台版权费。

（资料来源：亚历山大·奥斯特瓦德,伊夫·皮尼厄.商业模式新生代[M].北京:机械工业出版社,2016:74-75）

第一节 商业模式概述

近年来,移动互联网、大数据、人工智能、虚拟现实、区块链、3D打印等新兴技术的广泛应用,为商业模式创新带来了巨大机遇,涌现了许多革命性的新型商业模式。例如,以移动互联网、大数据为底层技术逻辑的互联网平台商业模式成为21世纪以来最为显著的商业模式创新。那么,商业模式到底是什么?其构成要素有哪些?具体有哪些类型模式?

一、商业模式的内涵

商业模式第一次出现在20世纪50年代,但直到20世纪90年代才开始被广泛使用和传播。关于企业如何组织其商业活动始终是企业管理探讨的话题,但是集中研讨"商业模式"这一现象与概念却是近三十年来的事情。

(一)商业模式的含义

Timmers(1998)是国外最早研究商业模式的学者之一,他认为商业模式应包括三个方面:一是关于产品、服务和信息流的体系结构,包括对各种商业活动参与主体和他们所扮演角色的描述;二是对各种商业活动参与主体潜在利益的描述;三是对收入来源的描述。[1] Afuah等(2001)把商业模式定义为企业获取并使用资源,为顾客创造比竞争对手更多的价值以赚取利润的方法。商业模式详细说明了企业目前的利润获取方式、未来的长期获利规划,以及能够持续优于竞争对手和获得竞争优势的途径。[2] 来自沃顿与INSEAD两所著名商学院的学者Amit和Zott在2001年对"商业模式"进行了系统性的总结提炼,并赋予其明确完整的内涵。具体来说,困惑于电子商业活动的"价值创造"(或"价值驱动")现象,Amit和Zott(2001)认为用"商业模式"这一术语可以很好地描述该现象。他们的这项研究被公认为是系统化、明确化、完整化理解商业模式的经典,奠定了商业模式研究的基础之一。琼·玛格丽塔(2002)认为商业模式用一句话说就是故事,即讲述怎么做公司才能顺利发展的概要。好的故事包含三项:细致的人物描述、有说服力的动机和用能够看穿价值的洞察力而想出的构思。

综合学者们的研究,本书认为商业模式是创业企业为实现战略发展而构建起来的商业系统,体现了企业的价值主张、价值创造和价值获取。商业模式说明了企业如何运用企业战略,构建商业体系,在特定的市场上建立可持续的竞争优势,从而实现顾客与企业自身价值的增值,实现企业利润的持续增长。

---

[1] Timmers, P. Business models for electronic markets[J]. Journal on Electronic Markets, 1998, 8(2): 3-8.
[2] Afuah, A, and Tucci, C. Internet business models and strategies: Text and cases[M]. Boston: McGraw-Hill/Irwin, 2001: 32-33.

（二）对商业模式的理解

商业模式概念产生的背景

首先，商业模式是盈利模式的基础，是企业盈利所嵌入的基本框架。尽管不能将商业模式与盈利模式同等看待，但并不排除其落脚于盈利这一目标，商业模式与盈利模式两者之间有着紧密的关联性。商业模式本身或许不直接呈现浓厚的"盈利"色彩与风格，但如果不潜含盈利的模式与逻辑，长期来看，对企业来说是无法接受的。商业模式与盈利模式就像是一枚硬币的两面，不过，硬币的正面应该是商业模式，压在下面的应该是盈利模式，这是优秀企业的可持续成长之道。如果正面是直白的盈利模式，背面是商业模式或是空白，则建立在这种模式之上的企业不具可持续成长的基础。

其次，商业模式是将相关各方巧妙编凑在一起的"脚本"或"剧本"，刻画了企业有机构建或所嵌入的一种商业"生态系统"。好的商业模式事实上是企业讲述的一个关于自己商业运营的"故事"。可以说，成功的商业模式都是企业"量体裁衣"的结果。当然，商业模式也可以层层嵌套，如宏大的商业模式便提供一种平台，在这种平台上，参与方又可据此构建各自独具特色的商业模式。但是，值得强调，价值创造并非意指企业独自的活动与"表演"，而是共创价值，也即企业精妙地将各种相关要素与关联方加以连接，使其彼此交互在一起，形成一种有机的商业"生态系统"，实现共创与共赢。一个合理的生态系统应该符合去掉其中任何要素或相关者都运转不畅的特征。从这一点来看，商业模式贵在整合，体现的是一种系统性而非某个具体环节上的优势。因此，从"讲故事"角度来理解，尽管商业模式是企业精心编写的一个"剧本"，剧本中的主角是自己，但如果没有其他角色，则会变成一幕苍白的独角戏。当然，在这个"剧本"中，故事要足够清晰，内容要足够吸引人，但情节可简洁也可复杂，如果从建立优势或增加模仿者"进入壁垒"这一点来说，情节不妨多些跌宕起伏感。[1]

最后，商业模式不是企业战略本身。尽管商业模式与企业战略紧密相关，企业的战略构思离不开对其商业模式的思考，而且这两个概念本身都有泛化的色彩与趋势，但是，商业模式和企业战略并不一样。两者在本质上是相似的，都是要获得竞争优势。战略是企业为了获得竞争优势，对价值创造的活动所进行的规划。商业模式的本质是价值创造，但在激烈的企业竞争中，首先要形成竞争优势，才能持续地创造价值。两者在侧重点上不同，战略是对未来的规划，商业模式是对规划后的具体实施。战略更加抽象，商业模式更加具体，同行的企业战略可以相同，但因为采用了不同的商业模式会导致不一样的结果，通过商业模式来对比两家公司会更加直观。

二、商业模式的构成要素

学者们对商业模式要素的探讨也是商业模式研究文献的一个重要领域，表 5-1 列举了部分学者的观点。本节重点介绍有代表性的马克·约翰逊的四要素和亚历山大·奥斯

---

[1] 姚小涛.理解商业模式：不是什么，又是什么？[J].外国经济与管理，2017，39(6)：126-127.

特瓦德、伊夫·皮尼厄的商业画布。

表5-1 商业模式要素

作 者	年 份	要 素
Horowite	1996	价格、产品配送、组织特征、技术
Visdio 和 Paternak	1996	全球化核心、治理、业务单元、服务、联系
Timmners	1998	产品、服务、信息流建构、业务行动者及角色、行动者收益、收入
Markides	1999	产品创新、顾客关系、基础设施管理、财务
Donathi	1999	客户理解、市场策略、公司治理、企业的内部网络、额外的网络能力
Chesbrough 和 Rosenlaumn	2000	价值主张、目标市场、内部价值链结构、成本结构金额利润模型、价值网络、竞争战略
Gordijn 等	2001	行动者、市场分制、价值提供、价值行为、股东网络、价值解析、价值传递、价值交换
Linder 和 Cantell	2001	定价模型、收入模型、渠道模型、商业过程模型、网络激活的业务
Hamel	2001	核心战略、战略资源、价值网络、客户界面
Afuah 和 Turei	2001	客户价值、范围、价格、收益、联结活动、实施、能力、可持续性
well 和 Vitale	2001	战略目标、价值命题、收益来源、成功因素、渠道、核心能力、客户细分、IT基础设施
Amit 和 Zott	2001	交易内容、交易结构、交易治理
Alt 和 Zimmerman	2001	使命、结构、过程、收益、合法性、技术
Rayport 和 Jwworski	2001	价值簇、市场空间提供物、资源系统、财务模型
Bets	2002	资源、销售、利润、资本
Gartner	2003	市场提供物、能力、核心技术投资、结余

（资料来源：龚丽敏，魏江，董忆，等.商业模式研究现状和流派识别：基于1997—2010年SSCI引用情况的分析[J].管理评论，2013,25(6):135）

（一）马克·约翰逊的四要素理论

马克·约翰逊是咨询公司Innosight的创始人。该公司的联合创始人是以著作《创新者的窘境》而闻名的哈佛商学院教授克莱顿·克里斯坦森。马克·约翰逊自2000年创业以来，一直负责以创新为基础的战略咨询，他认为商业模式表现了商业是如何创造、提供对顾客和企业双方价值的模式，由四个要素构成的商业设计图，即为顾客提供的价值、盈利模式、经营资源和业务流程。

一是为顾客提供的价值：提供产品或服务，可以解决顾客的难题。二是盈利模式：为了实现成本控制且利润最大化,应该怎样去销售产品和服务?又如何制造产品和提供服务呢?像这样获取利润的体系叫作盈利模式。三是经营资源:制造产品及提供服务所需要的人力、物力、财力、信息等。四是业务流程:商业模式成立的另一个条件就是必须持续稳定地提供产品或服务等,为此,成立商业必需的要素还有业务流程,就是使用经营资源的方法。例如,为了确保业务能够高效执行,就要划分产品开发、设计和销售等组织。

为了给顾客持续提供价值,企业需要应用企业内外部的经营资源,同时建立高效的业务流程,形成产生价值的体系。当然,作为商业模式成立的前提,这个体系必须是盈利的。四个要素的关联性,可参见图5-1。

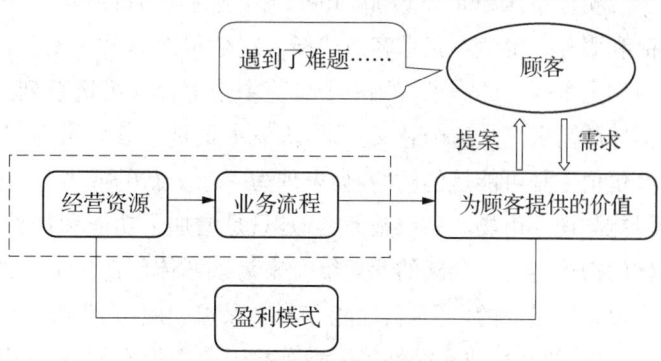

图5-1 商业模式四个要素的关联性

(资料来源:池本正纯.图解商业模式[M].北京:人民邮电出版社,2018:48-51)

(二)亚历山大·奥斯特瓦德和伊夫·皮尼厄的商业画布

商业模式画布是亚历山大·奥斯特瓦德和伊夫·皮尼厄在《商业模式新时代》提出的一种用来描述商业模式、可视化商业模式、评估商业模式以及改变商业模式的通用语言,主要包括三个方面九项内容:三个方面即价值主张、价值创造和传递、价值获取;九项内容包括客户细分、价值主张、渠道通路、客户关系、收入来源、核心资源、关键业务、重要伙伴、成本结构,如图5-2所示。

重要伙伴 KP	关键业务 KA	价值主张 VP	客户关系 CR	客户细分 CS
	核心资源 KR		渠道通路 CH	
成本结构 C$			收入来源 R$	

图5-2 商业模式画布

(资料来源:亚历山大·奥斯特瓦德,伊夫·皮尼厄.商业模式新生代[M].北京:机械工业出版社,2016:34)

1. 客户细分

客户细分(Customer Segments)描述了一家企业想要获得的和期望服务的不同目标人群或组织。客户构成了商业模式的核心。没有客户,企业就无法长久存活。为了更好地满足客户,企业可能把客户分为不同的细分领域,每个细分领域的客户具有共同的需求、共同的行为和其他共同的属性。客户细分可以定义为一个或多个细分领域。公司必须做出合理的决策,到底该服务哪些细分群体,该忽略哪些细分群体。一旦做出决策,就可以凭借对特定客户群体需求的深刻理解,设计相对应的商业模式。例如,按照客户身份将客户细分为企业客户、家庭客户和个人客户。

在这一模块中,创业者需要回答以下问题:我们在为谁创造价值?谁才是我们最重要的客户?

2. 价值主张

价值主张(Value Propositions)描述的是为特定客户细分群体提供能为其创造价值的产品和服务。价值主张是客户选择一家公司而非另一家公司的原因,它解决了客户的问题或者满足了客户的需求。每一个价值主张都包含可选系列产品和服务,以迎合特定客户细分群体的需求。从这个意义上讲,价值主张是一家公司为客户提供的利益的集合或组合。有些价值主张可能是创新的,会表现为一个全新的或者具有破坏性的产品或服务。而另一些可能与现存市场产品或服务类似,只是增加了功能和特性。一个价值主张通过针对某个群体的需求定制一套新的元素组合来为该群体创造价值。所创造的价值可以是数量上的,也可以是质量上的。创新、性能、定制、保姆式服务、设计、品牌、价格、缩减成本、风险控制、可获得性、便利性或实用性等因素有益于客户价值创造。例如,2019年上市的冰泉牙膏,专注于口气清新和口香应用,其品牌灵感源于阿尔卑斯山冰川水,致力于口香研究。

在这一模块中,创业者需要回答以下问题:我们要向客户传递怎样的价值?在我们的客户所面对的问题中,我们需要帮助解决哪一个?我们需要满足的是客户的哪些需求?面向不同的客户群体,我们应该提供什么样的产品和服务的组合?

3. 渠道通路

渠道通路(Channels)描述的是公司如何同它的客户群体达成沟通并建立联系,以向客户传递自身的价值主张。与客户的交流、分销和销售渠道构成了一个企业的客户交互体系。渠道通路在客户体验中扮演着重要角色。渠道通路包含以下作用:提升产品或服务在客户中的认知;帮助客户评估公司的价值主张;协助客户购买特定产品和服务;向客户传递价值主张;向客户提供售后支持。例如,小米手机创立之初,主要通过网络渠道与客户沟通,取得了较好的营销效果。渠道可以分为自有渠道和合作方渠道,每一个渠道都可划分为五个相互独立的阶段,每一个渠道都覆盖了其中几个或者全部阶段。如表5-2所示。

表5-2 渠道通路类型和阶段

渠道类型		渠道阶段				
		1. 认知	2. 评估	3. 购买	4. 传递	5. 售后
自有渠道(直接渠道)	销售队伍	扩大公司产品和服务的知名度,提升客户认知	帮助客户评价公司的价值主张	帮助客户购买到公司的产品和服务	把价值主张传递给客户	向客户提供售后服务和支持
	在线销售					
	自办商店					
	自动售货机					
合作方渠道(间接渠道)	代理商					
	批发商					
	零售商					
	网络销售商					

在这一模块中,创业者需要回答以下问题:我们的客户希望以何种渠道与我们建立联系?我们现在如何去建立这种联系?我们的渠道是如何构成的?哪个渠道最管用?哪些渠道更节约成本?我们如何将这些渠道与日常客户工作整合到一起?

4. 客户关系

客户关系(Customer Relationships)描述的是一家公司与特定客户细分群体所建立的客户关系的类型。

企业应该清楚与不同客户细分群体建立的关系类型。客户关系范围可以从靠销售人员维护到自动化设备与客户间的交互。由商业模式决定的客户关系将对客户体验产生深刻的影响,如社群营销中客户之间的关系更紧密,就有利于企业更好地维护客户关系。客户关系可能由开发新客户、留住老客户或增加销售量等动机驱动。

在这一模块中,创业者需要回答以下问题:我们的每一个客户群体期待与我们建立并保持何种类型的关系?我们已经建立了哪些类型的关系?这些关系类型的成本如何?这些客户关系类型与我们商业模式中其他的模块是如何整合的?

5. 收入来源

收入来源(Revenue Streams)模块描绘公司从每个客户群体中获取的现金收入(须从收益中扣除成本)。

如果客户是商业模式的心脏,那么收入来源就是该商业模式的动脉。企业必须问自己,什么样的价值能够让各客户细分群体真正愿意付款?只有回答了这个问题,企业才能在客户细分群体上发掘一个或多个收入来源。每个收入来源的定价机制可能不同,如固定标价、谈判议价、拍卖定价、根据市场浮动定价、根据购买数量定价或收益管理定价等。

创造收入来源的方式有:资产销售、使用费、会员费、租赁、许可使用费、经纪人佣金、广告费等。例如,2019年在上海开业的美国连锁超市Costco,其会员费收入只占总收入的2.2%,但却创造了公司70%的营业利润。一个商业模式可能包含两种不同类型的收入来源:① 通过客户一次性支付获得的交易收入;② 持续收入:因向客户传递了经常性收入来自客户为获得价值主张与售后服务而持续支付的费用。

在这一模块中,创业者需要回答以下问题:究竟何种价值是让我们的客户真正愿意为之付款的?客户目前正在为之付款的价值主张是哪些?客户目前使用的支付方式是什么?他们更愿意使用的支付方式是什么?每一个收益来源对于总体收益贡献的比例是多少?

6. 核心资源

核心资源(Key Resources)描述的是保证一个商业模式有效运转所需的最重要因素。

每个商业模式都需要核心资源,这些资源使得公司能够创造并提供价值主张、获得市场、保持与某个客户细分群体建立客户关系并获得收益。不同的商业模式所需要的核心资源也有所不同。芯片制造商需要资本集约型的生产设施,而芯片设计商则需要更加关注人力资源、知识性资源。自然资源对很多景区来说是极其重要的,如九寨沟景区以翠海、叠瀑、滩流、彩林、雪峰构成原始古朴、自然天成的山水风景。核心资源可以是实体资产、金融资产、知识性资源或人力资源。核心资源可以是自有的,也可以是公司租借的或从重要伙伴那里获得的。

在这一模块中,创业者需要回答以下问题:我们的价值主张需要哪些核心资源?我们的分销渠道需要哪些核心资源?客户关系的维系需要哪些核心资源?收入来源需要哪些核心资源?

7. 关键业务

关键业务(Key Activities)描述的是为了确保商业模式正常运行,公司必须要做的最重要的事情。

任何商业模式都需要一系列的关键业务活动。这些业务是公司得以成功运营所必须实施的最重要的行动。正如核心资源一样,关键业务也是创造和提供价值主张、获得市场、维系客户关系以及获得收益所必需的,关键业务也会因商业模式的不同而有所区别。例如,对于软件制造商而言,软件开发是其关键业务;对于制造商来说,供应链管理是其关键业务;对于咨询公司而言,提供优秀的解决方案是其关键业务。

在这一模块中,创业者需要回答以下问题:我们的价值主张需要哪些关键业务?我们的分销渠道需要哪些关键业务?客户关系的维系需要哪些关键业务?收入来源需要哪些关键业务?

8. 重要伙伴

重要伙伴(Key Partnerships)模块描述的是一个商业模式有效运作所需的供应商与合作伙伴的网络。

公司基于多种原因打造合作关系,重要伙伴正日益成为许多商业模式的基石。很多公司通过创建联盟来优化其商业模式、降低风险或获取资源。例如,2019年阿里巴巴推出"A100"战略合作伙伴计划,旨在为合作企业提供全面一站式解决方案,帮助其加速数字化转型。"A100"的成员将与阿里巴巴多个部门和平台建立深厚长久的合作关系,联合创造数字时代高效、可持续的发展。合作关系可以分为以下四种类型:① 非竞争者之间的战略联盟;② 竞争者之间的战略合作;③ 为开发新业务而构建的合资公司;④ 为确保可靠供应而建立的供应商和采购商关系。

在这一模块中,创业者需要回答以下问题:谁是我们的关键合作伙伴?谁是我们的关键供应商?我们从重要伙伴那里获得了哪项核心资源?我们的合作伙伴参与了哪些关键业务?

9. 成本结构

成本结构(Cost Structure)描述的是运营一个商业模式所引发的全部成本,创造价值和传递价值、维系客户关系以及创造收益所引发的成本。这些成本在确定关键资源、关键业务与重要伙伴后可以相对容易地计算出来。然而,有些商业模式,相比其他商业模式更多的是由成本驱动的。例如,廉价航空,就是低成本结构为核心建立了整个商业模式。

成本驱动的商业模式:侧重于在每个地方尽可能地降低成本。这种做法的目的是创造和维持最经济的成本结构,采用低价的价值主张,最大程度自动化和广泛外包。价值驱动的商业模式:有些公司不太关注特定商业模式设计对成本的影响,而是专注于创造价值。增值型的价值主张和高度个性化服务通常是以价值驱动型商业模式为特征的。

在这一模块中,创业者需要回答以下问题:我们的商业模式中最重要的固有成本是什么?最贵的核心资源是什么?最贵的关键业务是什么?

(三)商业画布案例——文和友何以火爆走红

2020年10月3日,一篇名为《对不起!谢谢大家来到长沙!》的微信推文刷爆年轻人朋友圈——"长沙超级文和友今日取号已经超过30 000桌,目前等位已经超过10 000桌。"然而,即便文和友已通过公众号实时更新等位人数,也无法"劝退"热情高涨的游客朋友。

文和友何以火爆走红?其背后的秘密是什么?下面用亚历山大·奥斯特瓦德和伊夫·皮尼厄的商业画布中模块价值主张、价值创造和传递、价值获取加以解释。

1. 客户细分

2010年,文宾在长沙坡子街摆起炸串摊,仅3个月小摊营业额已超30万元。当大部分摊主都满足于眼前成就时,文宾却想得更多:"外地游客老少不一,我要服务什么样的目标人群?"最终,文宾将目光看向了当前的消费主力——"80后""90后"年轻人。年轻消费群体拥有旺盛的消费欲望,他们有固定的外出餐饮习惯,外出就餐既是一种休闲娱乐方式,又是一种特殊的社交手段。在餐饮类型上,他们期待吃出更多花样,乐于挑战新口味,打造味蕾新地图。在就餐环境上,他们渴望体验新氛围,酝酿独特记忆。文宾意识到,仅仅做好餐饮是很难真正打动消费者的,可以利用餐饮为载体宣扬城市文化,创造沉浸式的消费场景。于是,文和友团队决定:用户价值、商户价值与城市价值三管齐下,把"市井文化"进行到底,先挖掘,后领悟,再传播。

2. 价值主张

文宾敏锐地察觉到商户及用户的隐性需求,意识到宣扬市井文化、打造独特餐饮品牌是一件正确且有意义的事。2018年3月,文和友与唐人神达成战略合作,共创文和友海信广场店,主打龙虾品类,助推夜宵经济。这座5 000平方米的建筑包括7个楼层,用近万件老物件进行装饰,让消费者瞬间置身于20世纪80年代老长沙的街头巷尾。该店于2019年扩大至20 000平方米,升级为"超级文和友",店内场景进一步丰富,被誉为"老长沙文化博物馆"。

长沙超级文和友作为文和友旗下子品牌,完美地实现了"宣扬湖湘文化"的初心。广州、深圳的超级文和友陆续开张,诠释了广粤文化、深港文化。文宾致力于将超级文和友打造为城市基础建设的一部分,争做"中国餐饮界的迪士尼"。

3. 价值创造

寻找到明确清晰的价值定位给了文宾极大的信心,接下来就要设计价值创造模式,提供途径让商户、用户与文和友共创共赢,同时宣扬城市文化。

(1)多方共赢。

2018年,第一家超级文和友在长沙海信广场诞生。这座超级大店充分还原老长沙景象,并且邀请当地有特色的小商店入驻,不仅满足了用户与商户的需求,也为城市建设做出了贡献。

首先,用户价值。在超级文和友,消费者仅花费百元左右,就可以品尝到特色美食,还能逛美术馆、进台球室……享受一站式休闲服务。这种娱乐与美食相结合的方式受到了年轻消费群体的喜爱,他们纷纷将文和友推荐给其他城市的朋友。

其次,商户价值。超级文和友采用"合作＋直营"的模式,邀请当地有名的小商户入驻。店面装潢、基础设施、固定成本均由文和友承担,商户只需用心做好美食。双方会在合作初期确定目标营业额,文和友仅参与超额部分的分成。用这种方式扶持小商户,不仅是对传统手艺的投资,解决其发展慢、发展难的问题,同时让下一辈年轻人看到传承的希望。

最后,城市价值。文和友从不认为自己只是湖湘文化的传播者,而是定位成各个城市文化的挖掘人。除了探索当地美食,文和友还通过各种渠道积极宣扬当地其他特色,比如,广州超级文和友开业时舍弃传统的剪彩庆典,而是举办粤语方言展等。

(2) 三层次产品创新。

超级文和友的创新之路与其独特属性密切相关,它不仅是个美食城,更是一个文化商业综合体。

首先,核心产品。超级文和友从诞生开始就定位于文化领域——对标迪士尼的中国文化 IP。相较于古代文化、民国文化,市井文化是"80 后""90 后"的消费主力都曾亲身经历的,也就更能引起他们的共鸣。

其次,附加产品。美食和线下体验馆是超级文和友团队选择的文化载体。在美食方面,消费升级导致餐饮结构进一步调整,传统餐饮行业为了降低成本、打破依赖、实现标准化,越来越倾向于单品发展。

最后,延伸产品。年轻人渴望找寻一个放松的环境。在超级文和友,你可以是八面玲珑的社交能人,也能够做内敛静谧的独行食者,变的是来来往往的人,不变的是始终如一的归属感与认同感。除此之外,超级文和友中的文创产品也越来越受到年轻人的喜爱与追捧,许多外地游客专门来到长沙购买相关产品。未来,超级文和友或许能够用自己的品牌打造复合业态,包括制作和发行电影、舞台剧等,打造自己的延伸产品产业链。

(3) 多维体验迭代。

为了将体验感做到极致,超级文和友的每次升级都极具针对性,在功能体验、情感体验、经济体验三方面都要做到最好。

首先,功能体验。长沙夜经济繁荣,广州早茶文化浓厚,因此,两地超级文和友分别在原先午餐、晚餐基础上,追加了夜宵、早茶供应,在餐饮品类上实现全天候覆盖。长沙海信广场店除了四大老长沙特色小吃,还孵化出一系列品牌,全线入局小吃、茶饮、烘焙市场。同时,推出文和友老长沙外卖,将文和友美食文化变成流通产品,使消费者在家也能享受。

其次,情感体验。文和友将室外置于室内,最大限度还原城市 20 世纪八九十年代的场景,这对于占地面积及空间陈列都有很高的要求。长沙海信广场店 2019 年荣获柏林设计"红点奖",室内设计与独立细节获得世界级认可。2014 年开始,文宾与超级文和友总经理翁东华就开始有意识地收集老街区拆迁时被丢弃的物件,并对它们进行整理编号,现在就用这些数以万计的旧物件来重现原来的生活场所。

最后,经济体验。超级文和友的餐饮定位不是商务宴请,也不是高端年会,而是给年轻人提供一个低价、放松、舒适的餐饮环境。店内单品最低价格5~10元,客单价保持在100~150元,并且计划进一步降价,给渴望消费但没有能力消费的年轻人提供场所,致力于让他们用最便宜的价格得到最满意的服务。

4. 价值传递:让品牌成为社交货币,实现自传播

文和友通过持续的产品迭代优化,已经积累了较好的用户口碑。团队开始意识到,围绕产品与服务的极致体验埋头苦干的同时,也需要规划和管理好品牌传播与渠道分销。超级文和友诞生后,网络红人、明星大V纷纷前来参观,内部建筑甚至成为多个电影、视频拍摄取景地。文和友现象不断发酵,越来越多的普通顾客也慕名而来,并在拍照打卡后将体验感发布在社交媒体上,由此吸引更多消费者,形成正反馈循环。长沙海信广场超级文和友在微信、微博、抖音的曝光量超过60亿次。文和友积极拥抱互联网,线上线下融合发展,构建全渠道多元化消费场景,为消费者创造多样化的消费体验。线下以"一店一品"策略切入旅游消费者市场,门店全面铺开。

5. 价值获取:不断提升收入来源多样化与翻台率

超级文和友目前采用"直营+合作+加盟"模式,打造品牌IP,开发系列周边产品。收益来源主要有以下几种:① 直营品牌。目前文和友旗下共有9个餐饮品牌,几乎每个品类都创造过骄人业绩。② 合作加盟。文和友邀请当地小有名气的商户入店,按照一定比例进行营收分成。为了完成原始资本积累,文和友还放开了外地加盟政策。③ 文创周边。文和友旗下多个子品牌都有周边产品。自有奶茶品牌MĀMĀCHÁ,与喜茶联名,文和友推出了"臭豆腐蛋糕"。超级文和友的场景化门店建设消耗大量成本,为了降耗增效,文和友通过强化内部管理、把控经营环节、利用科技创新来改善成本结构。超级文和友商业模式画布见图5-3。

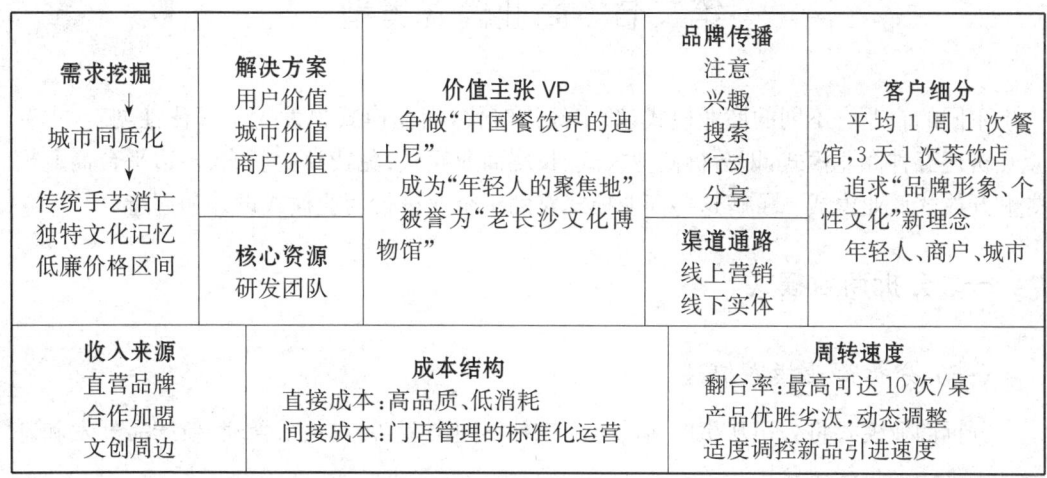

图5-3 超级文和友商业模式画布

(资料来源:周文辉,程宇.文和友:一场市井烟火气的超级试验[J].商业评论,2021,(3).根据此文改编)

三、可持续商业模式

工业时期以来,人类为追求经济利益而对自然无限索取的行为引发了一系列环境恶化、资源耗竭的生态危机,大规模的工业生产对环境产生了严重危害。步入 21 世纪后,人类逐渐重视环境,正视自然,走上生态文明发展之路。可持续发展在我国经济社会发展中起到了重要作用,企业作为市场经济活动的主要参与者和重要的组织系统,担负着实现可持续发展的历史使命。为保持稳定的竞争力,谋求长远发展,更多企业开始寻找适合自身的商业模式,以应对经济、社会和生态的压力。企业的可持续发展需要考虑到企业商业模式的可持续性,这使得可持续性成为有效的企业商业模式中愈发重要的因素。

可持续商业模式是商业模式可持续研究的阶段性成果,目前国内外研究者已创造了一系列的研究成果,并初步形成了一定的理论架构。Boons、Lüdeke-Freund 对可持续商业模式的内涵进行研究,将其定义为通过平衡经济要素、生态要素和社会要素、改善利益相关者间平等关系,以及采用公平收益模式来创造价值的商业模式。从可持续发展的视角出发,Lüdeke-Freund 对可持续商业模式做出了概念的界定,力求超越提供经济价值这一原始诉求,为更广泛的利益相关者考虑其他形式的价值。Bocken、Short 等认为可持续商业模式在推动和实施企业可持续性创新中起到重要作用,有助于将可持续性融入企业战略和流程,并成为竞争优势的关键驱动力。国内有关可持续商业模式的研究位于起步阶段,相关研究较少。有学者探索商业模式与对可持续发展的贡献之间的联系,提出这些联系不仅限于经济价值和社会价值。朱明洋、林子华基于国外现有研究成果,总结可持续商业模式概念化研究及阶段性成果,从界定抽象概念阶段发展到建构深化、具体化阶段,对可持续商业模式未来的发展趋势和实证分析的迫切需求进行讨论,为国内可持续商业模式理论研究与实践发展提供了借鉴作用。[①]

第二节 商业模式类型

不同的企业有不同的商业模式,数字经济时代,商业模式也发生了颠覆性创新,本节重点讲述五种商业模式,即分拆商业模式、长尾商业模式、免费商业模式、多边平台商业模式和开放式商业模式。了解这些商业模式有助于企业进行商业模式设计和创造。

一、分拆商业模式

(一)分拆商业模式概述

分拆商业模式将公司从事的活动分为三种不同类型:客户关系管理、新产品开发和基

---

① 程艳,严俊杰,等.可持续商业模式研究——基于价值创造理论[J].资源开发与市场,2021 年 6 月 21 日网络首发:1-2.

础设施管理,每种类型有着不同的经济、竞争和文化规则。这三种类型可能共存于同一家公司,但理想状态下,它们各自存在于相互独立的实体中以避免冲突或不必要的消长,如表5-3所示。

表5-3 三种不同活动类型

类型 规则	新产品开发	客户关系管理	基础设施管理
经济规则	早期市场进入获得高溢价和大量市场份额;速度是关键	高昂的客户开发成本要求从美国客户手中获取高份额;范围经济是关键	高固定成本使得高产量成为获得低单位成本的关键;规模经济是关键
竞争规则	能力之争,进入门槛低;大量小玩家争奇斗艳	范围之争;少量的大玩家主导市场	规模之争;迅速固化的市场;少量大玩家主导市场
文化规则	以雇员为中心,呵护创业明星	高度服务导向,顾客第一心态	聚焦成本;强调标准化、可预期性和生产效率

(资料来源:亚历山大·奥斯特瓦德,伊夫·皮尼厄.商业模式新生代[M].北京:机械工业出版社,2016:49)

(二)分拆商业模式案例——私人银行:三种商业活动的集合

瑞士私人银行,为非常富有的人提供银行服务,素来给人枯燥、保守的产业形象。但是在过去的十年中,瑞士私人银行产业发生了巨大的变化。从传统意义上讲,私人银行机构是纵向整合的,业务范围从财富管理、经纪服务到金融产品设计。保持如此严格的纵向整合模式是有很好的理由的。外包成本很高,私人银行更倾向于企业内部处理全部事务,也是出于保密义务和业务机密性的考虑。

但大环境改变了,随着瑞士银行业务神秘感的消退,保密不再是大问题了。专业服务提供商的出现,如交易管理银行和金融产品商店,前者专注于银行交易的处理,后者专注于新的金融产品的设计,打破了银行业价值链,于是业务外包成为很有吸引力的选择。总部设在苏黎世的私人银行机构 Maerki Baumann 是分拆商业模式的典范。它将交易平台的业务剥离后交给 Incore Bank 的独立实体,该银行为其他银行和证券经纪人提供银行服务。Maerki Baumann 现在则仅专注于经营客户关系,并为客户提供咨询。

另外,瑞士最大的私人银行 Pictet,总部设于日内瓦,则更倾向于保持完整。这家有着200年历史的机构与客户保持着深厚的关系,为客户处理大量的银行交易,同时也设计自己的金融产品。尽管银行以这种模式运营得十分成功,但它仍然需要十分小心地处理三项不同类型的基础业务之间的消长。[①]

---

① 亚历山大·奥斯特瓦德,伊夫·皮尼厄.商业模式新生代[M].北京:机械工业出版社,2016:50-51.

二、长尾商业模式

（一）长尾商业模式概述

"长尾"是美国杂志《连线》总编辑克里斯·安德森(Dan Wyrick)提倡的商业模式。长尾商业模式指的是通过将不太畅销的滞销品和那些有需求的人进行匹配，以提升销售额的商业模式，以多样少量为核心，依托低库存成本和强大平台，为多个细分市场提供大量产品。也就是说，只要产品的存储和流通的渠道足够大，需求不旺或销量不佳的产品所共同占据的市场份额可以和那些少数热销产品所占据的市场份额相匹敌甚至更强大。安德森认为，作为消费者拥护互联网为购物媒介的结果，明显地，长尾比之前更具有价值。事实上，安德森认为，互联网直接促进需求"偏向下降的尾巴，从风行向利基转变，这包括音乐、书、服装和电影在内的大量产品"。[①]

（二）填补未得到满足的顾客需求

长尾商业模式的成立基本上仅限于互联网行业。众所周知，传统的小商品店基本上只会销售一小部分的人气商品，因为有店铺面积及库存成本等物理因素的限制。如果把滞销品摆放在店铺的货架上，就会挤占其他商品货架。因此，像 Seven-Eleven 等基于 POS 数据的销售管理方式，也就是只摆放畅销商品的方式。但是，互联网店铺的商品陈列空降可以说是无限大的。虽然实体仓库是必要的，但在电商网站上，商品图片和商品说明几乎可以永远无限地被展示出来，给顾客产生一种"网站上什么都能买到"的感觉。如今，顾客兴趣越来越多样化，需求也越来越个性化，而能满足顾客兴趣的畅销品很难产生，如果通过互联网进行长尾销售，以往无法满足顾客需求的难题也就解决了，也可以帮助企业较快地处理滞销品。除了物品售卖网站，通过互联网提供库存成本极低的音乐、动漫、电子书等服务的商家都属于长尾商业模式应用的代表。

（三）成功的关键是匹配和高效

并不是只要把商品放在网络上销售，就可以被理解为长尾商业模式，有两个必不可少的条件，第一是向利基产品的顾客去传达该类商品存在的"相互匹配"。第二是"高效"，线上店铺也会产生库存管理成本，销售后也会产生物流成本，因此，以长尾商业模式而取得成功的网络购物网站大多都引入了平台模式，即招募第三方商家到自己的网站开店，以此来扩大产品类别和数量。库存管理和物流配送是第三方解决，故可以有效地控制成本。

（四）长尾商业模式案例——亚马逊的创业

亚马逊成为全球最大互联网零售商的理由之一就是其使用了长尾商业模式。

[①] 池本正纯.图解商业模式[M].北京：人民邮电出版社，2018：78.

早在1994年年初,贝佐斯便和身边的同事酝酿过一个想法,并把它称为"网罗天下所有商品的商店"(The Everything Store)。然而,在创立亚马逊前夕,贝佐斯觉得囊括所有物品的"万货商店"计划不太务实。于是他列了一张单子,上面有20种产品门类,其中包括电脑软件、办公用具、服装产品和音乐等。最终,贝佐斯认定最佳选择是图书。贝佐斯在1997年"特别图书馆会议"上说:"书籍之所以出色,是因为书在第一方面是非常不寻常的,也就是说,书籍类别中的项目比到目前为止任何其他类别中的项目都要多。"书籍的品类,销售额的50%都是由销量在第4万名以后的图书贡献的。

1. 高精准度的"推荐"功能助力长尾的销售

亚马逊在图书推荐功能上发力,基于用户在亚马逊的购买记录、最近浏览记录、浏览历史中的商品、购买相同商品的其他用户购买的物品等数据向用户推送推荐商品,可以为用户推送其本人都没有想到的喜欢的书籍。利用独家的运算体系对数据进行分析,因为有压倒性数量的货品类别和用户,其计算的准确性得到了外界的肯定。贝佐斯最看重的是,如何创造传统线下书店不可能具备的独特竞争优势。这才是问题的核心。贝佐斯要的不是简单地把客户买书的行为从线下搬到线上,他要的是通过互联网及各种新技术,为客户创造一种全然不同的全新体验,一种即便传统书店有心复制,也无法实现的独特体验。从图书开始,并没有让贝佐斯忘了自己最初的梦想——打造在线的万货商店。自1998年起,亚马逊涉猎音乐、影片、礼物、玩具、消费电子、家居家装、软件游戏等多个品类,还进入了英国、德国、中国等海外市场。除了自身业务快速拓展,亚马逊还通过投资并购,迅速切入了多个垂直领域,如有声书、医药、宠物、金融服务、快消日杂、户外装备、玩具、汽车、红酒及鞋等。在令人眼花缭乱的并购投资、品类及区域拓展之间,在线万货商店的样貌渐渐清晰起来。到2001年,亚马逊在售商品达到4.5万种,在售图书超过百万种;受益于规模效应及摩尔定律,在激烈的竞争中,亚马逊持续保持了极具竞争力的天天低价;通过不断创新,亚马逊推出了一键下单、愿望清单、个性化推荐、实时订单更新、图书在线试读等今天我们已经习以为常的各种新功能,为客户创造了更好的体验、更便捷的服务。在图书领域,亚马逊的确做到了遥遥领先。2018年,在全美纸质图书方面,亚马逊的市场份额高达42%,在电子书方面则是占据了令人惊叹的89%的市场份额。

2. 根基是多方平台型

2003年,贝佐斯提出"Unstore",旗帜鲜明地说"亚马逊不是开零售店的",亚马逊是家科技公司,做的是零售平台。亚马逊最早的自营业务就是开零售店,只不过不是线下实体店,而是开在互联网上。当亚马逊引进第三方卖家,并对外开放其客户资源、履约物流等各项核心能力时,亚马逊就演进成了零售平台。

贝佐斯特别强调说,从今往后,亚马逊最应当关注的,不是自己卖了多少东西、完成了多少订单,而是如何帮助客户做出最好的购物选择。为了成为平台,在两次失败的尝试后,亚马逊依然矢志不渝地推出了面向第三方卖家的销售平台。单靠一家,无论多大多牛,能服务的客户以及能为客户提供的选择,总是会遭遇"天花板"的。通过搭建平台,通过引入合作伙伴,赋能成千上万乃至数百万第三方卖家,亚马逊才能真正做到始终为客户提供更优的选择、更好的价格及更便捷的服务。

当亚马逊把客户资源与第三方卖家分享,通过第三方卖家给客户提供更多的选择、更好的体验时,客户体验就会提升;与此同时,随着平台规模的增长,成本结构不断优化,价格也会随之不断下降,这样客户体验会更好;客户体验更好,客户信任就更多,不仅能提升客户留存率,促进客户消费,还能吸引更多新客户。客户越多,卖家越多,选择越多,服务越好;成本越低,价格越低,体验越好,客户越多,如此不断循环向前,不断自我强化——这就是亚马逊的增长飞轮。[①]

三、免费商业模式

随着互联网技术的发展,产品和服务的成本逐渐压低至零,免费的商品数量呈爆炸式增长,免费已经成为一种常见的商业模式。任何一个营销专家或者经济学家都会肯定地说,对于价格为 0 的商品产生的需求要数倍于价格为 1 分钱或者其他定价的商品产生的需求。在免费模式中,至少有一个关键的客户群体是可以持续免费地享受服务,新的模式使得免费提供服务成为可能,不付费的客户所得到的财务支持来自商业模式中另一个客户群体。免费商业模式有免费增值商业模式、免费平台模式、诱导模式。

(一)免费增值商业模式

免费增值模式是指对基础部分免费,对增值部分收费。"免费增值"这个术语由贾里德·卢金(Jarid Lukin)提出,因风投资本家弗雷德·威尔逊(Fred Wilson)的博客文章而流行起来。它代表了一种商业模式,主要是基于网络将免费的基础服务与付费的增值服务相结合。免费增值模式的特点是,大量用户从免费、无附加条件的服务中获益。这其中大多数人永远也不会变成付费用户;只有其中的一小部分,通常不到全部用户的 10%,会为增值服务付费,就是这一小部分付费用户补贴了免费用户。这种模式之所以成为可能的原因在于向免费用户提供服务的边际成本很低。在一个免费增值模式中,有两个关键数字需要关注:免费用户平均服务成本及免费用户向增值(付费)用户的转化率。

1999 年,腾讯作为一家初创企业,推出其主要产品 QQ,其商业模式画布如图 5-4 所示,当时腾讯的主要收入来源于优质号码付费,即由一些吉利的数字构成的号码或者五位数、六位数构成的号码,但优质号码是有限的,因此这种收入是短暂的、难以持续。腾讯发展到一定程度的时候,发现了业务的瓶颈,2002 年开发出虚拟个性化产品,如虚拟的头像、帽子、衣服等,这些直接成本在于前期的研发设计,网络销售时边际成本几乎为零,部分用户希望在 QQ 上有更多个性化的表达,成为付费玩家,为腾讯实现了商业变现。现在腾讯的增值服务包括会员特权、网络虚拟形象、网络音乐、交友等,在公司的收入来源中,增值服务占到 80%左右。当用的人越来越多,形成一个彼此分不开的黏性社区之后,QQ 用户就不仅在这里聊天,还在这里玩游戏、看新闻、下载电影、购物。做免费 QQ 就是建立

---

① https://www.sohu.com/a/452004407_475956.

个人生活的平台,免费用的人越多,平台黏性越强。

重要伙伴 KP 电信运营商	关键业务 KA 软件开发	价值主张 VP 免费交际平台	客户关系 CR 社区、自助服务	客户细分 CS 大众用户
	核心资源 KR 研发团队		渠道通路 CH 官方网站 客户端	
成本结构 C$ 人力成本　市场推广　研发费用　行政支出			收入来源 R$ 优质号码付费	

图 5-4　腾讯初创期的商业模式画布

(二) 免费平台模式

通过免费手段销售产品或服务,建立庞大的消费群体,然后再通过配套的增值服务、广告费等方式获取收益。下面了解一下"川航 150 辆大巴免费乘却盈利 1 亿多"的案例。

罗辑思维的
"免费+收费"
商业模式

相信不少人都有过搭飞机的经验,通常下了飞机乘客还要再搭乘另一种交通工具才能到达目的地。中国四川成都机场有个很特别的景象,当乘客下了飞机以后,会看到机场外停了百部休旅车,后面写着"免费接送"。如果乘客想前往市区,平均要花 150 块人民币的车费去搭出租车,但是如果选择搭那种黄色的休旅车,只要一台车坐满了,司机就会发车带乘客去市区的任何一个点,完全免费!如果你是乘客,你要不要搭乘免费的交通工具?

2008 年 1 月,四川航空公司一次性从风行汽车订购 150 台风行菱智 MPV。四川航空公司此次采购风行菱智 MPV 主要是为了延伸服务空间,挑选高品质的商务车作为旅客航空服务班车来提高在陆地上航空服务的水平。为此,川航还制定了完整的选车流程。航空服务班车除了要具备可靠的品质和服务外,车型的外观、动力、内饰、节能环保、操控性和舒适性等方面都要能够达到服务航空客户的基本要求。

四川航空向风行汽车买了 150 辆休旅车,这么大一笔订单当然是为了要提供上述免费的接送服务用途。四川航空一方面提供的机票是五折优惠,另一方面又给乘客提供免费接送服务,这一举措为四川航空带来上亿利润。我们不禁要问:免费的车怎么也能给它创造这么高的利润?这就是商业模式的魔力。

原价一台 14.8 万元人民币的休旅车,四川航空要求以 9 万元的价格购买 150 台,提供风行汽车的条件是,四川航空要求司机于载客的途中提供乘客关于这台车子的详细介绍,简单地说,就是司机在车上帮车商做广告,销售汽车。在乘客的乘坐体验中顺道带出车子的优点和车商的服务。每一部车可以载 7 名乘客,以每天 3 趟计算,150 辆车,带来的广告受众人数是:$7 \times 6 \times 365 \times 150$,超过 200 万的受众群体,并且宣传效果也非同一般。

司机哪里找?想象一下在四川有很多找不到工作的人,其中有部分很想当出租车司机,司机要先缴一笔和轿车差不多费用的保证金,而且他们只有车子的使用权,不具有所有权。因此,四川航空征召了这些人,以一台休旅车 17.8 万元的价钱出售给这些准司机,告诉他们只要每载一个乘客,四川航空就会付给司机25块人民币。

四川航空立即进账了1 320万元[=(17.8-9)×150]。你或许会疑问:不对,司机为什么要用更贵的价钱买车?因为对司机而言,不用像一般出租车那样要在路上到处晃呀晃地找客人,四川航空提供了一条客源稳定的路线!这样的诱因当然能吸引到司机来应征!这17.8万元里包含了稳定的客户源、特许经营费用、管理费用。

接下来,四川航空推出了只要购买五折票价以上的机票,就送免费市区接送的活动。基本上整个资源整合的商业模式已经形成了。对乘客而言,不仅省下了150元的车费,也省下了解决机场到市区之间的交通问题,划算!对风行汽车而言,虽然以低价出售车子,不过该公司却多出了150名业务员帮他卖车子,以及省下了一笔广告预算,换得一个稳定的广告通路,划算!对司机而言,与其把钱投资在自行开出租车营业上,不如成为四川航空的专线司机,获得稳定的收入来源,划算!对四川航空而言,这150台印有"免费接送"字样的车子每天在市区到处跑来跑去,让这个优惠信息传遍大街小巷。还不够,与车商签约在期限过了之后就可以开始酌收广告费(包含出租车体广告);最后,四川航空最大的获利,还有那1 320万元,当这个商业模式形成后,根据统计,四川航空平均每天多卖了10 000张机票!

从四川航空的案例不难看出,商业模式就是打造一个平台,让你在上面既能做好人,又能做好事。模式是要从一个点到一条线再到一个面,再编制一张网,最后形成"天罗地网"。①

(三)诱导式商业模式

诱导式商业模式是期初以低廉的或者免费的价格提供有吸引力的商品,且该商品还将进一步地鼓励对相关产品或服务的不断消费,以初始报价吸引客户,而通过后续销售盈利的模式。这一模式也被称作"招徕定价"或者"剃刀 & 刀片"模式。"招徕定价"是指期初以补贴价格,甚至亏本的价格提供商品,意图通过后续消费获得利润。"剃刀 & 刀片"模式是指因美国商人金·吉列而风靡的商业模式,即他发明了一次性刀片。"剃刀 & 刀片"的形式被人们知晓是从第一只可替换刀片的剃须刀销售成功开始。1904年,金·吉列首次向市场推出了可替换刀片的剃刀组合,他决定以大力度的折扣销售,甚至是在顾客购买其他产品的时候免费搭送剃须刀柄,以期为他的可替换刀片创造需求。如今的吉列仍然是剃须产品中占统治地位的品牌。这一模式的关键在于所提供的或低价或免费的初始商品是否紧密连接后续消费品——通常是可替换的,企业却可以从中获取较高的收益。控制这种"锁定关系"对该模式的成功至关重要。通过专利阻断,吉列确保了竞争者无法以更便宜的价格提供吉列剃须刀适用的刀片。事实上,今天的剃须刀是世界上拥有最多专利的消费品,从润滑带到剃须刀盒装入系统,专利数量超过1 000项。

移动通信行业以初始提供免费商品的形式为诱导式商业模式做出了很好的说明。如今,对于无线网络运营商而言,免费提供绑定了服务资费的免费手机是一种标准操作方

---

① http://www.beeui.com/p/1982.html.

式。运营商因免费送出了手机而在初期蒙受损失,但用户后续不断缴纳的月服务费将很轻松地覆盖这部分损失。运营商以免费手机向客户提供的即刻满足感将在之后产生回报性收入。诱导式商业模式在商界十分流行,在包括喷墨打印机在内的多个行业中得到应用。例如,惠普、爱普生和佳能这样的生产商典型的做法就是以较低的价格销售打印机,却在墨盒的后续销售中获得较高的利润。

四、多边平台商业模式

(一)多边平台商业模式概述

多边平台将两个或更多独立但相互依存的客户群体连接在一起。这样的平台对于平台中某一群体的价值在于平台中其他客户群体的存在。平台通过促进不同群体间的互动而创造价值。一个多边平台的价值提升在于它所吸引用户数量的增加,这种现象被称为网络效应(Network Effect)。

多边平台,又被经济学家称作多边市场,是一个重要的经济现象。它们存在了相当长的时间,却因为信息科技的崛起而激增。Visa 信用卡、微软视窗操作系统、谷歌、Facebook 等是成功的多边平台的例子。多边平台到底是什么?它们是将两个或更多独立但相互依存的客户群体连接起来的平台,通过充当连接这些群体的媒介而创造价值。以信用卡为例,它们将商家与持卡人连接;计算机操作系统将硬件生产商、应用程序开发商与用户连接;报纸将读者和广告商连接。这些平台的关键在于同时吸引并服务所有的群体,以创造价值。平台对于单个用户群体的价值本质上取决于平台中"另一群体"的用户数量。

多边平台解决这一问题的方式是向某一个客户群体发放补贴。尽管一个平台的运营成本来自向平台中的所有群体提供的服务,但运营者经常需要决定以低廉的或免费的价值主张来吸引某一个群体加入平台,以达到吸引平台的"另一群体"用户跟随着加入平台的目的。多边平台运营者面临的一个困难就是,弄清楚多边平台的众多"边"中,哪一"边"是需要给予补贴的,如何以合适的价格吸引到他们?

(二)多边平台商业模式案例——谷歌的商业模式

谷歌商业模式的核心就是它的价值主张:在全球网络发布精准定位的文字广告。通过一项叫作 Adwords 的服务,广告商可以发布广告并将链接放进谷歌的搜索页面。当人们使用谷歌的搜索引擎时,这些广告就呈现在搜索结果的旁边。谷歌要确保只有与搜索关键词相关的广告会呈现出来。这项服务对于广告商非常有吸引力,因为它使得他们得以针对搜索内容和某一特殊人群量身打造在线广告语,尽管该模式只在许多人都选择使用谷歌搜索引擎的前提下有效。越多的人使用谷歌搜索,越多的广告将被呈现出来,为广告商创造的价值就越大。

谷歌对广告商的价值主张是否能实现,很大程度上依赖于网站吸引到的用户数量。

因此,谷歌为这个消费客户群体推出了强大的搜索引擎服务和日益增多的工具,如网络邮箱(Gmai)、谷歌地图和在线照片集(Picasa)等。为了进一步拓展搜索功能,谷歌设计了一项新的服务,使得谷歌广告商的广告可以在第三方网站的网页上呈现。这项服务叫作AdSense,第三方在自己的网站上发布来自谷歌的广告,并从谷歌的广告收益中分得一部分。AdSense会自动地分析第三方的网站内容并为浏览者提供内容相关的文字和图像广告。谷歌将第三方网站的价值主张定位为谷歌的第三方客户群体,并帮助他们利用自己的网站内容赚钱。

作为一个多边平台,谷歌有着非常独特的收益模式。它从广告商这一客户群体中赚钱,对于另外两个客户群体——上网浏览者和内容提供者则给予补贴。这是合乎逻辑的,因为广告呈献给浏览者的次数越多,从广告商处赚取的收益就越多。反过来,增加的广告收入会鼓励更多的内容提供商与AdSense合作。广告商不会直接从谷歌购买广告位。广告商在第三方网站上与广告关键词相关的搜索词条或者搜索内容竞价。竞价通过AdWords拍卖服务实现:越热门的关键词,广告商竞价成功就需要付出越高的价格。谷歌从AdWords服务中获得的大量收益使得谷歌有能力持续改进面对搜索引擎和AdSense用户的免费服务。

谷歌的核心资源是搜索平台,该平台的强大之处在于三项不同的服务:网络搜索(Google.com)、广告(AdWords)以及第三方内容变现服务(AdScense)。这些服务的实现基于一套具有搜索和配对功能的高度复杂的专利算法,又配以强大的IT硬件支持。谷歌的三个关键业务可以概括为:一是建立并维护搜索引擎的基础设施;二是三项主要功能的管理;三是将平台推广给新用户、新的内容提供商和新的广告合作商。[①]

五、开放式商业模式

(一)开放式商业模式概述

开放式商业模式适用于通过与外部合作伙伴系统地配合而创造和获取价值的企业。这种模式可以是"由外而内"地于企业内部尝试来自外部的理念,或者"由内到外"地向外部合作伙伴输出公司的理念或资产,如图5-5和图5-6所示。

"开放式的创新"和"开放的商业模式"是由哈斯商学院开放式创新中心亨利·切萨布鲁夫(Henry Chesbrough)提出的两个术语,它们意指将企业的研发流程向外界敞开。切萨布鲁夫主张,在一个以发散知识为特征的世界中,组织可以通过将外部知识、知识产权和产品整合进自身的创新流程,进而创造更大的价值并更好地利用自己的研发能力。此外,切萨布鲁夫演示了,对某家企业而言无用的产品、技术、知识和知识产权,可以通过同意许可、合资或者剥离的方式供给外部团体使用,从而变现。切萨布鲁夫将"由外而内"的创新和"由内而外"的创新区分开来。"由外而内"的创新发生于当组织将来自外部的理

---

① 亚历山大·奥斯特瓦德,伊夫·皮尼厄.商业模式新生代[M].北京:机械工业出版社,2016:70-71.

念、技术或知识产权引入自身的发展和商业流程。"由内而外"的创新发生于当组织同意许可或出售其知识产权或技术,尤其是闲置资产。

重要伙伴 KP	关键业务 KA	价值主张 VP	客户关系 CR	客户细分 CS
有时,来自完全不同行业的外部组织可能提供有价值的见解、知识、专利,或者对内部开放团队来说现成的产品	要借助外部知识,需要将外部实体和内部业务流程及研发团队联系在一起的专门的业务活动			
	核心资源 KR 要借助外部创新的优势,需要能构建与外部网络连接的特定资源		渠道通路 CH 拥有强势品牌、强大分销渠道和良好客户关系的知名老字号公司,非常适合由外而内的开放的商业模式	
成本结构 C$ 从外部资源获取来的创新需要花费成本,但是通过基于外部已创建的知识和高级研究项目基础上的研发,企业可以缩短产品上市前的时间,并提供内部研发的效率			收入来源 R$	

图 5-5 "由外而内"的商业模式画布

重要伙伴 KP	关键业务 KA 在内部投入大量精力进行研发的组织,通常产生许多无法实用化的知识、技术和智力资产。由于明确聚焦在核心业务上,一部分这些本来很有价值的智力资产闲置了下来。这种组织很适合采用由内到外的开放的商业模式	价值主张 VP 有些研发成果因为战略或运营层面的原因而变得没有价值,但是可能对于外部其他行业的组织有巨大的价值	客户关系 CR	客户细分 CS 二级市场; 获得使用许可者; 创新用户
	核心资源 KR		渠道通路 CH 互联网平台	
成本结构 C$		收入来源 R$ 允许其他公司利用闲置的内部创意,企业可以轻松地增加额外的收入来源		

图 5-6 "由内到外"的商业模式画布

(资料来源:亚历山大·奥斯特瓦德,伊夫·皮尼厄.商业模式新生代[M].北京:机械工业出版社,2016:102-107)

(二)开放式商业模式案例——葛兰素史克的专利池

由外而内的开放式创新方法通常用于将企业内部闲置资产变现,主要针对的是专利和技术。以葛兰素史克为例,尽管其"专利池"研发策略的动机略有不同。这家公司的目标是提高世界上最贫穷国家的药物普及率,以及在研究不足的疾病领域投入更多研发。实现这一目标的一个方法就是,将与治疗该疾病的药物开发相关的知识产权放置于一个资源池内,并将该资源池对公司以外的药物开发研究人员开放。由于制药公司主要聚焦于开发明星药品,研究较少疾病的知识产权常常被闲置。专利池汇聚了来自不同专利持有者的知识产权,并使得这些知识产权更加容易被获得。这就有效防止了研发进展因某个个别专利持有人的阻挠而停滞。那些与贫穷国家疾病相关的企业内部闲置的理念、研发成果和知识产权,一旦进入"池子"将产生巨大的价值。

第三节 商业模式设计

商业模式设计是指企业将商业模式中的各要素进行梳理并构建要素之间的关系。商业模式设计是基于企业战略,从企业战略的愿景、使命出发,从企业的内外部环境分析入手,设计企业商业模式的价值主张,确定企业的目标顾客,并通过关键业务和核心资源等确定企业为目标顾客做出的价值贡献,从而实现企业的盈利。

一、商业模式设计的方法

本节主要介绍客户洞察、构思、视觉化思考、模型构建、讲故事、场景等六种商业模式设计的方法。

(一)客户洞察

要想设计好的商业模式,企业必须通过客户的眼睛来观察商业模式,深入地理解客户,这样就有可能发现全新的机会。商业模式设计必须基于对客户的透彻的理解,很多业界领先的企业在产品和服务设计时,会邀请人类学家和社会学家参与到研发中,以便产品更符合客户的需要。此外,企业会安排高级管理人员与客户会见、与销售人员交流,亲自体验实体店铺等。深入地理解客户,不是简单地去问客户他们要什么。福特汽车的亨利·福特说:"要是我去问客户他们想要什么,他们会要一匹更快的马。"苹果公司的iPod播放器就是一个很好的例子。苹果公司当时就理解,人们实际上并不是对数字媒体播放器感兴趣。他们认为,消费者想要的是能够无缝地搜索、下载和收听数字内容,包括音乐。而且,消费者也愿意为这样的解决方案付费。当时,苹果公司的这种观点是很独特的。那个时候,盗版内容在网上盛行。大多数公司都认定,没有人愿意付费购买在线数字音乐。苹果公司摒弃了这些观点,为客户创造了一种无缝的音乐体验。它将iTunes中的音乐媒体、iTunes在线商店和iPod媒体播放器整合在了一起。凭借以这一价值主张为核心的商业模式,苹果公司很快主宰了在线数字音乐市场。

另外,企业要清楚需要关注哪些客户、忽略哪些客户?在很多情况下,能够拉动企业未来增长的并不是现有的大客户。克里斯坦森在《创新者的窘境》中分析为什么优秀的大企业会失败时写道:顶级企业之所以能获得成功,是因为它们认真听取了客户的建议,并积极投资于能够满足客户下一代需求的技术、产品和生产能力。但矛盾的是,这些顶级企业在后来遭遇失败,也是出于同样的原因——它们认真听取了客户的建议,并积极投资于能够满足客户下一代需求的技术、产品和生产能力。[①]

（二）构思

画出现有的商业模式是一回事，设计出一个新的创新的商业模式又是另外一回事。我们需要一个创造性的流程来产生大量的商业模式创意，并且能成功地识别出最佳的创意，这一流程就被称为构思。当需要我们设计出可行的新商业模式时，掌握构思的艺术就显得至关重要。在传统观念中，绝大多数行业都会以一种主流商业模式为行业特征。但这项传统已经彻底地改变了。如今，我们在设计新商业模式的时候会有更多选择。同一个市场中会有不同的商业模式在相互竞争，而且行业之间的界限正变得模糊或者完全消失了。

当我们尝试创造新的商业模式的时候，面临的一项挑战就是要忽略现状并停止对操作性问题的担忧，这样才能产生真正新的创意。商业模式创新不是要回首过去，因为通过过去的事情很少能推测出未来可能的商业模式。商业模式创新是在挑战正统思维，设计出原创的模型，来满足那些未被满足的、新的或者隐藏在背后的客户需求。

在找到新的或更好的创意之前，必须梦想出一大堆的创意，然后才能从中挑出一个可实现的短名单。因此，构思的过程有两个主要阶段：生成创意和整合创意。生成创意这个阶段数量是重点。整合创意这个阶段要进行讨论、合并组合并甄选出少数可行的创意。可行的创意并不一定要是颠覆性的商业模式，也可以是通过扩展当前商业模式的领域来提升我们的竞争力，这也是一种创新。按照创新的焦点来分类，商业模式创新可以分为：资源驱动、供给驱动、客户驱动、财务驱动和多点驱动。资源驱动的创新来源于组织现有的基础设施或合作伙伴资源，企业由此出发来延伸或改变商业模式。供给驱动的创新会创造全新的价值主张，并影响商业模式的其他模块。客户驱动的创新是基于客户需求、可获得性或者便利性的提升。财务驱动的创新是由新的收益来源、定价机制或者被缩减的成本结构所驱动的创新。多点驱动创新是多个焦点驱动的创新，能对其他模块产生深远的影响。

（三）视觉化思考

商业模式的讨论离不开视觉化思考。通过图片、草图、结构图和便利贴等视觉化工具来构建和讨论各种含义。因为商业模式是由许多模块组成的复杂概念，而且模块之间又有复杂的关系，所以把商业模式画出来后就会容易理解。

商业模式其实是一个内部元素相互影响的整体系统，只有在形成一个整体的时候才是有意义的。不将它视觉化很难一目了然地抓住其主旨。事实上，通过视觉化描述一个商业模式，人们将其中的隐含假设变成了具体的信息。这使得商业模式变得很明确，也使得更具体的讨论和变更成为可能。视觉化方法让商业模式变得鲜活起来，也便于人们共同创造新的商业模式。一旦将一个商业模式的草图画下来，团队就有了一个固定的东西来讨论，讨论也总能回到这一概念性的锚点。这一点至关重要，因为这样我们不再局限于

[①] 克莱顿·克里斯坦森.创新者的窘境[M].北京：中信出版集团，2020：4.

抽象思维，有了形象、具体的东西，极大地提升了辩论的质量。一般来说，如果要改进现有的商业模式，把它视觉化地描绘出来能够发掘出其中的逻辑缺陷，有助于讨论。同样地，如果在设计一个全新的商业模式，画出之后也能更容易地添加、删除和挪动相关的图片。

（四）模型构建

模型构建这项技术来自设计学和工程学，被广泛地用在产品设计、架构设计和交互式设计。它在商业管理领域却不是很常用，主要是因为组织行为和战略的抽象性。而在商业和设计的交叉领域，模型构建早就占有一席之地。例如，制造产品的设计，近些年，模型构建在流程设计、服务设计甚至组织和战略设计领域都崭露头角。

本节所讲的"模型"不同于产品设计师、架构师和工程师所理解的"模型"。我们把模型看成未来潜在的商业模式，是一个用于讨论、探究或者概念验证的工具。一个商业模式模型可以是一张简单的草图，一张充分思考过的商业模式画布，或者是一叠模拟新商业模式财务状况的数据表格。模型是一个帮助我们探索不同的商业模式方向的工具。如果我们增加一个客户群体将意味着什么？移除一种成本高昂的资源会有什么结果？如果我们免费供应一些东西并且换取一些更具创新性的收入来源，那会怎么样？创造和巧妙地处理一个商业模式模型会迫使我们发现一些结构、关系和逻辑方面的问题，仅仅通过思考和讨论是发现不了这些问题的。为了真正理解各种可能方案的优劣势，更深层次地探究商业模式，我们需要构建多种商业模式模型以展示商业模式不同层面的细节信息。基于模型的互动要比讨论更容易产生创意。构建商业模式模型本身能激发思考，甚至能迫使我们思考。当这一切发生的时候，这些模型就成了我们思考的路标，将我们指向未曾想象的方向，而不仅仅是商业模式的说明。"探究"必须是坚持不懈地搜寻最佳的方案。只有经过深层次的探究，我们才能真正挑出一个值得优化和执行的模型，但首先必须要有成熟的设计。[①]

（五）讲故事

《人类简史》里说：人和动物最大的区别是人会讲故事。正如商业模式画布帮助描绘和分析商业模式一样，讲故事将有效地帮助设计商业模式，为深度讨论商业模式及其内在逻辑做好准备。可以通过图片、视频、角色扮演、文字、连环画等展示故事，阐述新的想法，与投资人、员工等沟通商业模式的相关内容。新的商业模式创意可能会出现在组织的任何角落，但其不一定能通过管理层融入组织的战略，通过讲故事使创意栩栩如生，勾勒出清晰的商业画布，让高层容易接受。同样的，投资人和其他股东想知道企业将如何为客户创造价值，如何赚钱？这是一个故事的完美剧情，讲故事将是一个很好的介绍方式。2015年10月，罗辑思维获得中国文化产业投资基金、启明创投、优酷土豆—合一集团和正心谷创新资本领投的1.32亿元B轮融资。2017年罗辑思维被曝出将启动新一轮的融资，属Pre-IPO轮次，投前估值为70亿元，罗辑思维计划在2018年下半年提交A股IPO申请，

---

① 亚历山大·奥斯特瓦德，伊夫·皮尼厄.商业模式新生代[M].北京：机械工业出版社，2016：152.

目标在 2019 年年底登陆创业板。对此,罗辑思维的创始人罗振宇回应:一觉醒来,发现"被上市"了。创一回业,说没有上市的愿景是假的。但是创业板又不是自己家,说上就上啊? 我们没有时间表。此外,罗辑思维还是个初创公司,当前的重心是做好产品、服务好用户,在知识服务这条路上结硬寨、打呆仗。罗振宇坚持 60 秒 3 年,每一次的内容分享,都会有一个故事的主线,创造一个令人印象深刻的故事,这个故事来源于他要传播的那个主旨,并且可以在你和他以及他的所有用户之间,产生一种感情上的联系。可见,罗振宇是个会讲故事的人,罗辑思维的为用户提供"省时间的高效知识服务"价值主张,"免费＋收费"的模式也得到了投资人的青睐。

(六) 场景

"场景"(Scenes)最初是一个影视词汇,是指特定空间和时间内的道具和人物行为关系构成的内容画面,是通过人物行为来展示剧情内容的过程。之后,"场景"一词被各领域的学者们"借用",在营销学领域,Kenny 和 Marshall(2000)将场景定义为顾客所处的特定生活情境以及该情境下所产生的需求或情感。梁旭艳(2015)从消费者体验视角发现,场景是特定时空下的"情景",即时空一体化的用户适时体验;场景传播应同时强调时间和空间的重要性,即时空的一体化的适时体验。①

场景是一个很好的思考工具,能帮助我们体会未来的商业模式。场景提供了实实在在的未来环境,从而激发我们创造、发明合适的商业模式。这种方式通常要比对未来商业模式凭空的头脑风暴更有产出。然而,这需要我们开发很多场景,根据开发深度和现实感的不同,有些场景的构建成本会很高。本节讨论两种场景。第一种场景是不同的客户结构:产品或服务将被如何使用,什么样的客户会用到它们,客户的担忧、诉求和目标。这些场景是基于客户洞察,但通过融入对客户的理解描绘出了独特、具体的图景。通过描述具体的环境,客户场景能将客户洞察变得栩栩如生。第二种场景描述的是一个商业模式未来可能的竞争环境。这里的目的不是为了预测未来,而是为了想象未来可能的具体细节。这样能让创新者仔细体会未来各种环境下最合适的商业模式,战略研究领域将其归为"场景规划"。将场景规划的方法用到商业模式创新领域能让人品味到特定条件下商业模式会如何演进,这能加深对商业模式及其必要调整措施的理解。

二、商业模式设计的流程

从商业模式的视角看蓝海战略

每一个商业模式设计项目都是独特的,组织基于自身的不同出发点、不同背景和目标等,对其商业模式进行设计。有些商业模式设计可能是面对环境的危机做出的反应,有些可能是想要寻求新的增长潜力,有些可能是规划将一个新产品或者新技术推向市场。所以商业模式设计很难有一个完全统一的流程,下面介绍五个阶段的设计流程,即动员、理解、设计、实施和管理,这五个阶段在推进的过程中

---

① 梁旭艳.场景传播:移动互联网时代的传播新变革[J].出版发行研究,2015(7):53－54.

不是线性的结构,例如理解和设计可能是相互交融的,在实际使用中,企业应根据自己的实际情况,对每个阶段进行考查,再加以设计。

(一)动员

动员阶段主要是为企业的设计商业模式做准备,主要活动包括制定项目目标框架,验证最初的商业创意,做项目计划和组织团队。在具体设计工作开始之前,设计态度是非常重要的,设计态度与决策态度是截然不同的,抱有决策态度的人会下意识地认为方案的形成很容易,困难在于从多种方案中选择出最合适的那个方案。而设计态度则恰恰相反,设计态度认为困难在于设计出一个出色的方案,一旦有了出色的方案,选择合适的方案就变得简单了。设计态度包括愿意去探索原始的想法,迅速地放弃这些想法,然后花时间检查多种可能性,直到选出少数值得优化的想法,而且要接受这种不确定性,指导设计方向成熟。设计态度要求从做决定的思维转化为创造多种可选方案来选择的思维。

理想的商业模式设计团队是由组织中各类型的人组成的,包括不同的业务单元、不同的职能部门、不同资历和技能等,他们站在组织内不同的视角,从而可能产生更好的创意,增加项目成功的可能性。跨职能团队能够更好地识别和克服潜在的障碍,也更容易获得他人的认同。当然,也要小心识别和管理好组织内部的各种既得利益者,不是组织中每个人都对重新设计当前的商业模式感兴趣。

动员阶段明显的风险是人们倾向于高估最初商业模式创意的潜力。这会导致思维的狭隘,并且限制了对其他可能性的探索。要缓解这方面的风险,你可以不断地尝试和不同背景的人验证新的创意。你也可以考虑组织一个"红脸白脸"的研讨会,邀请所有的参与者先头脑风暴20分钟,找出各种理由来证明为什么这个创意行不通(唱"白脸");然后再花20分钟头脑风暴来证明这个创意为什么会很有前途(唱"红脸")。这是挑战一个创意是否有价值的很有力的方法。

(二)理解

理解阶段需要对商业模式即将演进的背景环境建立良好的理解,需要扫描环境、研究潜在的客户、访谈专家、调研其他商业模式、收集创意和观点等。项目组必须沉浸到必要的材料和活动中去,对商业模式的"设计空间"建立起深刻的理解。

瑞士钟表在历史上曾经主宰了整个钟表行业,但在20世纪70年代中期,其陷入危机。日本和中国香港地区的钟表制造商通过为低端市场打造廉价的石英表已经将瑞士钟表赶出了领导地位。尽管瑞士钟表企业继续聚焦面向中高端市场的传统机械手表,但这些来自亚洲的竞争者也对这一市场虎视眈眈。

到了20世纪80年代初期,尼古拉斯·海耶克(Nicolas G. Hayek)掌管了SMH集团,后来更名为Swatch集团,他彻底重组了这家由两家濒临倒闭的最大的瑞士钟表企业拼凑起来的新公司。当时,瑞士企业以97%的市场份额主宰了奢侈品手表市场。但它们在中端市场只占有3%的市场份额,而且没有一家瑞士企业进入低端市场,将整个廉价钟表市场拱手让给了亚洲竞争对手。海耶克当时预见到了一个战略,能让 SMH 在低端、中端和奢侈品三层市场同时拥有健康成长的品牌。在低端市场启动一个新的品牌是有争议而且有风险的,而且引发了投资人的担忧。他们担心这个新的品牌会与 SMH 的中端品牌天梭(Tissot)自相残杀。海耶克想让高端奢侈品商业模式和低成本商业模式在同一个屋檐下运作,充满了冲突与利益取舍。海耶克建议生产一种手表可以便宜到能与日本手表竞争而又保持着瑞士品质,而且利润也很丰厚,同时还有可能抓住一个更大的产品线。这迫使工程师彻底重新思考手表的概念和如何生产,凭借传统的钟表制造知识,他们完全没有能力理解这个要求。

然而,海耶克坚持这项三层战略,催生了 Swatch 品牌的发展,使之成为一种新型的人们买得起的瑞士手表,最低大概只需要 40 美元左右。结果是手表的零件数量大幅削减。生产也变得高度自动化:模具代替了螺丝,直接的人工成本被降到不到原来的 10%,手表也得以批量生产。创新的游击营销概念使得手表能够被设计成许多样式投入市场。海耶克认为新的产品传递着一种新生活方式的信息,不仅仅是廉价的报时工具。这样 Swatch 品牌就诞生了:高品质低价格,同时兼具功能性和时尚感。他们很快创造了历史。5 年之内卖出了 5 500 万块 Swatch 手表,到了 2006 年,这家公司庆祝了 Swatch 手表总销量超过 3.33 亿块。考虑到 SMH 引入低端 Swatch 品牌的商业模式有可能会冲击到它的高端品牌,SMH 当时的这项决策就很值得研究。SMH 集团很小心地在产品和营销上给了 Swatch 和其他子品牌近乎完全独立的运营权,除此之外都集中管理。制造、采购和研发都是独立的实体,服务 SMH 旗下的所有品牌。如今,SMH 还保持着强力的垂直整合策略,保持规模优势,抵御亚洲竞争对手。

(三)设计

设计阶段的关键挑战在于创造和坚持大胆的新商业模式。扩展性思维是设计成功的关键因素。为了能够产生突破性的创意,团队成员必须有能力在构思时舍弃当前商业模式和类型,聚焦探究的设计态度也是成功的关键。设计团队必须花时间探索多种创意,因为探索不同路径的过程本身就很有可能产生最佳的可选方案。与外界的专家或者潜在的客户一起验证潜在商业模式,根据不同的对象整理出对应的说辞,看看他们对提出来的"故事"有什么反馈。这并不意味着企业要根据每一项意见来修改企业的商业模式。企业可能会得到这样的反馈:"这个行不通,客户不需要它""那个不能做,它违背了行业逻辑",或者"市场还没有准备好"等,这些反馈只说明前方有潜在的障碍,并不意味着工作必须停止,进一步的探究能让企业成功地优化商业模式。

孟加拉国企业家伊卡柏·卡迪尔(Iqbal Quadir)就是一个典型的例子,他在 20 世纪 90 年代末期为孟加拉国边远地区的贫困村民带来了移动电话服务。绝大多数的行业专家都曾反对他的主张,认为贫穷的村民还挣扎在生活基本需求上,不会把钱花在移动电话上面。但是卡迪尔通过与通信行业外部建立联系和寻求反馈,最终得以与小额信贷机构孟加拉乡村银行建立了合作伙伴关系。该银行成了格莱珉电话公司(Grameen Phone)商业模式的重要支柱。与专家的意见恰恰相反,贫穷的村民确实愿意为移动电话买单。后来格莱珉电话公司成了孟加拉国领先的电信业务提供商。①

(四) 实施

完成了商业模式设计,企业就要把它转化为一个能够被实施的设计,包括定义相关项目、设定项目里程碑、搭建组织结构、制定详细的预算等。实施阶段往往会在商业计划书中明确描述并且细化到项目管理文档中去。尤其需要注意管理不确定因素,这意味着密切地观察风险或者回报的预期与实际结果之间的差异,这同样意味着要建立起应对机制,根据市场的反馈快速地调整企业的商业模式。

(五) 管理

管理阶段需要企业根据市场的反应调整和修改商业模式。对于成功的企业来说,创造一个全新的商业模式或者重新思考现有的商业模式不是一蹴而就的,需要延续到实施和管理阶段。企业应该至少任命一个人来对商业模式及其长期演进负责,可以通过定期的跨部门研讨来评估企业的商业模式,判断企业是否需要调整或者彻底改造现有商业模式。

和传统的产品生命周期管理一样,企业需要思考用适合未来市场增长的商业模式来替代当前仍然盈利的商业模式。主动地响应市场的演变也越来越重要了。1984 年创建的戴尔公司建立一套与客户直接联系的渠道,由客户直接向戴尔发订单,订单中可以详细地罗列所需要的配置,而后戴尔公司根据客户的需要来生产,也被称为直销模式。这种独特的销售模式颠覆了个人电脑行业,也因此戴尔公司曾经全球销售第一,成为行业的领导者。由于外在环境的变化,行业的竞争格局已经发生变化,戴尔公司没有能够重新思考它的曾经具有颠覆性的商业模式,导致戴尔陷入同质化竞争的泥潭,2019 年亏损 146 亿人民币。

 应用训练

请组建一个团队,为某企业设计一个商业模式,并通过商业模式画布展示出来。

思维训练

1. 什么是商业模式?商业模式有哪些构成要素?
2. 商业模式有哪些类型?
3. 企业应如何设计其商业模式?
4. 根据本章案例导入,请查找苹果公司的相关资料,进一步分析其商业模式的形成与创新。

---

① 亚历山大·奥斯特瓦德,伊夫·皮尼厄.商业模式新生代[M].北京:机械工业出版社,2016:244-245.

第六章 创业营销

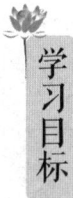

> 了解营销理念从 1.0 到 4.0 的变迁。
> 掌握数字内容营销的内涵及其策略。
> 掌握数字平台营销的内涵及其类型。

红蜻蜓换上新翅膀——"人、货、场"全面数字化重构

2020年"双11",红蜻蜓成交总额突破8亿元,同比增长11%,拿下天猫时尚鞋靴品类第三名。线上业绩的迅猛增长,来自红蜻蜓对"人、货、场"三要素的全面数字化重构。

"人"的数字化:借助天猫智能导购、钉钉等数字化工具,红蜻蜓的5 000多名门店导购全部搬到了线上。目前,庞大的导购人群在运营好线下销售的同时,还可应用直播、短视频、小程序、社群等工具,对776万个会员进行精准的数字化运营。

2020年疫情最严峻的2~3月,在线下近4 000家门店停业的情况下,线上导购依靠小程序、会员群等方式维持了业绩。其中,3月的一场小程序社群营销仅用两天就取得了1 000多万元的销售额。两个月的时间,红蜻蜓通过直播实现5 300万元销售额,并选出了100多位优秀的店铺主播。

"货"的数字化:依托数据平台,红蜻蜓打通了生产端与销售端,实现了供应链的柔性生产和快速反应,所有商品的开发、销售、促销也实现了全链路的数字化管理。

在商品开发环节,通过数字化智能评估,聚焦重点品类,大幅提升了爆品的概率。比如,红蜻蜓通过数据分析,提前一年预判到马丁靴品类将会持续走高,因此在马丁靴的开发上投入重兵。在2020年9月的两次直播中,8.7万双马丁靴售罄,创下鞋类单品直播销售纪录。

商品的数字化,使订货会变得更加便捷高效。红蜻蜓的订货会从此前的一年四次转变为月月上新,从大批量订货转变为高频次、小批量。虽然订单量变小了,但新品上市的频次增加了,规避了订货计划不准带来的库存风险,又让门店和线上一样具备了敏捷的销售能力。

"场"的数字化:早在2018年红蜻蜓就与阿里巴巴达成新零售合作,线下1000多家自营及联营门店全部上线智慧门店和轻店。次年1月,红蜻蜓正式成为阿里巴巴A100战略合作伙伴,将近4000家门店全部实现了数字化,将线上线下会员、订单、库存一体化,实现线上线下的全面打通。

红蜻蜓董事长钱金波认为,门店将成为体验店、前置仓,成为连接消费者的空间,给消费者带来更好的线上线下一体化服务。

(资料来源:吴晓波,王坤祚,钱跃东.云上的中国[M].北京:中信出版集团,2021:21-22)

第一节　营销理念:从营销1.0到营销4.0

营销大师菲利普·科特勒在其著作《营销革命3.0》和《营销革命4.0》中,将营销管理划分为4个时代:以产品为中心的营销1.0时代;以顾客为中心的营销2.0时代;以人文主义为中心的营销3.0时代;以数字连接,消费者积极互动为中心的营销4.0时代。

一、营销1.0时代

在营销1.0时代,企业为传递自己的价值主张,必须首先开发产品,然后制定价格,建立使顾客购买的渠道,最后,企业还必须说服顾客购买,进行促销,由此产生了经典的营销4P理论。

19世纪末到20世纪初,随着垄断资本主义的出现,以及"科学管理"的实施,企业的生产效率大大提高,生产能力大大增强,一些产品的销售遇到了困难。为了解决产品的销售问题,一些经济学家和企业就根据企业销售活动的需要,开始研究销售的技巧。从20世纪30年代到第二次世界大战结束,是市场营销学逐步应用于社会实践的阶段。1929年至1933年,资本主义国家爆发了严重的经济危机,生产过剩,产品大量积压,因而,企业产品如何转移到消费者手中就很自然地成了企业和市场学家们认真思考和研究的课题,市场营销学也因此从课堂走向了社会实践,并初步形成体系。

20世纪50年代后,随着第三次科技革命的发展,劳动生产率空前提高,社会产品数量剧增,花色品种不断翻新,市场供过于求的矛盾进一步激化,原有的只研究在产品生产出来后如何推销的市场营销学,显然不能适应新形势的需求,营销理念主要注重产品管理,认为顾客偏好高质量、多功能和富有特色的产品。企业相信工程师们知道该怎样设计和改进产品,甚至不考查竞争对手的产品。此时,企业最容易引发西奥多·李维特教授提出的"市场营销近视症",即在营销管理中缺乏远见,只把注意力集中在产品上,而看不到市场需求的变化,致使企业经营陷入困境。例如,20世纪60年代,钟表王国瑞士的企业长期醉心于研发精密机械表,没有重视顾客对石英表的需求,而日本石英表企业抓住机遇,强势崛起,几乎要摧毁瑞士表业。

在1.0时代,杰罗姆·麦卡锡的4P理论被奉为圭臬。企业为传递自己的价值主张,必须首先开发产品(Product),然后制定价格(Price),建立使顾客购买的渠道(Place),最后,企业还必须说服顾客购买,进行促销(Promotion)。这是营销1.0时代的主要理念。

(一) 产品

什么是产品？产品是向市场提供的,引起注意、获取、使用或消费,以满足欲望或需要的任何东西。产品不仅包括有形产品(如汽车、电脑和手机),广义上的产品还包括服务、事件、人员、地点、组织、观念或者上述内容的组合。产品策划者需要考虑产品的三个层次,即核心顾客价值、实体产品、扩展产品,每一个层次都会增加顾客价值[①]。

产品的第一层为核心顾客价值,即产品的实用价值(基本效用或利益),它能为消费者提供直接的利益,以某种使用价值满足消费者的需要。核心层回答了"顾客真正要购买什么"的问题。顾客购买空调,购买的是舒适的气温和室内空气;购买普通的汽车,则是购买快捷方便的交通;如果购买昂贵的汽车,则购买的是能够体现其身份地位的一种象征物。

产品的第二层为实体产品,营销者要出售核心产品给顾客,必须有一个"承载体",通过其将需要解决的方案输送到顾客那里去,这就是实体产品,即核心产品借以实现的形式。实体产品由五个特征所构成,即质量水平、设计、特征、品牌名称及包装。产品的基本效用必须通过特定形式才能实现,企业应努力寻求更加完善的外在形式以满足顾客的需要。实体产品发挥的就是这种传输核心产品的作用。实体产品对于有实物形体的产品来讲,就是有形产品,如一台平板电脑、一台洗衣机、一部手机。而就服务这种没有实物形体的产品来讲,就是进行这项服务所采用的活动方式(服务流程),如医生在医院给病人的看病方法;教师在课堂给学生讲课的形式和方法等。

产品的第三层为扩展产品,即顾客购买产品所能得到的附加服务和附件利益的总和,包括交付和信用条件、售后服务、产品支持及担保。它为顾客提供的是完整的解决问题的方案,这些是顾客购买和使用产品时所产生的一些附加需求,企业若能很好地加以满足,往往可以吸引更多的消费者前来购买自己的产品,从而增加产品的市场竞争力。

顾客往往把产品看作满足需要的各种利益的复杂组合。在开发产品的时候,企业首先要识别顾客希望从产品中获得哪些核心顾客价值,然后设计实体产品,并且找到扩展的途径,以创造顾客价值和满意的顾客体验。

(二) 价格

狭义上说,价格是为产品或服务收取的货币总额。广义上说,价格是顾客为获得、拥

---

① 菲利普·科特勒.加里·阿姆斯特朗.市场营销:原理与实践[M].北京:中国人民大学出版社,2015:227-228.

有或使用某种产品或服务的利益而支付的价值。价格一直是影响购买决策的重要因素。价格是营销组合中唯一与收益直接相关的要素,其他营销组合要素都意味着成本。价格也是最灵活的市场营销要素之一,明智的管理者常常将定价视为创造和获得顾客价值的重要工具。价格很小比例的提升可能大幅增加盈利。价格在创造顾客价值和建立顾客关系中也发挥着重要作用。企业的价格策略是市场营销组合中最活跃的因素,是竞争的主要手段,受多因素的综合影响,关系到企业营销目标的实现。价格直接关系到产品能否为消费者所接受,企业市场占有率的高低及利润的多少。

企业通常有维持生存、当期利润最大化、市场份额最大化、产品质量领先等定价目标。企业可以选择的定价方法有成本加成定价法、目标利润定价法、认知价值定价法、边际成本定价法、随行就市和拍卖定价法等。

（三）渠道

大多数制造商并不是直接将商品销售给最终买主的,而是利用了"中介机构"来完成产品的最终销售。这是在工业经济社会所找到的解决生产集中化与消费分散化矛盾的营销方式。营销渠道策略,又称分销渠道,是企业营销策略组合中的一个重要策略。企业生产的产品或服务只有通过一定的营销渠道,才能在适当的时间、地点提供给顾客,从而满足市场需求,实现企业的营销目标。科特勒认为:营销渠道是为使产品或服务能被使用或消费而形成的一系列独立组织的集合。因此,营销渠道是产品由企业（生产者）向消费者转移过程中所经过的一系列环节,或产品通过中间商（转卖者）到达最终顾客的中间环节。在这个过程中,企业销售的产品或服务是营销渠道的起点,顾客购买产品是营销渠道的终点[1]。

（四）促销

促销策略是营销组合 4P 组合的一个重要组成部分。生产者与消费者之间的沟通是基本的营销活动,即企业必须传播有关产品与服务的信息,并且克服因为地理距离远、销售环节增多所增加的沟通障碍。从买卖交易原理来说,买卖双方沟通信息是买卖得以进行的必备条件之一。由于现代市场经济中,生产的集中性造成了生产与消费的隔离,就造成了市场买卖双方联系的困难。但是,无论存在什么困难,企业都需要与目标顾客取得有效的信息沟通与联系,因此就需要寻找到有效的沟通方法。

促销即促进商品销售,具体地说,是企业通过人员和非人员的方式,企业与消费者之间沟通信息,引发、刺激消费者的消费欲望和兴趣,促使其产生购买行为的活动。促销工作的核心是沟通信息。促销的目的是引发、刺激消费者产生购买行为。促销的方式有人员促销和非人员促销两类。

---

[1] 孟韬.市场营销:互联网时代的营销创新[M].北京:中国人民大学出版社,2018:292.

二、营销 2.0 时代

在营销 2.0 时代,企业挖掘顾客的需求变得越来越难,市场竞争更为激烈,企业营销理念开始突破 4P 理论,寻找新的方向,从以产品为中心转变为以顾客为中心。此时营销理念从单纯的战术角度上升到了全新的战略角度,STP 战略的出现是营销 2.0 时代的标志。STP 战略强调首先通过确定细分变量,勾勒出细分市场的轮廓;其次评估每个细分市场的吸引力,选出目标市场;最后为每个目标市场定位。

(一) 市场细分(Segmenting)

1. 市场细分产生与发展阶段

市场细分是 20 世纪 50 年代中期美国市场营销学家温德尔·斯密提出的,其产生与发展经历了四个阶段。

(1) 大规模营销阶段。

19 世纪末 20 世纪初,此时企业面对所有消费者大量生产、分销、促销单一产品。企业的理由是:这种战略可以导致成本最低、价格最低,从而创立最大的潜在市场,获得更多的利润。

(2) 产品差异性营销阶段。

20 世纪 30 年代,发生了震撼世界的资本主义经济危机,市场迫使企业转变经营观念,营销方式从大量营销转向产品差异化营销。这时企业生产销售多种具有不同特点、外观、式样、质量、规格的产品。产品差异化营销、较大规模营销是一种进步,但企业并未研究顾客需求,缺乏明确的目标市场。

(3) 目标市场营销阶段。

20 世纪 50 年代以后,在科学技术革命的推动下,因产品差异化营销已不能解决企业所面临的市场问题,则由产品差异化营销转向以市场需求为导向的目标市场营销。这时企业首先要分清众多细分市场之间的差别,然后从中确定一个或几个作为目标市场,最后根据每一目标市场的特点来制定产品计划和营销计划。于是,市场细分战略应运而生。目标市场营销需要经历 3 个步骤,如图 6-1 所示。

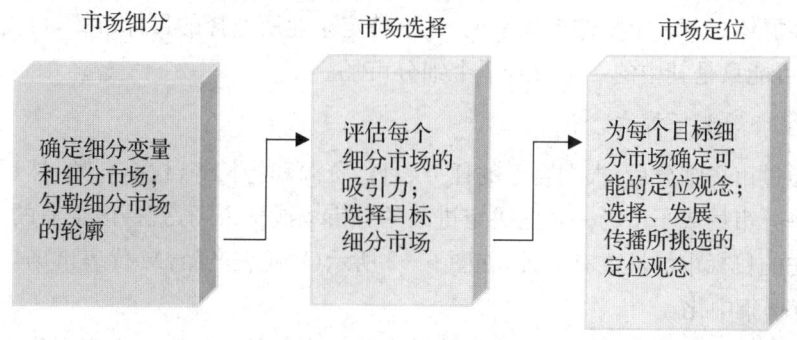

图 6-1 目标市场营销的步骤

2. 市场细分的含义和依据

(1) 市场细分的含义。

市场细分是指营销者利用一定可区分需求差别的因素,把某一产品整体市场消费者划分为若干具有不同需求差别的群体的过程或行为。营销者细分市场的过程亦称市场细分化。

(2) 市场细分的理论依据。

顾客需求的差异性是市场细分的内在依据,消费者的需要、动机和购买行为是多元性的,由此产生3种不同偏好模式:

① 同质型偏好,指一个市场上所有购买者的偏好大致相同,企业可提供一种产品满足他们。如果市场上的消费者都喜欢酒的香型适中,酒精浓度也适中,这样所有的消费者具有大致相同的白酒偏好。在同质偏好的市场上,现有的品牌基本相似,且集中在偏好的中央。对于这类市场,企业通常采用无差异营销策略。

② 分散型偏好,指消费者偏好可能在空间平均分散而无任何集中,表示消费者对于产品的需求存在极大差异。"萝卜白菜,各有所爱",消费者各自的需求偏好相差很大。企业无论将产品定位于何处都只能使很少部分消费者得到很好的满足,而其他消费者的需要满足程度极低。

③ 集群型偏好,指市场上出现了若干具有不同偏好的消费群体,客观上形成不同的细分市场。第一个进入此市场的公司通常有3种选择:将产品定位于中心,以迎合所有的群体;将产品定位在最大的细分市场上;推出几个品牌分别定位于不同的细分市场内。

(二) 目标市场选择(Targeting)

1. 目标市场的定义

随着社会生产力的提高和科学技术的进步,消费者的需要和欲望得以满足的程度越来越高,尤其是买方市场的到来,竞争加剧,一个企业受到其资源和能力的限制,不可能满足消费者的多方面的要求,或为一个市场的所有消费者提供使其满意的商品或服务,为此,进入20世纪50年代以后,在细分市场的基础上进行目标市场的选择,即目标市场营销成为现代市场经济条件下企业最普遍的营销活动方式。

目标市场是企业打算进入并实施相应营销组合的细分市场,或打算满足的具有某一需求的顾客群体。对一个整体市场来说,一个特定企业所选择的目标市场,可能是覆盖全部市场,也可能只是其中的一个或若干个细分市场。

2. 目标市场选择模式

企业通过市场细分后,根据自己的任务、目标资源和特长等,权衡利弊,然后决定进入哪个或哪些分市场或子市场。企业决定进入的分市场或子市场,就是该企业的目标市场。企业可考虑的目标市场模式有5种,如图6-2所示(P代表产品,M代表市场)。

(1) 市场集中化。

市场集中化是最简单的目标市场模式。它是指企业的目标市场都高度集中在一个市场面上,企业只生产一种产品,供应一个顾客群,如图6-2(a)所示。小企业通常选择这种战略。其优点为,经营对象单一,可集中力量在一个细分市场上取得较高市场份额。但因目标市场狭窄,经营风险较高。

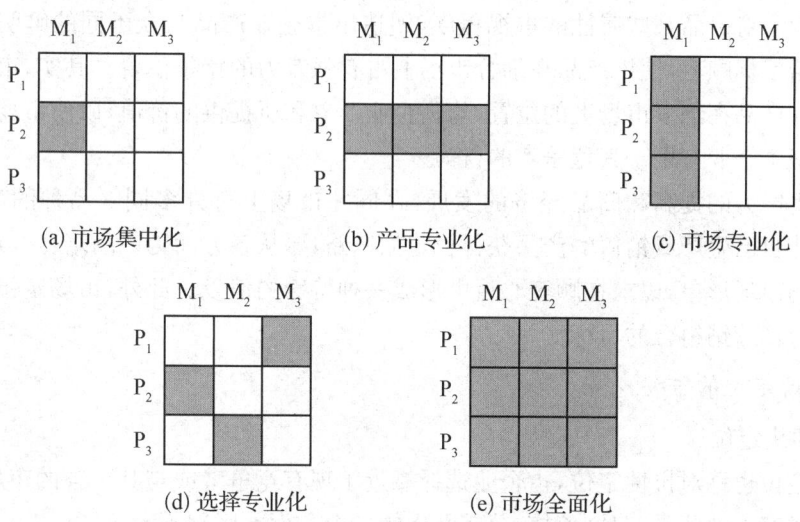

图6-2 目标市场选择的五种模式

(2)产品专业化。

产品专业化指企业的市场营销管理者决定向各种不同的顾客群提供它生产的同一种产品,如图6-2(b)所示。可在特定的产品领域树立良好信誉,但如果这一领域发展出全新的替代技术,该企业则面临经营滑坡的危险。

(3)市场专业化。

市场专业化指企业的市场营销管理者决定向某一个顾客群提供它所生产的各种产品,如图6-2(c)所示。美国一家公司专门为喜爱男装的女性提供她们所需的各种产品:服装、鞋帽、手包和化妆品等,有助于发展和利用与顾客之间的关系,降低交易成本,树立良好形象,分散经营风险。但该顾客群需求一旦下降,企业会遇到收益下降的危险。

(4)选择专业化。

选择专业化指企业的市场营销管理者决定同时进入若干互不相关的分市场,因为这些分市场都能提供有吸引力的市场机会。这种形式往往是一种市场机会增长战略的产物,如图6-2(d)所示,实际上是一种多角化经营模式,能分散企业风险。企业须具有较强的资源和营销实力。

(5)市场全面化。

市场全面化指企业的市场营销管理者决定为不同财力和不同个性的顾客群提供它所生产的各种不同的产品。这是较典型的某些大企业为谋求领导者地位市场而采取的战略,如图6-2(e)所示,只有实力雄厚的大企业才有可能采取这种模式。

(三)市场定位(Positioning)

企业一旦选择了目标市场,就要在目标市场进行产品定位。市场定位的最终目标是提供差异的产品或服务,使之区别和优越于竞争对手的产品或服务。

1. 市场定位的含义

市场定位也称为产品定位或竞争性定位,是根据竞争者现有产品在细分市场上所处的地位和顾客对产品某些属性的重视程度,塑造出本企业产品与众不同的鲜明个性或形象并传递给目标顾客,使该产品在细分市场上占有强有力的竞争位置。其实,市场定位就是塑造一种产品在细分市场上的位置,勾画企业形象和所提供的价值,以使市场全面理解和正确认识本企业有别于其竞争者的行为。

随着生产力的提高和商品经济的发展,在同一市场上有许多同一品种的产品出现。企业为了使自己生产或销售的产品获得稳定的销路,要从各方面为产品培养一定的特色,树立一定的市场形象,以求在顾客心目中形成一种特殊的偏爱。此外,市场定位也有助于企业明确市场营销组合的目标。

2. 市场定位的方法

(1) 迎头定位。

迎头定位也称对抗性定位,指企业选择靠近于现有竞争者或与其重合的市场位置,争夺同样的顾客。彼此在产品、价格、分销及促销各个方面的区别不大。

(2) 避强定位。

避强定位指企业回避与目标市场上竞争者直接对抗,将其位置定在市场上某处空白领地或"空隙",开发并销售目前市场上还没有的具有某种特色的产品,开拓新产品市场。

(3) 重新定位。

重新定位指企业变动产品特色,改变目标顾客对其原有的印象,使目标顾客对其产品新形象有一个重新的认识过程。

企业的产品在市场上的定位即使很恰当,但遇到以下情况时就应考虑重新定位:第一,竞争者推出的产品定位于本企业产品的附近,侵占了本企业品牌的部分市场,使市场占有率下降。第二,消费者的偏好发生变化,从喜爱本企业品牌转移到喜爱竞争者的品牌。

三、营销 3.0 时代

"非可乐"定位

在营销 3.0 时代,随着数字和社交时代的来临,人类也开始变得高度互联,信息不再是稀缺资源,顾客的消息变得异常灵通,顾客的消费也在不断地升级。为了适应这些新的变化,企业的营销革命转向以人文主义为中心,更专注于人类的情感需求,努力解决顾客的焦虑。营销被重新定义为由品牌、定位和差异化构成的等边三角形①。要想完善这个三角形,科特勒引入 3i 模型,即品牌标志(Brand Identity)、品牌道德(Brand Integrity)和品牌形象(Brand Image),如图 6-3 所示。

---

① 菲利普·科特勒.营销革命 3.0[M].北京:机械工业出版社,2016:38-42.

(一)品牌标志

品牌标志是把品牌定位到顾客的思想中。在顾客水平化时代,品牌只强调定位是徒劳无益的。顾客或许会牢牢地记住某个品牌,但这并不表明其是优秀的品牌,此时的定位纯粹是一种主张,其作用仅仅是提醒消费者小心虚假品牌而已。没有差异化这个三角形就是不完整的。差异化可以说是反映品牌完整性的最根本的特征,是保障品牌实现服务承诺的充分证明。从本质上说,差异化就是企业如何保障向顾客提供企业承诺的服务和满意度,差异化只有和定位一起发挥作用才能创建出良好的品牌形象。

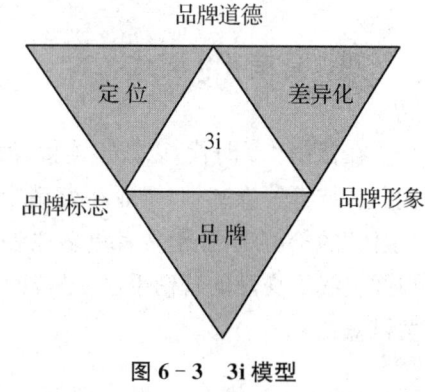

图6-3　3i模型

(二)品牌道德

品牌道德是指营销者必须满足在品牌定位和差异化过程中提出的主张。品牌道德决定着企业能否实现承诺,能否让消费者信任自己的品牌,其目标是要获得顾客的精神认可。营销道德是用来判断市场营销活动正确与否的道德标准,即判断企业营销活动是否符合消费者及社会的利益,能否给消费者带来幸福感,满足社会的长远发展。

(三)品牌形象

品牌形象是指和顾客形成强烈的情感共鸣。企业的品牌价值应对顾客的情感需求形成吸引力,而不能仅仅停留在满足产品使用功能的水平上。通过3i模型,企业能很好地和顾客的思想、心灵和精神形成全面关联。

在3i模型中,营销者应把品牌同时定位到消费者的思想和精神中去,这样才能打动消费者的内心。定位可以引发对购买决策的理性思考,品牌需要真正的差异化来吸引精神、确认决策,最终在思想和精神两方面的作用下,内心便会引导消费者采取行动,做出购买决定。

美国天伯伦公司成立于1918年,创业初期专门从事制鞋,现在是全球领先的户外品牌。它通过提供创新的、经过户外考验的、外观漂亮而且经久耐用的装备,让顾客得到最丰富的户外体验。天伯伦采用了差异化策略来支持品牌定位。天伯伦推出了著名的"服务之路"活动,鼓励员工参与社区义工服务。经过时间的考验,这一差异化策略最终得到了顾客的认可。在天伯伦销售低迷、收益锐减时,很多人认为"服务之路"计划会被迫取消,但天伯伦公司领导者并不这样看,他们把社区义工服务视为企业的一个基本组成部分,认为它标志着公司品牌的不同之处和真实之处。[①]

---

① 菲利普·科特勒.营销革命3.0[M].北京:机械工业出版社,2016:40-42.

四、营销 4.0 时代

在营销 4.0 时代,以数字连接、消费者积极互动为中心,以价值观、大数据、社群、新一代分析技术等为基础,企业将营销中心转移到如何与消费者积极互动、尊重消费者作为"主体"的价值观,让消费者更多地参与到营销价值的创造中。营销 4.0 是结合企业和用户线上线下交互的营销手法,是帮助营销人员适应数字经济时代,重新定义营销活动中的关键概念①。

(一)5A 模型的用户路径

菲利普·科特勒提出客户购买路径的 5A 模型,如图 6-4 所示,5A 即 Aware(了解)、Appeal(吸引)、Ask(问询)、Act(行动)、Advocate(拥护)。

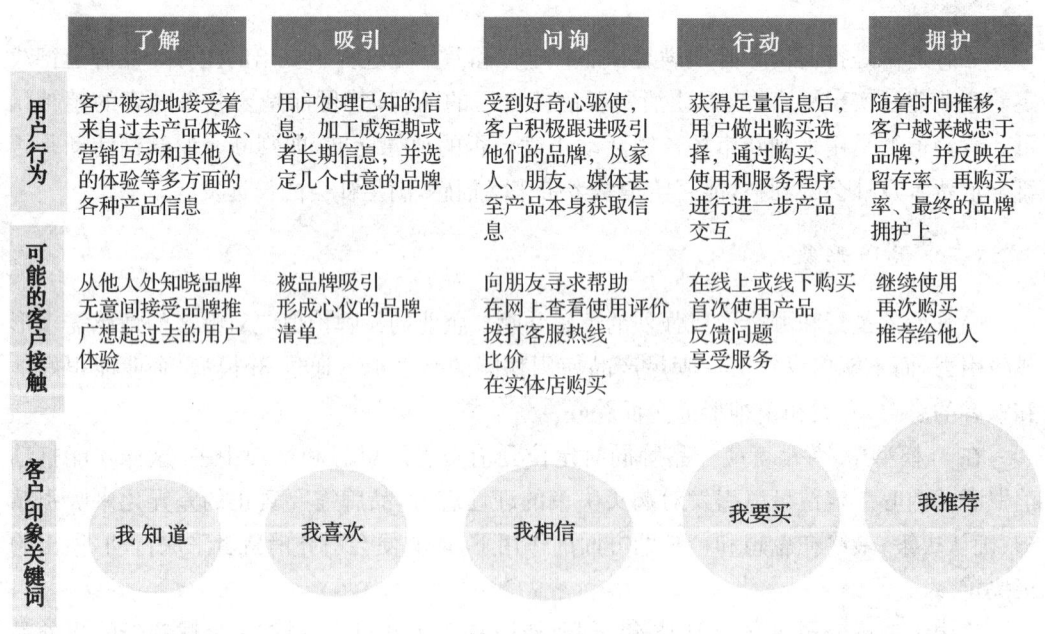

图 6-4 描绘 5A 模型的用户路径
(资料来源:菲利普·科特勒.营销革命 4.0[M].北京:机械工业出版社,2019:52)

在了解阶段,客户会根据过去经验、营销互动、他人的体验等多方面了解产品信息,在了解几个品牌后,客户会将已知的信息加工成短期记忆或者长期记忆,随后锁定几个特定的品牌。这就是吸引阶段,那些有着惊叹元素的品牌更容易记忆,也更可能留存在客户的心仪列表里。受到好奇心的驱使,客户常常积极地跟进那些吸引他们的品牌,从家人和朋

---

① 菲利普·科特勒.营销革命 4.0[M].北京:机械工业出版社,2019:43-44.

友、媒体甚至直接从品牌那里了解更多信息,这是问询阶段。

在问询阶段,客户路径从个人转向了社会化。客户的购物决定取决于他们在与品牌对话中获得了什么,品牌的号召力需要经过客户验证才能维护客户路径。客户一旦在问询阶段确认了足够的信息,就会进入行动阶段(决定购买)。企业不但期待客户购买,而且希望客户会通过消费、使用及售后服务,更深入地与品牌产生互动。品牌需要让客户有参与感,确保客户有着良好的拥有感和用户体验。

随着时间推移,客户会对品牌产生强烈的忠诚度,这反映在留存率、再购买率和最终的拥护上,这就是拥护阶段。活跃的品牌拥护者不需要他人问起就会主动推荐,讲述品牌佳话,做品牌的传道者。他们需要的触发点是质询和差评,一旦遇到这种情况,他们就会觉得有义务推荐并守护自己心爱的品牌。而由于这些人敢于推荐自己喜欢的品牌,他们自然就更可能在未来再次购买这些品牌的产品。

(二)营销 4.0 时代的策略

在营销 4.0 时代,菲利普·科特勒提出以人为本的营销,提高品牌吸引力;品牌内容营销,引发客户好奇心;多渠道营销,实现品牌承诺;互动营销,赢得品牌亲和力等营销策略。

营销人员需要顺应数字经济发展的需要,创造像人一样的品牌——可亲的、可爱的,但也是脆弱的。品牌应该不再那么令人生畏,而应该真实、诚信、承认缺点、避免装作完美,这需要品牌通过社群聆听、网络志和同理心研究发掘客户内心最深的需求和渴望。人本品牌的核心价值是把客户当作朋友,并旨在成为他们生活方式的一部分①。

人性化的品牌应该具有物质吸引力、智力性、社交性、情感吸引力、强烈的个性和高尚的道德。品牌的物质吸引力可以来自精心设计的 Logo、标识与符号、品牌人物、品牌口号、广告曲、包装等。品牌的智力性是指品牌要有创新性,能创造出不同于竞争对手的产品,进而满足和创造客户的需求。品牌的社交性是指品牌敢于和客户展开对话,听取客户的意见,了解客户间的对话,通过多种媒体渠道与客户沟通。品牌的情感吸引力是指品牌能够用热情感动他人、影响他人,通过振奋人心的消息推送与客户达成情感联系,获得客户的青睐。品牌个性是客户认知中品牌所具有的人类的人格特质,可以从真诚、刺激、能力、精致和粗犷五个维度构建。最后,品格优良的品牌是价值驱动的,将道德准则考虑在商业决策的每个环节中,有的品牌将有道德的经商之道视为核心竞争力。

商业社会在不断地变迁,营销的理念也在不断变化,表 6-1 对不同营销时代进行对比。

---

① 菲利普·科特勒.营销革命 4.0[M].北京:机械工业出版社,2019:92,101-102.

表 6-1 从营销 1.0 到营销 4.0

	1.0 时代 产品中心营销	2.0 时代 消费者定位营销	3.0 时代 价值驱动营销	4.0 时代 共创导向的营销
目标	销售产品	满足并维护消费者	让世界变得更好	自我价值的实现
推动力	工业革命	信息技术	新浪潮科技	价值观、连接、大数据社群、新一代分析技术
企业看待市场方式	具有生理需要的大众买方	有思想和选择能力的聪明消费者	具有独立思想、心灵和精神的完整个体	消费者和客户是企业参与的主体
主要营销概念	产品开发	差异化	价值	社群、大数据
企业营销方针	产品细化	企业和产品定位	企业使命、远景和价值观	企业的数字技术+社群构建能力
价值主张	功能性	功能性和情感化	功能性、情感化和精神化	共创、自我价值实现
与消费者互动情况	一对多交易	一对一关系	多对多合作	网络性参与和整合

(资料来源:曹虎,王赛,乔林.数字时代的营销战略[M].北京:机械工业出版社,2018:55)

第二节 数字营销

从 1994 年第一个互联网广告投放至今,数字营销已经经过二十多年的发展。2019年,数字营销占中国年度营销传播总支出的比例接近 70%,成为当下主流营销传播模式[1]。

一、数字营销的定义

美国数字营销协会(2007)提出:数字营销是利用数字技术开展的一种整合、定向和可衡量的传播,以获取和留住客户,同时与他们建立更深层次的关系。Kannan. LI(2017)提出:数字营销是一种适应性强、数字技术支持的流程,通过该流程,企业可以与客户、合作伙伴协作,共同为所有利益相关者创造、沟通、交付和维持价值。曹虎、王赛等提出:数字营销不是一种渠道或技术,它首先需要营销战略思维的升级,同时拥抱技术,尤其是从大数据技术来看营销,这种大数据的跨界可以帮助企业获得多维的"上帝视角",但在实施过程中,需要建立内容平台和数字平台,整合这些新的工具与应用,数字平台好比左脑,内容

---

[1] 郑丽勇.论数字营销的内涵、外延与功能[J].国际品牌观察,2020(1):66.

平台好比右脑,将分析思维和艺术思维合一①。本书认为数字营销是数字经济时代的一种独特的营销方式,是通过数字媒体推广产品和服务的营销传播活动,主要包括社交媒体营销、搜索引擎营销、电子商务营销、视频营销、虚拟游戏营销等。

二、数字营销的主体

随着广告主将传播重点转入互联网,互联网广告促使传统媒体加快融入创新的数字营销中。在数字营销中,广告主、数字营销公司、数字媒体和用户是不可或缺的主体。

(一)广告主

2020年小微、新锐品牌广告主的广告投放增长了50%,高于成熟品牌五个百分点。年度增幅超过10%的广告主中,小微、新锐广告主占39%,成熟广告主则只有28%。报告认为,这意味着小微、新锐广告主已成为支撑我国互联网广告市场的新生力量。

广告主在营销管理层面更注重战略性、整合性的营销理念。一方面,广告主开始将以往的营销短期业务管理上升至长期营销战略管理,注重长期的市场培育,致力于企业整体核心竞争力的打造。另一方面,广告主在营销管理中日益强调营销手段的整合运用,体现在媒体投放上的跨媒体投放策略,对各类媒体资源的接触点加以整合运用。效果类广告备受青睐:以日化类、家用电器类、食品饮料类的广告主为代表的,71%的广告主预计在转化类营销方面提升花费。他们选择转化类平台时,更加注重效率和规模。分别有73%和69%的广告主表示会增加分配给直播和短视频的预算。日用品、家用电器、交通类的广告主对短视频和直播的需求量更高。相比较而言,分配给信息流广告的预算同比有所下降②。

(二)数字营销公司

在传统广告公司面临挑战与转型的同时,以原生广告、RTB广告为代表的新型网络广告逐步成为市场的主流,其精准的投放、双向互动的优化体验特征,催生了以技术为核心竞争力的数字营销公司的产生。从数字营销的发展过程来看,早期的数字营销就是新媒体广告。2020年是中国互联网营销突破创新之年,面对新冠肺炎疫情的冲击和重重困难,我国互联网营销不仅呈现出极大的韧性,还为抗击疫情、恢复生产、拉动实体经济提供了基础保障。《2020中国互联网广告数据报告》显示,2020年中国互联网克服全球疫情的严重影响,互联网广告全年收入4 971.61亿元,比2019年度增长13.85%,增幅较上年减缓4.35个百分点,仍维持增长态势③。

数字营销公司的出发点立足于用户,采用端到端的平台模式进行运作,在收集用户信

---

① 曹虎,王赛,乔林.数字时代的营销战略[M].北京:机械工业出版社,2018:46.
② 央视市场研究(CTR).2020广告主营销调查报告.
③ 经济日报-中国经济网.2020中国互联网广告数据报告.http://www.ce.cn/xwzx/gnsz/gdxw/202101/12/t20210112_36214380.shtml,2021-01-12.

息方面,数字技术提供了良好的条件。在精准描绘"用户画像"的基础上,能精准地满足用户实际需求、客户的传播要求。

易传媒集团

(三) 数字媒体

数字媒体的数字化属性为数字营销的创新性传播提供了物质条件,是企业实施数字营销的前提。微博、微信、App、社群、视频、自媒体等都是数字媒体。数字媒体行业在持续发展的道路上面临很多问题,如如何利用数字媒体的技术创新与产品服务,如何将数字营销效果最大化,如何定位媒体方与广告主、代理方等问题。与此同时,数字媒体通过对消费者行为的理解,深刻影响了多领域的发展。2018年,阿里巴巴先后推出"鹿班"与"AI智能文案"两款人工智能创意产品。"鹿班"在2018年"双11"期间自动设计了超过4亿张海报,峰值效率为每秒8 000张;"AI智能文案"则帮助淘宝卖家产出更多优秀的文案,最多的时候能达到一秒产出两万条短标题。

(四) 用户

与传统媒体时代受众被动接受信息不一样,数字媒体时代用户的地位大大提高,具有更多的自主性和更高的参与度,用户的需求、体验感、社交化等成为广告主、数字营销公司和数字媒体开展数字营销活动的主要依据。

数字营销时代用户拥有很高的自主性,他们可以通过多种渠道来发表自己的意见和建议,企业、用户和品牌之间可实现实时的互动、对话。对于企业来说,用户已不再是信息的单向被动接收者,而逐渐成为其创造者,UGC已成为营销传播的新走向。用户在数字营销时代的角色发生了较大变化,开始参与到营销生态链的运作过程中,从最初单向被动接收产品和品牌信息,到成为品牌建设的参与者,用户的需求和想法会对企业整体营销战略和运作产生重大影响。

三、数字营销的特点

作为数字经济时代的一种独特营销方式,数字营销拥有深度连接、目标精准、平台多样、服务个性化与定制化等特点。

(一) 紧密连接

连接是数字时代的本质。数字经济时代,以互联网为基础,把所有的事物连接在一起,只有在连接的基础上才可以谈"社群""粉丝经济""数字平台"等。今天,一切都在持续迭代、不断优化甚至颠覆之中,任何一家企业都无法独自应对;今天,一切都在相互连接、万物互联、彼此交织之中,任何一个组织都无法独立存在①。连接型公司需要创造更多的连接点,成为一个开放平台,继而围绕这个开放平台构建起更大的生态链。如马化腾所

---

① 陈春花.价值共生:数字化时代的组织管理[M].北京:人民邮电出版社,2021:21.

言:传统互联网时代,腾讯连接的是人与人、人与服务。但在移动互联网时代,连接变得更加复杂,超越了单纯的人与人、人与服务之间的连接,融合进了人与线下、线上与线下等连接因素。

(二)目标精准

根据定位大师特劳特的理论,定位是占领消费者的心智,也就是说,企业要在消费者的心智中发现一个位置然后占领它。这是精准营销的雏形。在数字经济时代,基于数字技术的应用,通过对渠道的投入产出比进行数据分析,再依据不同品牌推广的需求,对渠道进行评估、优化,实现最大限度的精准营销,包含 DSP、用户画像、程序化购买、智能推荐等概念。

(三)平台多样

数字平台的类型多种多样,数字平台已经成为商业经济中不可忽视的力量,逐步改变经济组织的竞争逻辑。数字平台营销通过平台基础数据,企业营销人员提供分析功能及访问途径,往往以程序化的方式,组织与优化多渠道营销活动,进行线上和线下的互动。根据数字平台的类型与特点,可将数字平台营销分为社交媒体平台营销、搜索引擎平台营销、电子商务平台营销、视频网站平台营销、网络游戏平台营销、垂直网络平台营销等类型。根据商业模式,可将数字平台可分为 B2B 平台、B2C 平台、C2C 平台、C2B 平台等。

(四)服务个性化与定制化

在数字经济时代,企业需要不断创新,进行产品的更新换代,提升企业的竞争力。企业只有从客户的角度出发,对产品从生产模式到终端平台的全方位营销传播创新,才能驱动企业的长远持续发展。随着数字经济的不断发展,消费升级正以不可阻挡的趋势奔涌而来,个性化消费、品牌体验式消费已成为消费趋势,企业要与消费者建立更为深入地沟通与交流,打造"千人千面"的营销体验。大数据技术、AR、VR 等数字技术的发展,使精准定位消费者、制定适合消费者的产品、动态定价、确定最佳的传播方式等成为现实,数字营销呈现服务个性化、定制化的特点。

第三节　数字内容营销

在数字营销时代,营销环境和消费者都在发生变化,企业的营销传播战略不得不随之发生转变。2011 年,可口可乐发布"可口可乐内容 2020"战略,宣布要从"创意卓越"向"内容卓越"转变;此外,2011 年 2 月,新浪内容营销官方微博开通,一些关注网络营销的博客和网站开始更频繁地讨论内容营销。2015 年,全球知名化妆品品牌欧莱雅在加拿大蒙特利尔建立自己的"内容工厂",为旗下品牌提供社交媒体传播内容。根据英国数字营销研究公司 Econsultancy 在 2018 年上半年发表的《全球营销内容评估和测量报告》,跨国集团正在高度统一和控制本集团的全球化内容营销,其余72%的领袖企业高度控制全球营销内容①。

一、数字内容营销的内涵

(一)内容的含义

什么是内容?文字、图片、视频、帖子、网络课程、微博、电子书、歌曲、传单、书籍、H5、游戏甚至优惠券等都是内容。

数字内容营销中的内容具备以下特征:第一,数字内容营销中所产生的内容,应适用于大部分的网络媒介渠道与数字平台。第二,数字内容营销中所提供的内容,应能够转化为一种对用户有价值的服务,从而能吸引用户、打动用户、黏住用户,对用户与品牌或产品间的关系产生正面影响。第三,数字内容营销归根到底是一种营销形式,其内容应产生可衡量的成果,换而言之,最终能产生盈利行为②。通过各种内容创作方式产生内容,包括用户生成内容(User Generated Content,UGC)、专业生成内容(Professional Generated Content,PGC)以及专业用户生成内容(Professional User Generated Content,PUGC)。

(二)内容营销的含义

内容营销(Content Marketing)一词于2001年由Penton Custom Media公司首次使用,用于统称大型B2B企业制作和出版购物杂志(Custom Magazines,也译为"定向杂志")和纸质新闻通讯的做法③。内容营销早期与"定向出版"一词相关联。定向出版时企业推行的个性化市场沟通解决方案,包括企业建立和经营自己的媒体,或者出版商为企业的自办媒体提供专业的出版服务,这种出版形式是融合公司的推广销售与目标的个性化需求,利用期刊读物、互联网等向受众传递信息,以此来引导受众的使用或消费行为④。随着越来越多数字媒体形式的涌现,"定向出版"这一概念因其略显狭隘的内涵而不能满足营销领域的需求,2001年后,"内容营销"一词的使用逐渐取代并超越了"定向出版"一词。

美国内容营销协会将内容营销界定为通过制作和发布有价值、有吸引力的内容来吸引、获取和聚集明确界定的目标人群,最终使这些人产生消费转化、带来收益的营销和商业过程。内容营销是通过创建与传播具有教育性的和引人注目的内容来吸引和维系客户,其本质是讲故事,通过讲述、聆听和互动来传播内容,核心是掌握内容并将其作为一种交流工具来影响现有客户和潜在客户。

哔哩哔哩(bilibili)现为中国年轻世代高度聚集的文化社区和视频平台,该网站于

---

① Econsultancy.全球营销内容评估和测量报告.http://www.199it.com/archives/637873.html.2018年6月.
② 廖秉宜.数字内容营销[M].北京:科学出版社,2019:2-3.
③ 周懿瑾,陈嘉卉.社会化媒体时代的内容营销:概念初探与研究展望[J].外国经济与管理,2013,35(6):61.
④ 张继业.基于虚拟社区的定向出版模式[J].新闻传播,2015,(5):17.

2009年6月26日创建,被粉丝们亲切地称为"B站"。B站早期是一个ACG(动画、漫画、游戏)内容创作与分享的二次元弹幕视频网站。经过十年多的发展,围绕用户、创作者和内容,B站构建了一个源源不断产生优质内容的PUGV生态系统,已经成为涵盖7 000多个兴趣圈层的多元文化泛娱乐社区。2018年3月28日,哔哩哔哩在美国纳斯达克上市,之后更是获得腾讯、阿里、索尼等多方巨头投资,获得QuestMobile研究院评选的"Z世代偏爱App"和"Z世代偏爱泛娱乐App"两项榜单第一名,入选"BrandZ"报告2019最具价值中国品牌100强。B站核心资源主要由PUGV(Professional User Generated Video),专业用户自制内容即UP主的原创视频、弹幕二次元文化、Occupationally Generated Video(OGV)、专业机构生产内容板块组成。PUGV板块中UP主创作高质量的视频内容吸引忠实粉丝,忠实粉丝和平台创作激励制度激励UP主持续创作优质内容。OGV可供商业化的国产动画、综艺、纪录片作品则比以往更加细分,B站的UP主+OGV的内容生态布局已显露。弹幕独特的视频体验能够超越时空限制,构建出一种奇妙的共时性的关系,形成一种虚拟的部落式观影氛围,让B站成为极具互动分享和二次创造的文化社区。[①]

二、有价值内容的衡量标准

有价值的内容在内容营销中占据着重要的地位,能提高营销传播效果,是品牌主与用户沟通的重要载体。有价值的内容是能够满足用户最迫切需要的内容,能够解决用户在现实生活中的痛点,这样的内容能够最大限度地吸引用户的关注并主动参与,能将用户从信息过载中解放出来。那么,衡量有价值的内容的标准是什么?

(一)符合用户实际需求

满足和引导消费者的需求是市场营销活动的出发点和中心。企业必须以消费者为中心,面对不断变化的环境,做出正确的反应,以适应消费者不断变化的需求。满足消费者的需求不仅包括现在的需求,还包括未来潜在的需求。现在的需求表现为对已有产品的购买倾向,潜在需求则表现为对尚未问世产品的某种功能的购买愿望。

企业在做内容时要结合企业的特点、品牌调性和目标用户群体的需求综合考虑内容生产,从用户的需求出发,帮助用户解决实际问题,连接用户并与用户进行深度互动。宝宝树创立于2007年,2018年在香港上市。经过14年的发展历程,宝宝树2020年上半年全平台月均活跃用户总数达1.03亿。国际权威调查机构Frost&Sullivan对2 000名目标客群的调查显示,宝宝树是当前最受用户信赖的母婴类在线平台,拥有最全面且最权威的内容;宝宝树当前已经围绕知识获取、交流交友、记录成长、消费购物四大用户核心需求建立起了两大核心能力,一个是产生优质的内容,另一个是运营活跃社区的能力。宝宝树之所以发展如此迅速,主要是其通过大数据挖掘到用户的痛点,从而研发产品及服务,再通

---

① https://www.bilibili.com/read/cv5050901.

过精准定位找到针对不同用户的营销点,做好自己平台的内容、社区等服务,精准满足中国年轻父母的需求,让年轻家庭享受美好的生命旅程。

(二) 具有聚焦性

企业在进行内容生产时要根据品牌战略,指导和规划品牌内容营销,直观表达品牌相关信息,增强品牌形象,与消费者产生品牌共鸣。例如,创立于1931年的百雀羚,是中国历史悠久的护肤品牌,百雀羚讲究东方护肤的平衡和谐之道,致力于带给消费者天然安全的护肤体验,是东方之美的品牌典范。经过多年不懈创新与努力发展,百雀羚已成长为中国护肤领导品牌。百雀羚聚焦"草本护肤"的理念,产品包装及品牌官网的颜色主要是绿色,给人亲近大自然的感觉。

(三) 具有情感性

理性诉求与感性诉求一直是营销传播的争议性话题,但无论是感性还是理性,都是人类情感世界的组成部分。人类对于亲情、友情、爱情等美好的情感有着共同的追求,这就需要企业在做内容营销时洞察社会情感,挖掘具有共性的情感需求,用情感性的内容打动用户。

例如,伊利洞察用户情感需求,通过有情感的内容营销,重塑脱脂纯牛奶品类,引发用户消费伊利脱脂纯牛奶饮品类热潮。想要消费者接受一个品类远没有想象中的那么简单,但是伊利脱脂纯牛奶的这一次的动作却收获了超出想象的效果,不仅让消费者重新认识了脱脂奶这个品类,更为品类吸引了大量的流量。伊利是如何做到的呢?一个短短的视频里有承受家庭压力害怕失去自我的二胎爸爸、事业瓶颈期害怕被新人超越的芭蕾女舞者、想要追求自我又害怕成为异类的剩女三个角色,每一个都是现在成年人面对的最真实的场景,也是最容易让消费者产生共鸣的场景。一次次的反转,将"成年人世界里从来没有容易"这句话展现得淋漓尽致,将消费者情感共鸣强化到最大。在共鸣之后不是自怨自艾,而是直面生活的挑战,将主题"无脂者无畏"发挥得淋漓尽致。相较于市场上各种宣传以及负面情绪的贩卖,伊利脱脂纯牛奶的正能量宣传重塑情感营销,收获了极佳的宣传效果。产品背后反馈的不仅仅是品质,更是对消费者生活带来的改变,也正是脱脂奶消费者所追求的身体健康。有了良好的身体状态,才能有无畏的精神状态去赋予生活更多的可能性。

三、数字内容营销的创作要求

数字内容营销中所产生的内容要能吸引用户、打动用户、黏住用户,对用户和品牌产生正面影响。数字内容营销能否成功,不但取决于别具匠心的创意和各种技术手段,创作的技巧也同样重要。

(一) 内容简洁性

企业的战略可能是复杂的,产品可能是复杂的,甚至企业提出的一些理念、概念等是令人难以理解的,但好的内容会将复杂进行解构,进而让消费者易于理解,易于接受产品或者企业要传递的信息。数字内容营销的创作要简洁精炼、通俗易懂,并且能深深打动消费者。内容营销的文案写作一定要开门见山、直截了当,真正做到"立片言而居要"。尽量使用短标语、短文案,标题和正文往往合二为一,用简短的几个词组甚至几个字,吸引用户注意力和传达信息,与消费者产生共鸣。如白酒行业的江小白,短短五年时间销量突破十亿,成为白酒行业的一匹黑马。"小白"原意为"小白痴"的简称,泛指网络上不守礼节、不守秩序、以自我为中心的人。而如今则是更偏向中性词,江小白品牌将"小白"定义为做人做事不矫揉造作,追求简单纯粹生活的新青年群体。而江小白品牌诞生在长江和嘉陵江交汇的重庆,这就更使得"江小白"这个品牌名称更加纯粹简单,更加符合当代新青年群体的气质,更加受到年轻人的喜爱。江小白酒瓶文案内容简洁,如简单生活系列:成长就是将哭声调成静音,约酒就是将情绪调成震动;总觉得没喝够,其实是没聊透;最想说的话在眼睛里、草稿箱里、梦里和酒里;最怕不甘平庸,却又不愿行动;所谓孤独就是,有的人无话可说,有的话无人可说。

（二）内容互动性

互动,就是双方互相的动起来。内容互动就是用户可以主动参与到数字内容营销活动中,这种参与可以是有意识的询问,在一定程度上对原有程序和信息的改变,可以是随机无意识的点击、关注、转发等行为,也可以是用户积极参与到内容的创作中。由于数字技术提供了多媒体、超文本格式文件,因此,只要用户对某样产品或服务感兴趣,仅需轻点某个按钮或者链接就能进一步了解更为详细、生动的信息,甚至借助 VR、AR 技术,可以在虚拟环境下亲身"体验"产品和服务。数字媒体的互动性是其他媒体难以做到的,这有助于提高数字内容营销信息对用户的相关性[1]。

2018 年,为了迎接七天长假,支付宝在 9 月 29 日发起了一个抽奖活动,要抽取一位幸运儿,送上超级大礼包。发布仅仅 6 小时后,这条锦鲤微博转发量就突破了 100 万,阅读超 2.5 亿,但这不是一次简单的抽奖,随着参与转发抽奖人数的增多,最终抽奖时,获奖的概率达到了惊人的三百万分之一。支付宝可以说是最会搞互动营销的了,从每年的集福卡,到每年节假日的瓜分大奖,支付宝都几乎把全国用户的情绪调动起来。这个案例是支付宝在某一年的国庆节的时候,支付宝发布:"祝你成为中国锦鲤!告诉你的朋友要注意啦:转发本条微博,我会在 10 月 7 日抽出一位集全球独宠于一身的中国锦鲤,怎么宠你?"互动营销的效果,看转发量足矣。[2]

（三）内容故事性

好的品牌懂得如何把品牌的历史、内涵、精神向消费者娓娓道来,像讲故事一样,并在潜移默化中完成品牌理念的灌输。说"好故事"与"说好"故事一样重要,它能引发消费者

---

[1] 廖秉宜.数字内容营销[M].北京:科学出版社,2019:106-107.
[2] 资料来源:https://www.sohu.com/a/258564888_100071077.

连续的感情投入,甚至补充与创建部分故事内容。内容营销的内容应具有故事性,用故事的形式注入情感,增强品牌文化,故事的选择需要斟酌,讲普通人的故事或者对普通人有触动的故事才会让用户产生共鸣。

(四)内容话题性

数字内容营销的话题性就是一个营销方案为了吸引用户关注需要制造话题,并且能够让用户自发地去传播扩散这个话题,将对话题的讨论持续一段时间,从而扩大品牌的影响力[①]。具备话题性的数字内容营销可以说是目前最明显、影响力最大的方式之一,实质就是给品牌制造话题,等待用户发现,讨论,扩散。

利用故事开展情感营销

2019年正好是中国的农历猪年,小猪佩奇成为热门话题。电影广告宣传片《啥是佩奇》可以说一夜之间,便刷爆了微博和微信朋友圈。那只粉红小猪佩奇继2018年大热后,成为2019年第一个实现病毒式刷屏的"流量明星"。《啥是佩奇》之所以成功,主要是因为佩奇成功本土化,被赋予"过年回家"这一中国传统特色,引发了更为广泛的关注。

第四节 数字平台营销

数字营销发展至今并非一蹴而就,各类数字平台的构建是数字营销的基础。广告主、数字营销公司、数字媒体等都在数字营销中扮演重要的角色。数量庞大的数字媒体如何最大化填充自己的广告位?广告主面对海量的广告位如何做出最有利的选择?解决这些问题,必须要厘清什么是数字平台,什么是数字平台营销。

一、数字平台营销的概念

平台早期是指在生产与施工过程中,为操作方便而设置的工作台,后来随着计算机技术的出现,引申为计算机或软件的操作环境,现在泛指进行某项工作所需的环境或条件。数字平台就是基于数字化技术的平台,互联网广告生态中,为了使媒体的全部广告资源得到最大限度的合理利用,为了广告主迅速找到合适的媒体资源,最大限度地触达目标用户实现营销计划。数字平台营销建立在数字平台的基础上,利用数字技术手段,通过融合来消除壁垒,多渠道、全方位地与消费者进行个性化的互动沟通,从而解决企业营销领域的各种问题。数字平台营销通过平台集成数据,并向企业营销人员提供分析功能和访问途径,往往以程序化的方式,组织与优化多渠道营销活动,进行线上和线下的互动,是一种新型的商业营销模式。

---

① 廖秉宜.数字内容营销[M].北京:科学出版社,2019:109.

二、数字平台营销的类型

数字经济时代,消费者更倾向于多屏幕消费,消费者的视线会在个人电脑、平板电脑、智能手机、智能电视等多个屏幕之间转换,消费行为发生巨大变化,根据数字平台的类型和特点,将数字平台营销分为社交媒体平台营销、搜索引擎平台营销、电子商务平台营销、视频网站平台营销、网络游戏平台营销等类型。

(一)社交媒体平台营销

社交媒体由最初 Web 1.0 时代的 BBS(Bulletin Board System,电子公告板)论坛到 Web 2.0 概念产生时的博客,再到传统 SNS(Social Networking Services,社会性网络服务),如人人网与开心网,发展到现在以微博、微信、陌陌等为代表的新型 SNS。社交媒体每一步演进都在向着更加实时、开放、互动的方向发展,其演进的过程就是人们进行沟通,需求不断被满足的过程。社交媒体是一个奇妙的载体,时时刻刻都在产生不同的化学反应,既可以很个人、很随意,又可以很官方、很专业。企业与社交媒体的结合如同一场完美的商业联姻,各有所长、各取所需。企业已经意识到社交媒体的重要意义,关注数字营销的企业纷纷开通企业博客、官方微博、公众号等,与消费者进行适时沟通。下面将探讨微信、微博营销。

1. 微信发展情况

"十年磨一剑",微信从 2011 年 1 月支持发布文字信息、2012 年 4 月支持发布朋友圈,到 2013 年 8 月上线微信支付,再到 2020 年 1 月上线视频号,商业闭环已经逐步构建完善。微信的日活跃用户达到 10.9 亿,有 7.8 亿人每天翻看着朋友圈,其中的 1.2 亿人还会在朋友圈里发点什么,3.6 亿人每天浏览公众号来获取对外界的认知。2020 年,小程序年均 DAU 超过 4 亿;整体活跃小程序数同比增长 75%,有交易的小程序数同比增长 68%,尤其在出行、旅游、政务、教育,以及快消、零售渠道、时尚品牌等零售板块,有交易的小程序数增长率显著;人均使用小程序个数同比增长 25%,用户人均交易金额提升 67%[①]。微信公开课上,张小龙说,微信十年的思考如果用两个词描述,还是"连接+简单",连接指连接人、连接内容、连接服务,简单是互联网产品最极致的美学,这也是腾讯产品核心文化所在。当前,视频化、云端化显然是移动互联网正在发展的一个重要方向。张小龙认为,"视频号是一个人人都可创作的短内容平台;未来云端化的结构化的视频,才是视频;直播在未来有可能会成为一种很多人在用的个人表达方式。"

2. 有创意、速度快、人格化的微信营销

微信开发者模式是一个开放式的接口,可以通过产品后台的编写进行后台改造,完成消费数据的接口对接,从而实现产品在微信里的业务转化。选择相对比较轻一点的创意

---

① https://xw.qq.com/cmsid/20210324A09VR100.

形式,可以为品牌争取多次尝试的机会,创意的迭代快了,企业创牌的试错机会就多一些。移动互联网讲求的是速度,事件传播发酵的速度快,创意的反应就一定要跟上。如果说在传统广告时期,一个创意的产生周期是 5 天,那么到了移动营销时代,一天 5 个创意都是极可能出现的事情。脑洞大、速度快、与热点的结合巧妙,就会让你的创意更惊艳,从而引发更多分享。热点借势的速度,很大程度上就是用户分享转发的巨大驱动力。神州专车在 2016 年七夕当天,发布了一篇微信推文《LoveU——致优步中国的那些年轻人》。这其实是借势"滴滴合并 Uber 中国"的新闻,发出的一封招聘启事。神州专车团队从看到新闻到生成创意,再到联系拍摄、素材制作,最后出街,整个制作周期没超过两天。"LoveU"与强竞争性的"BeatU"形成鲜明对比,是一次很有力度的品牌层面上的营销,发布后阅读量近百万,转发分享也超过 4 万次①。此外,企业微信还需要人格化,当企业微信拥有一定的个性,用户会主动搜索并且与其进行互动,就会在无形中与企业建立起情感信任。

3. 微信营销案例——瑞幸咖啡的私域自救

"谢邀,产品总监人在海南,刚下飞机,正在上树。"

这是瑞幸咖啡官微在面临爆款新品生椰拿铁售罄、网友催补货时的调笑式回应,潜台词是"我们也没想到新产品这么受欢迎",无奈中多少带点凡尔赛味儿。

而不久前,瑞幸才刚刚经历了一次"出圈":因为邀请了以"不想上班"出圈的《创造营》选手利路修作为夏日冰咖推荐官,"利老师上班"梗和一则由《创造营》三位选手魔性演绎的广告片很快引发了大众关注。

从汤唯、张震、刘昊然、谭松韵,再到如今的利路修,能看出瑞幸咖啡对明星代言或推广的考量,是从以往的气质、商务、专业调性转向了年轻化、高热度,目标是及时收获年轻消费者的青睐。而事实证明,瑞幸在代言人选取上的思路转换是正确的——在微博,♯瑞幸冰咖推荐官利路修♯阅读量在 20 天内高达 1.3 亿;利路修首支广告片在 B 站播放量达 184.4 万,登全站排行榜第八名;瑞幸百度指数环比增长 775％;在广告片刷屏的一周里,创造了历史第二的销售记录。

在选定代言人之外,私域运营是瑞幸的又一手好牌。自 2017 年成立以来,瑞幸就一直坚持打造私域阵地。前期,瑞幸咖啡先是利用首杯免费和发放优惠券等手段,将消费者从线下门店、小程序、公众号、微博引流至官方 App 下单,不仅实现了平台流量积累,还通过分析在 App 下单的消费者数据,对店铺位置选取进行了优化和精准布局。

2020 年疫情后,瑞幸开始布局微信社群运营。同样在做社群之前,瑞幸也已经通过在多个渠道上的邀请好友得免费、优惠券等扩张性社交裂变活动,积累了大量私域流量,为社群建立打好了基础。

例如,用户在瑞幸公众号菜单栏和不定期推文中,可以看到"添加瑞幸首席福利官 lucky 领取 4.8 折饮品券"的消息;在线下门店、小程序商城和 App 页面上,用户也会在领取优惠券时被引导关注公众号,并添加"福利官"的企业微信。在添加福利官的微信以后,用户会收到加群的入口链接,并基于个人位置被拉至不同的客群。

---

① 杨飞.流量池[M].北京:中信出版集团,2018:183-185.

瑞幸表示,这些引流活动使瑞幸在私域布局后的三个月里迅速积累起 9 100 多个客户群、110 多万社群用户和 180 多万企业微信客户。每个客户群的容量上限是 200 人,如果每群每天能实现 2%的成交量,即每天卖出 4 杯,则所有社群一天的客单量能超过 3.5 万杯,一个月就能售出 100 多万杯。

与此同时,大额优惠券的效果也在私域里展现了出来。针对社群内用户,瑞幸的群机器人会每天不定时发裂变小程序,用户邀请好友进群即可得到优惠券,有效提升拉新效率。同时,瑞幸的企业微信也会每天推送饮品券,这些券的使用时间有限,可以刺激用户在短期内再次购买。

当然,除了不断拉新,瑞幸的社群运营如今也逐渐向精细化升级,营销重点放在了社群用户沉淀,促进老用户留存和提升复购上。例如,在社群里每天会设置四次福利发放时间,包括海报提醒、发放秒杀券、社群专享优惠、不定时惊喜、产品推送等活动,同时每周还有两次咖啡大牛的小程序直播。用户一次下单后,还会被提醒消息和大额折扣再度促单。

私域运营的好处在于营销成本大大降低,触达率和转化率提高,用户黏性得以提升。目前,"私域+社群"已经成为瑞幸咖啡继 App、小程序后的第三大订单来源渠道。从结果看,据阿拉丁研究院发布的《2020 年小程序互联网发展白皮书》,Luckin Coffee 瑞幸咖啡小程序的热度指数排名在 2020 年度餐饮类小程序中仅次于美团外卖,位居行业第二,可见瑞幸在疫情后对私域阵地的布局不失为明智之举。

4. 微博营销实例

文创产品是近年来,国内外博物馆文化创意产业满足大众个性文化需求的产物,是对博物馆文化艺术传播与传承模式的创新。在敦煌文创产品营销信息的传播与反馈渠道中,以社会化媒体"微博"为例。通过对比 2019 年 3 月之前营销信息的传播内容反馈数据可以看出:"敦煌研究院文创中心"与"甘肃省博物馆文创——东方密语"微博的有效反馈信息数量差距较大。"敦煌研究院文创中心"微博用户有效信息反馈数据仅为两条:受众对在其微博中发布的文创产品设计风格、推广方式表示赞赏,但对其产品推广的宣传频率和有效传播覆盖范围提出批评。从 2016 年创建微博到 2019 年几年间,敦煌研究院文创中心的微博发布总量寥寥无几。这些情况说明:敦煌研究院在其文创产品的网络营销中,缺乏对当代社会化网络传播媒介"微博"传播作用的重视。相比之下,甘肃省博物馆在其微博"东方密语"中,采取了定期微博抽奖活动,大量转发用户发布的文创产品体验内容,引导用户对敦煌文创产品信息做出反馈等多种方式,在提高用户黏度的同时,通过增强流量热度,扩大其文创产品口碑传播效果,以达到用户前往电商平台"淘宝"购买其实体文创产品的目的,成功地使传播流量变现为客观的经济价值和文化传播[1]。

(二)搜索引擎平台营销

据 CNNIC 发布的 47 次《中国互联网络发展状况统计报告》显示,截至 2020 年 12 月,我国网民规模达 9.89 亿,较 2020 年 3 月增长 8 540 万,互联网普及率达 70.4%,较 2020

---

[1] 路炜峰.敦煌石窟文创产品的博物馆营销与网络传播研究[J].广电技术,2015,(5):17.

年3月提升5.9个百分点。我国搜索引擎用户规模达7.70亿,较2020年3月增长1 962万,占网民整体的77.8%;手机搜索引擎用户规模达7.68亿,较2020年3月增长2 300万,占手机网民的77.9%[①]。

1. 搜索引擎营销的定义

搜索引擎营销(Search Engine Marketing,SEM)。SEM能够用于向正在寻找回答的用户提供促销推广,这让搜索引擎营销尤其受欢迎。SEM努力追求成本效益,就是用最少的投资从搜索引擎中获得最大收益,并通过吸引尽可能多的搜索引擎访问来产生更多价值。借助普通民众使用搜索引擎来搜索想要得到的内容的时候,穿插或者直接将企业的一些广告宣传内容呈现到他们面前,并尽可能地将他们转化成消费者来提高企业的收益,这就是搜索引擎营销的最根本内容。用户用来搜索所使用的词句,通常被用来分析他们的行为和心理,进而根据这些来进行个性推荐,更好地迎合客户需求,这样做的好处还有可以及时更新网站营销信息,精准搜索引擎。[②]

塔潘·K.潘达认为:搜索引擎营销是一种网络营销形式,其目的在于提升网站质量以增强其在搜索页面的可见度,它使用搜索引擎优化、付费广告、内容关联广告和付费链接等几种方法[③]。基于搜索引擎平台进行营销,在性价比、营销效果、可控性、针对性以及与消费者之间沟通互动等方面都有其他营销渠道和方式所无法企及的优势。通过分析搜索引擎使用者的搜索行为,建立搜索引擎用户画像分类模型,基于此分类模型,进行精准营销,为企业网络营销提供新的营销思路,为搜索引擎使用者提供更加方便高效的服务。

2. 搜索引擎平台营销的工作机理

搜索引擎平台营销是通过搜索技术应用而实现的。首先,企业或个人将信息发布到互联网上,同时搜索引擎平台会随时对发布的相关信息进行收录,建立相应的索引数据库。其次,当用户在搜索引擎平台进行关键词搜索时,检索器就会根据用户发出的搜索请求,通过链接网址在信息库中进行信息检索,将检索结果与用户输入的关键词进行相关度匹配。最后,根据相关度的高低地查询到的信息进行排序后反馈给用户。

从现有的搜索引擎的搜索技术模式来看,搜索引擎平台营销的工作机理主要有两种:一种是基于搜索引擎技术的免费自然搜索模式;另一种是搜索引擎的搜索结果返回时的付费设置模式。搜索市场竞争趋于激烈,推动搜索业务功能和定位呈现差异化趋势。一是市场参与者持续加大竞争力度。2020年9月,腾讯全资收购搜狗,为微信内容生态引入外部互联网资源,提升腾讯在搜索领域的竞争力;11月,头条搜索整合字节跳动多款新闻、视频产品,全面布局搜索广告市场。未来,搜索服务将在技术研发、产品形式、用户体验方面出现更多的创新。二是搜索业态多元化,在各企业生态布局中发挥不同功能。独立搜索是全网内容入口,主要承担引导流量和营收功能,为其他业务发展提供流量和资金

---

① http://www.cac.gov.cn/2021-02/03/c_1613923423079314.htm.
② 李凯,邓智文,严建援.搜索引擎营销研究综述及展望[J].外国经济与管理,2014,36(10):13-21.
③ Tapan K. Panda. Search Engine Marketing: Does the Knowledge Discovery Process Help Online Retailers? [J]. Journal of Knowledge Management, 2013(3):56-64.

支持;应用内搜索更多面向生态体系内部,将内容和服务进行连接形成闭环,带来大数据沉淀等多种增益。在独立搜索中,百度收入的主要来源仍是关键字广告;搜狗的搜索业务收入占比长期超过90%。在应用内搜索中,微信搜一搜主要作为微信的内建服务,为用户提供社交、购物、本地生活服务的连接,产生的广告收入占比还较低,未来商业化方向会与传统综合搜索引擎有所不同①。

3. 搜索引擎平台营销的模式

数字经济时代,网民早已习惯使用搜索引擎平台来查找和检索信息,同时由于互联网的开放性和搜索引擎平台的免费性,搜索引擎平台拥有巨大的用户流量。目前,搜索引擎平台营销模式中较受企业欢迎的模式主要有竞价排名、分类目录、搜索引擎优化、固定排名、关键词排名等。

(1) 竞价排名。

1998年,Overture在商业模式上实现了突破,首次推出了付费搜索引擎服务,即竞价排名。竞价排名是有客户为自己的网页购买关键字排名,按点击计费的一种服务,付费最高者排名靠前的原则,对购买了同一关键词的网站进行排名。客户可以通过调整每次点击的付费价格,控制自己在特定关键词搜索结果中的排名,并可以通过设定不同的关键词捕捉到不同类型的目标访问者。

竞价排名可以很方便地根据用户对网站的点击情况进行统计和分享,同时可以根据营销状况随时更换营销信息的关键词。当然,广告主通过竞价排名进行营销时,对搜索引擎平台的选择也是有一定技巧的,对于同等价格下的关键词应尽量选择用户数量比较多的搜索引擎,这样被检索和浏览的效率会高一些,但如果同一关键词参与竞价的网站数量较多,排名靠后,反而会降低营销效果,因此还应综合考虑多种因素来决定性价比最高的搜索引擎。在可能的情况下,也可以在若干个搜索引擎同时开展竞价排名,这样更容易比较各个搜索引擎的效果。从通过竞价排名搜索出来的显示结果看,一般都是比较简单的文字型网页标题,需要点击之后才能连接到相应的营销网站。因此,竞价排名比较适用于具有网站的企业或公司,同时这种方式是按点击收费的,竞价本身并不能直接实现企业产品或服务交易,它仅仅是为企业提供了一个曝光的机会和渠道,这之间需要一定的转化。因此,企业网站建设是竞价排名取得成效的基础,没有扎实的基本功,任何先进的营销手段都不会产生明显的效果②。

(2) 关键词广告。

关键词广告也称为"关键词检索",简单来说就是当用户利用某一关键词进行检索,在检索结果页面会出现与该关键词相关的广告内容。由于关键词广告是在检索特定关键词时才出现在搜索结果页面的显著位置,所以其针对性非常高,被称为性价比较高的网络推广方式。不同的搜索引擎对关键词广告信息的处理方式不同,有的将付费关键词检索结果显示在搜索结果列表的最前面,也有的出现在搜索结果页面的专用位置。国内关键词

---

① 中国互联网络信息中心 CNNIC:第47次《中国互联网络发展状况统计报告》,40-41页。
② 马二伟.数字平台营销[M].北京:科学出版社,2019:121-122.

阵营有百度搜索、搜狗搜索、360搜索、神马搜索。

关键词更换是搜索引擎营销中重要的环节，也是控制营销效果的关键因素。企业不能对关键词的选择一视同仁，一定要根据投放情况，及时调整账户结构、预算控制、出价、创意的制定。启示关键词的选择阶段就是关键词制定账户策略的阶段，很多通用词、行业词由于竞争激烈导致其出价很高，会占去投放总消费的一大半。而转化率比较高的词汇由于出价和语段问题，得不到充分的展现和点击。所以一定要通过对关键词的选择和流量控制，找到最佳的配比值。不断结合产品特性，不断尝试新词，增加相关搜索量带来更多新的转换；结合实际情况，把优化作为日常工作，根据节假日或热点经常更换关键词。

关键词广告点击率比横幅广告高，点击率没有最低限额，广告主可以自行控制广告预算。虽然投放关键词广告的操作简单，但关键词广告最大的缺点就是广告主不得不面对恶意点击。恶意点击有时候是竞争者为了消耗广告主当天的预算费用，使得广告不再显示，进而让自己的广告排名上升，有时候可能因为搜索引擎广告联盟网站，它们为了获得每次点击的广告佣金而自己实施广告点击行为。

(3) 搜索引擎优化。

搜索引擎优化(Search Engine Optimization, SEO)，它是一种通过分析搜索引擎的排名规律，了解各种搜索引擎怎样进行搜索、怎样抓取互联网页面、怎样确定特定关键词的搜索结果排名的技术。网站搜索引擎优化任务主要是认识与了解其他搜索引擎怎样紧抓网页、怎样索引、怎样确定搜索关键词等相关技术后，以此优化本网页内容，确保其能够与用户浏览习惯相符合，并且在不影响网民体验前提下使其搜索引擎排名得以提升，进而使该网站访问量得以提升，最终提高本网站宣传能力或者销售能力的一种现代技术。基于搜索引擎优化处理，其实就是为让搜索引擎更易接受本网站，搜索引擎往往会比对不同网站的内容，再通过浏览器把内容以最快的速度最完整、直接地提供给网络用户。

搜索引擎优化工作的流程：第一步确定关键词。由申请者向搜索引擎网站提供所需要的关键词，对所要优化的网站进行受众分析，根据申请者提供的网站情况，搜索引擎进一步分析浏览对象的搜索习惯和搜索心理。第二步分析竞争网站。对网站结构、搜索引擎优化情况、网站优化情况、搜索引擎数据情况进行分析。第三步优化网站结构。遵照国际Web标注，通过对网站结构的调整提高自身网站的整体环境，是网站更符合用户的浏览习惯和搜索引擎的收录标准①。

搜索引擎优化可以从以下方面进行优化：结构优化、内容优化、内链优化和外链优化。

第一，结构优化。TDK优化，T：Title，页面的标题；D：Description，页面的描述文字；K：Keywords，页面关键词。网站的标题(T)非常重要，标题要语句通顺，因为网络爬虫首先会爬取标题，所以标题必须包含关键词，即网站的功能，网站是做什么产品或服务的。描述(D)是用来写一段简短的话，简单概述一下网站是做什么的，让用户可以清晰明了地

---

① 杨路明，罗裕明，等.网络营销[M].北京：机械工业出版社，2016：242-243.

对网站运营内容有个大概的判断。关键词(K)是用来定义网站主要优化的核心关键词,这个标签的关键词页面是不会显示的,它隐藏在源代码当中,目的是告诉搜索引擎蜘蛛程序这个网站所有运营的内容都将会是和这些关键词相关。此外,网站的主导航、次导航等,关键词、突出重点、使用纯文本,要和相应的 TDK 保持一致。

第二,内容优化。内容优化是指文章的质量要高,优化的内容保证一定的原创度,吸引搜索引擎来抓取;优化的内容与网站的主题相关,把握好相关度;优化的内容一定要具有实用性,能够给用户带来很大的帮助;站点的内容要保持定期更新,这是优化内容的基础。

第三,内链优化。内链就是在同一网站域名下的内容页面之间的互相链接(自己网站的内容链接到自己网站的内部页面,也称之为站内链接)。内链优化就是增加站内的链接密度,像蜘蛛网一样,越密集越好。最常见的就是首页、栏目页和文章页的相互跳转,Logo 的链接,文章页使用分类标签和上一篇、下一篇或相关文章,增加页面间的链接数和相关度[1]。此外,加强与用户的互动,降低用户的筛选成本。例如,哔哩哔哩等视频网站就会让观看过的用户发表评论或者点赞,以降低其他用户的筛选成本。

第四,外链优化。首先是一个超链接,这个连接会给网站很好的分量;其次是锚文本链接,连接到网站的文字作为一个关键词,对网站排名有很好的作用;再次是纯连接,运用域名查询指令。此外,增加论坛、新闻、博客、社交网络服务、软文等相关链接也是增加网站外链的方式。质量比数量更重要,换精不换量。与其选择一些非法网站或者长期无法更新的网站获得很多流量,不如选择 PR≥6(PR 是指 Page Rank,即网页排名)的网站。一般来说,对方网站链接如果超过了 30 个,建议就不要与其交换友情链接了;如果交换了,不仅得不到权重的有效提高,而且容易分散自己的权重比[2]。

(4) 分类目录。

分类目录是指搜索引擎平台为用户提供的供用户直接进行登录访问的目录。分类目录的编辑把所有的中文网站资源整理后组织起来,按不同的主题放在相应的目录下,形成网站分类目录体系。分类目录是以图书分类编码为检索标志的目录体系,卡片按分类号的顺序排列。分类目录和搜索都是用户查找网站信息的工具,区别在于查找信息的方式不同。分类目录是把同一主题的网站信息放在一起并按一定顺序排列,通过主题目录层层找到信息。

分类目录拥有可供浏览的树状结构,并可按主题层层点击。例如,想找有关游戏"天堂"的信息,可以通过分类目录"娱乐休闲>游戏>网络游戏>多人在线游戏>天堂"找到有关天堂的多条网站信息;也可以不通过目录,直接在搜索框中输入关键词"天堂",点击搜索,即得到有关"天堂"的所有网站信息。两种查找方式的结果有所区别:通过目录查找得到的 100 多条网站信息都是经过编辑审核确认后推荐的,信息量少而精;通过搜索得到的结果是互联网上所有与"天堂"相关的网站信息,信息量大,但相关性较差。

---

[1] 杨飞.流量池[M].北京:中信出版集团,2018:263-265.
[2] 阳翼.数字营销[M].北京:中国人民大学出版社,2019:216.

(三)电子商务平台营销

1. 电子商务产业基本情况

2020年我国电子商务产业总体运行态势向好,市场规模逆势增长,产业转型持续推进,配套产业溢出效应明显,彰显出较强的抗冲击和抗风险能力。从产业规模来看,网络零售交易额稳定增长,持续释放消费新动能。数据显示,2013至2019年间,我国电子商务交易额从10.40万亿元增至34.81万亿元,年均复合增长率为22.3%,2020年仍保持稳步增长态势。以网络零售市场为例,2020年全国网上零售额117 601亿元,比上年增长10.9%。其中,实物商品网上零售额97 590亿元,比上年增长14.8%,占社会消费品零售总额的比重为24.9%,比上年提高4.2个百分点。

2. 电子商务平台营销作用

电子商务助力传统产业数字化转型,推动我国经济高质量发展,主要体现在三个方面:一是电子商务推动农业创新链、价值链加速重构,助力数字乡村发展建设。例如,京东依托物联网、区块链、人工智能等科技手段,建立京东农场全程可视化溯源体系。拼多多采用"农货智能处理系统"和"山村直连小区"模式,整合出农货上行快速通道,重组农产品上行价值链。盒马鲜生在汉源建设了直采基地,汉源生产的花椒、樱桃、蒜薹被摆上了盒马的货架。在汉源,网上卖货成了"新农活",昔日"背篓装不下,汽车拉不满,产品卖不出"的状况得到了改善。汉源县的电子商务突飞猛进,花椒、樱桃、苹果等特色农产品,三分之一通过互联网销售。[①]

二是电子商务推动工业C2M(Customer-to-Manufacturer,用户直连制造)模式快速发展,助力制造业转型升级。例如,苏宁联合家居清洁、美妆个护、纸品、日用百货等领域的工厂,通过大数据指导展开反向定制生产,并为厂家提供诸多供应链服务,帮助企业实现智能化制造。2019年波司登加入阿里巴巴A100战略合作计划后,进行整个供应链改造,从前端的销售向后端的制造全面覆盖,同时携手阿里云建设全域数据中台,共造"数智化转型时尚先锋"。

三是电子商务科技赋能重构服务业,助力传统零售业务改造升级。人脸识别、AR(Augmented Reality,增强现实)、无人零售、无人配送等新技术在零售领域普遍应用,大大提升了零售业服务运营效率。例如,上海虹桥机场借助智能识别、无感支付等新技术推出无人便利店,收银效率较普通便利店提高78%。

(四)视频网站平台营销

1. 短视频营销的内涵

短视频即短片视频,是一种互联网内容传播方式,一般是在互联网新媒体上传播的时长在5分钟以内的视频。短视频内容广泛,包含了技能分享、幽默搞怪、时尚潮流、社会热

---

① 吴晓波,王坤祚,钱跃东.云上的中国:激荡的数智化未来[M].北京:中信出版集团股份有限公司,2021:103.

点、街头采访、公益教育、广告创意、商业定制等主题,具有生产流程简单、制作门槛低、参与性强等特点。短视频的出现丰富了新媒体原生广告的形式。

从狭义上说,短视频营销是以短视频为载体进行的社会化营销;从广义上说,短视频营销是指包括短视频广告营销、短视频的社交媒体营销、短视频与其他媒体的整合营销等一切以传播带有品牌信息的短视频内容为目标的营销方式。

随着短视频行业的快速发展,各大短视频平台也开始进行平台的变现,其中广告是最为重要的变现方式。根据艾瑞咨询《2019中国短视频企业营销策略白皮书》显示,2018年中国短视频行业规模达467.1亿,增长率达744.7%;网络广告市场规模更是达到了4914亿元,同比增长31%。短视频营销价值逐渐在网络广告中凸显,它的变现模式也受到市场的认可。学者们从以下三个角度研究短视频营销:用户角度、短视频拍摄者角度以及短视频平台角度。从短视频用户角度来看,认为短视频内容制作应结合消费者大数据来制定,这样才能做到"量身定制"。拍摄者根据观察用户对短视频的接触动机、内容偏好、个人生活形态等,总结出短视频用户追求个性化、娱乐化内容,期望从短视频中获得信息、知识、休闲娱乐等具有一定意义的外部支持,而在视频的创造内容上更偏好于个性化的内容。[1] 从短视频平台来看,短视频的运营者与管理者应该制定严格的审查标准,为用户过滤掉不健康、低俗等消极内容,并且向用户推送有兴趣的、符合他们需求的短视频[2]。

2. 网络视频基本情况

中国互联网络信息中心发布的数据显示,截至2020年12月,我国网络视频用户规模达9.27亿,较2020年3月增长7633万,占网民整体的93.7%。其中短视频用户规模为8.73亿,较2020年3月增长1.00亿,占网民整体的88.3%。2020年,网络视频节目内容品质迅速提升,各平台商业模式逐渐成熟,长短视频平台业务呈融合发展趋势。[3]

在优质内容的支撑下,网络视频平台商业模式进一步成熟。近年来,匠心精制的制作理念逐渐得到了网络视频行业的认可和落实,节目质量出现大幅提升。网络剧领域,各大平台开始布局短剧、竖屏剧、互动剧等创新形态剧集,用户逐渐向全年龄段扩展;网络综艺领域,各平台以深入垂直用户、提升节目水准为发展重心,部分节目形成较大的社会影响力;网络电影领域、院线电影通过网络渠道发行成为新的探索方向,票房分账金额涨势明显。

长短视频平台业务相互渗透、融合发展。一是长视频平台大力发展短视频业务,以吸引用户和流量。各大长视频平台通过各种方式鼓励产出优质短视频内容,提升短视频内容占比,增加用户黏性。例如,爱奇艺推出短视频内容社区"随刻",利用其拥有的丰富IP内容优势,全面赋能创作者;腾讯视频则在微信内加入视频号,依托于微信庞大的用户基础和社交优势,布局短视频业务。二是短视频平台开始涉足综合视频业务,通过推出与自身平台更为匹配的"微剧""微综艺"来试水,再逐渐进入长视频领域。短视频平台通过不

---

[1] 张天莉,罗佳.短视频用户价值研究报告2018—2019[J].传媒,2019(5):9-14.
[2] 刘姿麟.中国短视频行业的现状分析[J].电影评介,2018(10):95-97.
[3] 中国互联网络信息中心 CNNIC:第47次《中国互联网络发展状况统计报告》,58-60页。

断调整用户的视频最大拍摄时长,与专业团队合作推出长视频节目等措施,提高用户留存时间,同时也更利于产出优质内容。例如,抖音在 15 秒、1 分钟、3 分钟视频后,开放了 15 分钟的视频拍摄权限;快手亦于 2020 年上线专业团队制作的长视频节目,重点在社会题材纪录片、网络电影等方面发力。

短视频应用迅速占领海外市场,同时也面临政策监管风险。2016 年开始,短视频平台开始尝试国际化,从东亚、东南亚等新兴市场入手,逐步扩展到北美、欧洲市场,进展迅速。数据显示,2020 年上半年,抖音海外版 TikTok 全球下载量达 6.26 亿,名列全球第一,在苹果和谷歌系统内产生收入为 4.21 亿美元,列全球第三。快手则针对不同海外市场推出了 Kwai、SnackVideo 等不同的短视频应用,目前在韩国、俄罗斯、越南等市场表现突出。短视频应用在海外市场迅猛发展的同时,也面临着一定政策风险。未来,中国短视频企业的出海战略仍需根据国际形势和所在国法律法规做出相应调整。①

3. 视频网站案例——《后浪》奔涌,背后是 B 站"破圈"的野心②

2020 年五一假期,被 B 站给新一代的演讲《后浪》奔涌声刷爆。5 月 3 日晚间,即五四青年节前的一个晚上,B 站《后浪》在央视一套播出,并且登录《新闻联播》前的黄金时段,演讲人是国家一级演员何冰。为什么选何冰来做这个演讲? 有人说是因为除了国家一级演员的头衔外,他的身上还有种父辈的敦厚与扎实劲。

bilibili 联合了几大官媒在五四青年节这个节点上发布这部宣言片,也使得它极具仪式感和交接感。而在网络平台上,《后浪》不仅赚足了眼球,还引起了众多网络自媒体的争相讨论。视频的画面非常精美,台词激昂,表达了老一辈对年轻一代的肯定和赞美:"那些抱怨一代不如一代的人,应该看看你们;就像我一样,我看着你们满怀感激。""我们这一代人的想象力不足以想象你们的未来。""你们有幸,遇见这样的时代;但时代更有幸,遇见这样的你们。"

当这些台词被何冰老师以浑厚的嗓音娓娓道来时,弹幕上弹出的是满屏的"奔涌吧,后浪"。伴随着《后浪》的刷屏,互联网圈一夜之间被划分为"前浪"和"后浪"两大阵营。有人认为这是对年轻文化的包容、鼓励和尊重,而有些人则认为这很不"B 站",是有意让"后浪"迎合主流文化。无论你是否认可前后浪之说,这部由 B 站推出的品牌形象宣传片,再次让 B 站成功破圈。《后浪》刷屏后,B 站美股盘前涨超 4%,开盘后,B 站股价更是在美股大跌的情况下逆势上涨,一度涨近 8%。

"这个片子产出的时候,并没有为了去刷屏而设计,它只是一个五四青年节前夕投放在《新闻联播》前的品牌广告。"如果真如 B 站所说,这可谓是今年广告界的"顶级策划"。无论是品牌宣传也好,扩充内容生态也罢,在用户增长策略下,B 站的"破圈"效应持续。

《后浪》发布后,吸引了许多"70 后""80 后"的转发,这恰恰符合了 B 站近期"出圈""用户增长"的策略。毕竟 B 站一向被认为是年轻人的阵地,这一部分人为 B 站带来的用户增量着实有限。

---

① 中国互联网络信息中心 CNNIC:第 47 次《中国互联网络发展状况统计报告》,58 - 60 页。
② 资料来源:https://www.sohu.com/a/395140615_120678110.

作为一个由二次元视频起步的平台,其实近几年B站一直在为"破圈"做努力,近几年B站的视频内容在不断丰富化,这为其"破圈"提供了内容基础。同时,B站在金融科普视频领域已经孵化了许多百万IP,法律界顶流UP主罗翔的加盟,更是体现了B站在知识视频领域的进步。其实,2019年的跨年晚会已经助力B站首次大规模出圈。晚会举办时,B站的股价在美微涨0.92%,但在晚会举办的第二天,随着这场晚会的成功出圈,B站股价飙升。

(五)虚拟游戏平台营销

虚拟游戏指的是在各种平台上的电子游戏,包括单机游戏和网络游戏。虚拟游戏营销就是借助虚拟游戏来开展的营销活动,可分为游戏植入广告和品牌定制游戏。游戏植入广告是将广告信息融入游戏环节、场景、形象、道具中,让广告和游戏融为一体,从而使广告信息出现在游戏玩家面前。[①] 品牌定制游戏指那些专门为传播品牌、宣传产品而开发制作的游戏。品牌定制游戏往往由有营销需要的品牌主导。数字经济时代,品牌定制游戏主要基于社交网站平台的第三方游戏插件和游戏App形式而存在,这种虚拟游戏营销形式的影响力也越来越大。[②]

2019年,动视暴雪与可口可乐达成关于旗下游戏《守望先锋》战略合作关系。这是首个把游戏IP产物全面覆盖的OWL(Overwatch League 守望先锋联赛)赞助协议。在此次的多年合作协定当中,可口可乐将独享包括20个OWL队伍、OC系列赛、OWOD、守望先锋世界杯、BlizzCon和大学赛事等活动的权益。这次虽然是动视暴雪与可口可乐达成的协议,但这也是暴雪与可口可乐的二次合作了。

在2005年可口可乐就已经与暴雪开始了第一次的合作,当时还是由九城代理的《魔兽世界》宣布,由九城、暴雪和可口可乐共同签署了《中国跨领域推广〈魔兽世界〉协议书》。7月份推广广告由当时人气颇高的女子演唱组合SHE主演,广告中SHE喝下可口可乐后,变身魔兽中的联盟形象,将兽人的BOSS打个落花流水的广告登陆央视一套和互联网。可口可乐在这次活动中,准备了4 000万份惊喜,消费者只要登录iCoke网站,并输入可口可乐底部的序列号,就有机会赢得包括新型时尚笔记本电脑、限量版魔兽世界经典英雄任务玩偶及其配饰,以及免费在线游戏时间等众多奖品。这次《魔兽世界》同可口可乐的合作是空前的成功,双方都达到了各自的目标。2005年7月20日,《魔兽世界》开发商暴雪宣布:《魔兽世界》在全世界已经拥有350万付费用户,而中国大陆的付费玩家数量已经超过150万人,最高同时在线60万人。《魔兽世界》在中国大陆正式运营仅仅一个半月就取得如此之大人气,这当中可口可乐是功不可没。同时《魔兽世界》的人气也极大地带动可口可乐的人气,7月份,可口可乐发布的2005年第二季度业绩显示:可口可乐(中国)净利润比去年同期增长15%,达到12.9亿美元,第二季度收入也增长了15%。[③]

[①] 朱珊.游戏营销攻略[J].成功营销,2013,(10):84-87.
[②] 阳翼.数字营销[M].北京:中国人民大学出版社,2019:171.
[③] https://www.sohu.com/a/296332157_120099908.

 应用训练

你有没有参与过某品牌数字内容营销的经历？如果有，你是如何写作该品牌的数字内容营销的？如果没有，请你参与一个品牌的数字内容营销，设计该品牌的顾客在线体验方案。

思维训练

1. 营销理念经历了哪些变迁？
2. 什么是数字内容营销？如何进行数字内容营销创作？
3. 数字平台营销有哪些类型？
4. 根据本章案例导入，请查找红蜻蜓公司的相关资料，进一步分析红蜻蜓公司是如何进行数字营销的？

第七章 创业实施

> ➢ 了解商业计划书的作用及撰写要求。
> ➢ 了解创业大赛的赛事要求及参赛流程。
> ➢ 了解创业公司的创立流程及公司制度制定。
> ➢ 掌握商业计划书的结构与内容。
> ➢ 掌握商业计划书的撰写原则与技巧。

商业计划书

对于早期融资的项目,一份好的计划书就是一个不超过 10 页的 PPT。最重要的是要有"干货"。

第一页,目前市场上存在的问题。用几句话清楚说明你发现目前市场中存在一个什么空白点,或者存在一个什么问题,以及这个问题有多严重。应该相信风险投资人很聪明。比如,现在网游市场里盗号严重,你有一个产品能解决这个问题,只需要一句话说清楚就可以。很多人写了三百张纸,抄上一些报告,对于网游、对于互联网的报告内容比他自己的计划内容还多。投资人天天阅读行业报告,天天看这个,还需要你教育他吗?不要给他论证市场有多大,上来就开门见山。

第二页,问题的解决方案。你有什么样的解决方案,或者什么样的产品,能够解决这个问题。你的方案或者产品是什么,提供了怎样的功能,你是怎么解决这个问题的。很正规、很职业的投资人就会把自己假想成一个用户,如果我是一个用户,会不会用你的东西,我会先感同身受你说的东西,你解决的问题越具体、越实在,我就觉得你的这个事越有价值。否则的话,上来高谈阔论了半天,集 Web 2.0、社区、搜索于一体的网站,三年内超越新浪、搜狐,这些都是空话。一定要说实话,用朴实的话来解释你发现了一个什么问题,要去解决这个问题,你会怎么做。

第三页,产品的目标用户。你的产品面对什么样的用户群,是给全国老百姓使用,还是只是给企业白领用,或是只给学生用。对初创企业,即使你说的这个想法十年以后可能会风靡世界,但这仍然只是一个想法,你说出来没有人会信。最开始找一个哪怕很小众的用户群精准定位,会让人感觉你比较聚焦,明确你面对什么样的用户,这样对你的商业合作和融资更有利。

第四页,未来的市场有多大。你认为未来你所做的这件事市场有多大,可以做一个预测和估计。日本有人发明在手纸上印数独游戏和广告,这个事情在中国做市场有多大,你通过中国有多少个厕所就能计算出来一个大概的量,告诉风投你准备进入一个多大的市场。

第五页,竞争对手。有其他人在做同样的事不可怕,重要的是你能不能对这个行业有一个基本了解和客观认识。要说实话、干实事,可以进行一些简单的优劣分析。这个市场里面千万不要说只有你一个人最聪明,这种话一说风投就会鄙视你,觉得你消息太不灵通了,也不事先上网搜搜。掌握目前的竞争对手他们在做什么,他们做得怎么样,不要怕说别人比你强,没关系,至少要说实话,说明你做这个事之前会看看周边,而不是井底之蛙。

第六页,核心竞争力。强调为什么这件事情你能做,而别人不能做。否则,如果这件事谁都能干,为什么要投资你!在这里,投资者看重的关键不在于所干事情的大小,而在于你能在哪些点上比别人干得好,与别人干得不一样。你独门的绝技可以是你的营销手段、生意模式、推广模式等。

第七页,你的计划。可以做一个简单的财务分析。不要预测未来三年能挣多少钱,没人会信。说说未来一年或者六个月需要多少钱,你大概准备拿多少钱,用这些钱干什么,在未来12个月里准备做哪几件事。千万不要列买电脑、招聘、定盒饭这种事,就给自己定出几个关键点。投资者有时候通过这些事情看你的思维能力,是"眉毛胡子"一把抓,还是定出几个关键点。

第八页,盈利模式。知道自己是怎么挣钱的,我未来的收入模式是什么样的。如果不知道就老老实实地说不知道怎么挣钱,这里面最大的陷阱就是你确实不知道怎么挣钱,实话讲刚开始很多公司都不知道怎么挣钱——很多人有一个偏见,以为商业模式就等于挣钱模式,其实不是。挣钱模式只是商业模式的最后一个环节,完整的商业模式首先包括你的产品模式,你有什么样的产品,你的市场定位是什么,针对什么样的用户群,怎么推广,最后才是怎么挣钱,这才构成一个完整的商业模式。讲到营收挣钱,知道就写一个,不知道就不要写,就老老实实地告诉投资者:我还在早期阶段,不知道怎么挣钱,相信你们会帮我,但是我现在会先把产品做好,把用户做上去。这样是比较实事求是的做法。

第九页,团队介绍。团队的几个人简单做一下介绍,不要像写简历或者写三好学生评语一样把溢美之词写在自己头上,不要说自己才貌双全,胸有大志,立志成为比尔·盖茨第二,这种话没有信息量。

第十页,投资人。最后,把你的投资人给列一下,对你的融资也许会有很大帮助。

一个包含以上内容的计划书,就是一份非常好的创业计划书了。做创业计划书就是说大实话。怎么想的就怎么说,用最朴素、最明了的语言,说出你的行动计划,说出第一步准备干什么。

对于创业者,学会写商业计划书,学会以一个良好的心态建立一个合作的团队,完成第一个挑战——获得风险投资,这样创业就有了一个很好的开始。

(资料来源:周鸿祎《十页商业计划书》,2015. https://wenku.baidu.com/view/4e166531a32d7375a417803a.html)

第一节 商业计划书概述

一、商业计划书基础知识

(一)商业计划书的基本概念

商业计划书(Business Plan,BP),也称商业策划书,是公司、企业或项目单位为了达到招商融资和其他发展目标,根据一定的格式和内容要求而编辑整理的一个向受众全面展示公司和项目目前状况、未来发展潜力的书面材料[①]。

商业计划书是企业筹资、融资、企业战略规划与执行等一切经营活动的蓝图与指南,也是企业的行动纲领和执行方案。其目的在于为投资人提供一份创业项目的介绍,向他们展现创业项目的潜力和价值,并说服他们对项目进行投资。商业计划书同时具有内部作用和外部作用。因此,可以说计划书是创业者手中的一张名片,这张名片是特别提供给投资人和其他潜在合作伙伴的。

(二)商业计划书的作用

商业计划书是呈现创业构想的载体,也是展现创业者如何实现创业过程的一份资料。商业计划书是一份全方位的项目计划,编写商业计划书的主要目的是递交给投资者,让投资者对某一新项目或服务做出评判,从而使创业者获得融资。一份好的商业计划书应具备细致的产品介绍、充分的市场调研信息、有力的资料说明、表明行动的方针、对团队风采及良好发展前景的展示等内容。一份好的商业计划书是创业者的行动指南,同时也是创业者成功获得贷款和投资的关键。商业计划书的作用主要体现在以下两个方面。

1. 指导创业者的行动

编写商业计划书的过程是一个调研与思维碰撞的过程,整个创业团队会对新企业、新项目、新业务或新产品的未来发展进行思考。创业者能在这个过程中清楚地认识到哪些才是符合企业未来发展需求的要素,从而进一步明确自己的创业思路和经营理念。

2. 提供创业信息

一份完整、规范的商业计划书包含了创业过程中的各种信息,如产品(服务)介绍、市

---

① 姚晓芳,武朝晖.如何撰写商业计划书[J].企业管理,2000,(10):41-42.

场预测及分析、营销策略、风险预测等。它可以告诉投资者：创业者的创业计划并不是纸上谈兵，而是科学的、可行的。一份商业计划书需要以简洁的语言引起投资人的注意，通过阐述商业机会、公司情况，以及所需要的资源等，可以使得投资人在见面洽谈前就获得很多有价值的信息，产生对创业方案的兴趣。如果商业计划书中解释得不够清晰，可能会使投资人丧失沟通的兴趣。此外，商业计划书还可以用于公司的经营指导。

二、商业计划书的框架

（一）商业计划书的逻辑

商业计划书的内容具备很强的逻辑性，如图7-1所示。它首先描绘项目具有广阔或准确定位的市场、公认的痛点或问题；然后采用先进的技术方案、有效的运作系统（产、销系统），通过创新的商业模式，解决公认的痛点或难点；接着证明项目有良好的规模与效益预期；最后得到项目非常可行的结论。

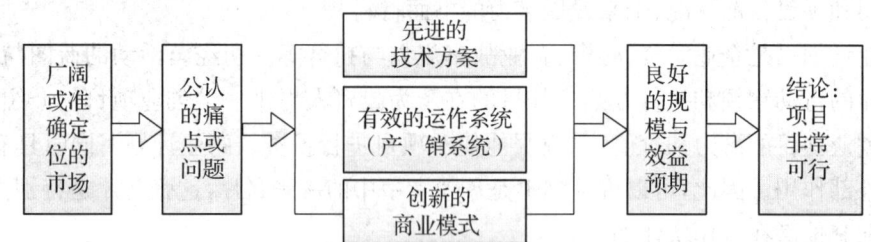

图7-1　商业计划书的论证逻辑

（资料来源：丁斌.创新创业实战教程[M].北京：机械工业出版社，2021：169）

（二）判断商业计划书优劣的标准

判断一份商业计划书优劣的标准有三条：

一是市场广阔或细分市场定位准确。经过调查分析，用数据证明本产品市场广阔、细分市场定位很准；二是企业发展思路清晰，产品设计、研发计划、营销计划、生产计划等都很清晰；三是产品或服务采用的技术先进，商业模式和运营计划可行。

三、商业计划书撰写原则与方式

（一）商业计划书撰写原则

编写商业计划书有以下原则：一是先进性。技术先进、管理先进、商业模式先进，至少有一个方面先进。二是创新性。针对创业项目面临的技术问题、管理问题与市场问题等，有创新的解决方案，比如营销创新、运营管理创新。三是可行性。计划书所列方案在现实中是可以执行的,能达到计划书所描述的效果。四是简洁性。简单明了,投资人容易看懂。有些材料可以放在附件里[①]。

(二)商业计划书撰写方式

商业计划书的编写方式主要有两种:创业者自己写、聘请管理咨询公司编写。

如果创业者本人对于创业过程以及商业计划书的主要内容比较熟悉,则可以考虑自己编写。创业者自己制定的商业计划书,能更准确地表达出企业的商业思路、盈利模式、产品与服务的创新性等,但是这对创业者的商业思维与管理知识提出了一定的挑战。

管理咨询公司拥有经验丰富的专业人员,可以很好地编写商业计划书,弥补技术性创业者在管理知识方面的不足,使得商业计划书信息更加全面、更具有专业性。在这一过程中,需要管理咨询公司的专家与创业者进行深度交流,将创业者心中的创意在书面上较好地表达出来。

四、商业计划书的撰写要点与步骤

(一)商业计划书的撰写要点

为了提高商业计划书的可读性和吸引力,创业者掌握一些商业计划书的撰写要点是非常有必要的。

1. 关注产品

在商业计划书中,创业者要详细描述所有与企业的产品或服务有关的细节,包括产品正处于研发的哪个阶段,产品的独特性体现在哪里,产品的生产成本和售价是多少,等等。这样才能将投资者带入企业的产品或服务中,让投资者感受到企业产品或服务的优势和与众不同。

2. 条理清晰

清晰的布局结构可以使投资者快速找到他们的兴趣要点,提升其阅读兴趣。另外,不同的阅读对象对创业项目的关注点会有所不同,因此,撰写商业计划书时不能套用固定模板,而应该根据不同的阅读对象进行调整,突出重点。

3. 借助外力完善商业计划书

商业计划书草稿完成并获团队全体成员一致通过后,可以聘请专业的咨询师进行完善。因为专业的咨询师有与投资者和银行沟通交流的丰富经验,他们对商业计划书的撰写具有非常充分的经验,所以创业团队可以借助专业咨询师来完善商业计划书[②]。

4. 尽量使用第三人称

相对于频繁使用"我""我们",使用第三人称"他""他们"会有更好的效果,这样会给投资者留下更专业和更客观的印象。

---

① 姚晓芳.一份成功的商业计划书[J].经济管理,2000,(10):38-41.
② 杜福胜.做一份漂亮的商业计划书[J].财经界,2001,(10):83-85.

5. 注意格式和细节

在编写商业计划书时，不要使用过于花哨的字体，如艺术字、斜体字等，避免给人留下不够严肃、正式的印象。另外，在商业计划书的细节处理上要多花一些心思。例如，在商业计划书的封面和每一页的页眉或页脚都加上设计精美的企业 Logo。

6. 使用 PPT 展示

绝大多数投资者更喜欢 PPT 格式的商业计划书，PPT 中的图文展示更直观，表现更丰富，便于创业者清楚讲述创业项目。另外，PPT 格式的商业计划书更适合在展示或路演时使用；而 Word 或 PDF 格式的商业计划书则适合后续的进一步展示，在内容上也更翔实。无论是哪种格式的商业计划书，将所有内容融会贯通、熟记于心都是必不可少的。

7. 阅读优秀的商业计划书

阅读他人优秀的商业计划书可以在一定程度上帮助创业者提高自己的写作能力。因此，创业者在编写商业计划书之前，可以多阅读他人的商业计划书，从中找到灵感，并得到一定的启发。

（二）商业计划书的撰写步骤

商业计划书的撰写步骤，一般包括经验学习、创业构思、市场调研、起草商业计划书、修饰、检查。

1. 经验学习

创业者大多都没有撰写商业计划书的经验，此时可以先通过网络搜集一些较为成功的商业计划书范文、模板及相关资料，研究这些资料所包含的内容和写作手法后，吸收其中的精华，理清自己的撰写思路。

2. 创业构思

一个优秀的创业构思对创业企业的成败起着至关重要的作用。如果创业者只是单纯地跟着别人的步伐来创业，那么很可能会以失败告终。因此，创业者在进行创业构思时，要冷静分析、谨慎决策，考虑多方面的问题，如项目的切入点是什么、如何寻找合适的创业模式、怎样找到投资者、怎样预见可能遇到的各种问题等。

创业构思主要是从自身爱好和消费者需求出发的，这使创业者成功创业的可能性大大增加，一个好的构思还必须要有市场机会和利用这个市场机会的技能和资源。

3. 市场调研

市场调研就是市场需求调查，即通过运用科学的方法，有目的、有计划地搜集、整理、分析有关的信息，并提出调研报告，以便帮助管理者了解营销环境，发现问题和机会。市场调研的主要内容包括市场环境调查、市场需求调查、市场供给调查、市场营销调查和市场竞争调查 5 个方面[①]。

---

① 吴亚梅,龚丽萍.大学生创新创业教程[M].重庆:重庆大学出版社,2018.

（1）市场环境调查。市场环境调查主要包括政治法律环境、社会文化环境、经济环境和自然地理环境等环境的调查。具体的调查内容可以是国家的方针、政策和法律法规，经济结构，市场的购买力水平，风俗习惯，气候等各种影响市场营销的因素。例如，最好不要在三线和四线城市开展与高端消费品有关的创业活动，因为这些城市消费者的购买力还不够高。

（2）市场需求调查。如果要生产或销售某个产品，应该对该产品进行市场需求调查。市场需求调查的主要目的是估计某个产品的市场规模的大小及产品潜在的需求量。创业者在对市场需求进行调查时，应重点关注以下问题：

① 产品的需求量有多大？
② 消费者的月/年收入是多少？
③ 让消费者产生购买行为的动机是什么？
④ 消费者喜欢以哪种方式进行购买？
⑤ 消费者能够接受的产品价格大概在什么范围？
⑥ 消费者在购买产品时是通过何种方式进行决策的？
⑦ 消费者对产品有什么其他的要求？
⑧ 产品最不令人满意的地方在哪里？
⑨ 消费者知道产品的途径是什么？
⑩ 同类型的产品，消费者更喜欢哪个品牌，为什么？

（3）市场供给调查。市场供给调查主要包括产品生产能力调查、产品实体调查等。创业者在对市场供给情况进行调查时，应重点关注以下问题：

① 产品的生产周期有多长？
② 产品的产量有多大？
③ 产品的特色功能是什么，是否满足了市场的需求？
④ 产品的规格是否符合消费者的使用习惯？
⑤ 产品进货的渠道有哪些？

除上述问题外，创业者还应对供应商的一些基本情况进行调查，如办公地址、负责人等，确保供应商的信誉没有问题，方便日后的长期合作。

（4）市场营销调查。市场营销调查主要是对目前市场上经营的各种产品或服务的促销手段、营销策略和销售方式等进行调查。创业者在对市场营销情况进行调查时应关注以下问题。

① 销售的渠道有哪些？
② 销售的区域主要分布在哪些地方？
③ 产品的主要宣传方式是什么？
④ 产品有什么价格策略？
⑤ 产品有什么促销手段？

对以上问题进行调查并分析，比较各个营销策略的优缺点，从而决定采取什么样的营销手段来推销产品或服务。

(5) 市场竞争调查。市场竞争调查是通过一切可获得的信息来查明竞争对手的策略,包括竞争对手的规模、数量、营销策略、分布与构成等,以此来帮助创业者制订合理的营销战略,使其快速占领一定的市场份额,这样才能在激烈的市场竞争中占据有利位置。

4. 起草商业计划书

搜集到足够的信息后,创业者就可以开始起草商业计划书了。由于商业计划书中包含的内容较多,创业者在制订计划时要明确各个部分的作用,做到有的放矢。同时,在撰写商业计划书的过程中,创业者还可以咨询律师或顾问的意见,确保计划书中的文字和内容没有歧义,不会被他人误解[①]。

5. 修饰

商业计划书的封面要简洁有新意,并且封面的纸质要坚硬耐磨,尽量使用彩色纸张,但颜色不要过于夸张。装订要精致,要按照资料的顺序进行排列,并提供目录和页码,最后还要附上商业计划书中相关材料的复印件。

6. 检查

撰写商业计划书的最后一步便是对商业计划书的文本和内容进行检查,以保证商业计划书的准确和美观。

(1) 对文本进行检查。主要是查看文字描述、语言措辞、数据运算等是否准确;表格图形、资料引用、格式、数据处理等是否存在不合理。

(2) 对内容进行检查。主要是从投资者的角度进行审视,对商业计划书所反映的内容的完整性、科学性和合理性等方面进行检查。检查内容包含以下5个方面:

① 是否能体现出创业者有管理公司的经验?
② 是否能够打消投资者对产品或服务的顾虑?
③ 是否能体现出创业者已经进行过完整的市场分析?
④ 是否能准确地传达项目意图,并能被投资者所领会?
⑤ 是否能体现出创业企业偿还负债的能力?

第二节　商业计划书结构及内容筹划

一、商业计划书的摘要与结构

(一) 项目摘要

摘要是商业计划书的第一部分,位于正文之前,一般1~2页。简短的摘要,应尽可能

---

① 姬建锋,万生新.大学生创新创业教育[M].西安:陕西人民出版社,2019.

展现创业项目中与众不同的闪光点。摘要的一个重要目的就是吸引感兴趣的投资人与相关人员,使其对于计划书的其他部分产生阅读的兴趣。因此,在摘要部分需要充分展现项目的创立背景、核心思路和团队的优势,解释创业项目为什么会成功,通过什么方式获得成功,有哪些独特的核心竞争力,需要对项目的经济需求、风险与经济回报等要点进行说明。

在摘要的书写过程中,应尽量使用具有说服力的语言、数据等,如市场规模分析、项目分析等,将关键信息传递给读者。应采用客观、真实、专业的语言,避免为了强化说服力而使用夸张的渲染性文学语句[1]。

(二)计划书的结构

在进行正文的书写前,应对计划书的结构进行预先的计划,提前确定各章节的标题,便于控制各部分的内容,增强条理性。将思路进行梳理,记录下来,形成最初的总体框架。计划书的结构与创业者要传递的信息是紧密相连的,是创业者对于项目的总体认知。创业者需要根据自身情况确定计划书的叙述方式、文章重点等。

创业企业由于所处行业不同,开展的业务不同,计划书中的具体项目可能大相径庭。大部分计划书都包含行业背景、公司情况、产品信息、产品获利手段、企业管理、财务分析等几大组成部分,这些部分也是一份商业计划书在书写时应围绕的中心。在确定了文章的中心观点后,则其他文字、数据、相关材料需要围绕观点提供支撑。可以通过一两句话对文章内容进行精确的概括,围绕观点去组织素材,防止论述过程中跑偏。

二、商业计划书的主要内容

商业计划书的内容[2]建议包括公司简介、产品/服务、市场营销、运营管理、商业模式、发展规划、财务分析、风险分析、融资需求和团队十项。

(一)公司简介

全面地介绍公司的情况,包括公司创立的由来、主要产品/服务、注册情况、股份构成、经营业绩、未来愿景等。对投资人来说,已经开办的公司比未开办的公司更有成功的可能性,因此更容易获得投资。

(二)产品/服务

描述产品/服务,以及目标客户。首先要介绍产品的基本特性,是固态还是液态,产品功能、应用场所、使用对象等。如果是服务,对服务对象、服务过程要进行简单的介绍,要体现创新性与独特性。

---

[1] 舒晓楠,阮爱清.创业基础[M].重庆:重庆大学出版社,2017.
[2] 彭四平,伍嘉华,马世登,张义先.创新创业基础[M].北京:人民邮电出版社,2018.

其次要与市场上的类似产品/服务对比,找出优点与不足。对投资人来说,你的产品/服务能为客户解决什么问题,以及这些问题的紧迫性、重要性(痛点),才是判断这个产品/服务是不是有价值的重要因素。如果产品/服务能解决客户的痛点,对投资人吸引力就会更大一些。

在描述产品/服务时,还要介绍这个产品或服务处于生命周期的什么阶段(见图7-2)。通常导入期的需求量比较小、利润比较少,顾客接受度不高,不确定因素较多;到了成长期时,市场需求快速增长,公司开始盈利,对投资人更有吸引力;进入成熟期,市场逐渐趋于稳定,竞争激烈,只有规模较大、成本低、推广能力强的企业才能赚钱;进入衰退期,需求萎缩,也有可能被其他新产品替代,这时候利润就会减少,甚至亏损。因此,投资人更青睐处于成长期的项目。

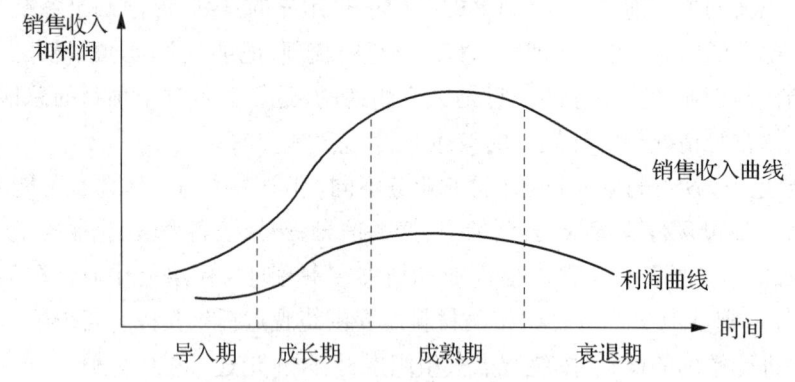

图7-2 产品生命周期曲线

(资料来源:张传忠.论产品生命周期及市场策略[J].中国机械工程,1983,(05):25-27)

服务是生产者通过由人力、物力和环境组成的系统来销售、生产及交付的,能被消费者购买、接受以及消费的一个功能和作用。对服务产品来说,需要介绍服务交付系统:

(1)提供什么样的服务。
(2)为谁提供服务。
(3)在何处提供服务。
(4)如何提供服务。
(5)通过什么(设备、系统)提供服务。

(三)市场营销

营销就是如何把产品/服务卖给客户。需要分析客户的需求,介绍销售策略,展现营销的创新性。因此,需要根据特定的产品/服务,针对特定的客户,设计有针对性的营销方案。方案的创新性越好,对投资人的吸引力越大。通常,市场营销方案包括下列内容:

(1)市场分析:市场规模、分布。
(2)行业分析:同行有哪些、主要竞争对手的做法。
(3)客户需求分析:客户组成、需求特征、消费者行为。

(4)营销策略:针对产品的 4P(产品、价格、渠道、促销)或针对服务的 4C(顾客、成本、便利性、沟通)。

(5)营销组织和人员。

(6)营销的创新性。

(四)运营管理

宝洁公司国际市场分析

运营管理就是如何把产品生产出来,包括采购、生产、外包、物流等过程的管理。要决定哪些东西是自制的,哪些东西是外包的;生产方式是按订单生产还是按库存生产;采用大批量流水方式还是成批生产方式、单件小批量生产方式。此外,还需要考虑生产的产品是否符合环保等要求。

对于服务产品,要介绍服务运营的内容、策略,包括服务设施建设、人员安排、质量控制等。海底捞的让顾客满意、使员工有动力、采用自动化设备、采用信息系统等服务运营策略,值得借鉴。

(五)商业模式

向投资人说明公司是怎么赚钱的。常用的模式有产销模式、租赁模式、平台模式、网络模式、资源衍生模式、金字塔模式等。这些模式中哪一种适合创业公司的产品或服务,要体现出商业模式的创新。商业模式创新往往是投资人非常看重的一项内容,重视程度甚至超过产品本身,因为好的商业模式更具有竞争力。

(六)发展规划

介绍公司未来 3~5 年的发展路径。例如,图 7-3 是某公司未来四个阶段的发展路径。

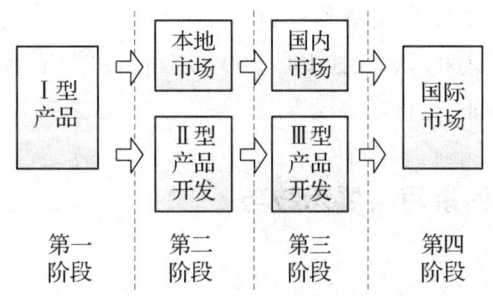

图 7-3 公司未来发展路径

(资料来源:丁斌.创新创业实战教程[M].北京:机械工业出版社,2021:173)

(七)财务分析

财务分析主要是分析创业项目能否赚钱。通过销售预测、收支汇总表、投资回收期计算等,反映项目未来的收益状况。计算投资回报率、投资回收期等指标,让投资人看到公司的盈利前景。

在财务分析中,经常会出现一些问题:

(1) 销售预测不能令人信服:应建立在调查的基础上。

(2) 销售定价不合理:出厂价、批发价、零售价差额太小。

(3) 投资额太小:自己可以募集,不需要对外融资。

(4) 成本项目考虑不周:漏项,尤其是高管工资往往忽略。

(5) 税后利润:应全面考虑增值税、所得税等。

(八)风险分析

风险分为外部风险和内部风险[①]。外部风险有政策风险、市场风险、法律风险、资金风险、被模仿的风险等;内部风险有技术风险、管理风险、财务风险、人才风险等。因此,创业者要预先识别风险,提出应对方案。

(九)融资需求

主要介绍本项目希望融资多少、融资的用途、拟提供给投资人的股份比例。这是商业计划书最终想达到的目的,是对投资人的要约和承诺,因此应合理分析、描述清晰。

(十)团队

主要介绍团队成员,包括创业带头人、合伙人、主要管理人员,体现创业团队知识能力组合、相关行业工作经验等,让投资人对团队充满信心。

除了上述十项之外,还可以提供若干附件。附件有助于展示项目特色和进展,为计划书中的内容提供佐证,也是很重要的。在提供的附件中,有四个方面需要关注:

(1) 市场方面:调查问卷和分析、行业资料和市场资料、有分量的合同。

(2) 技术方面:专利证书、软件著作权等。

(3) 管理方面:资质证书、认证(如 ISO 9000、UL 认证等)证书等。

(4) 前期成果:获奖证书、合作协议等。

三、商业计划书的撰写与展示技巧

(一)商业计划书的包装

1. 封面

一个好的封面会使阅读者产生最初的好感,形成良好的第一印象,因此封面的设计要有一定的审美艺术性,最好具有与众不同的独特性。色彩应醒目,封面纸应坚挺,在封面上可以印有公司的名称、地址、联系电话和计划书撰写的日期。

[①] 申长江,唐炎钊,何勤.国内外风险投资项目评估概况[J].管理现代化,2000,(6):41-45.

2. 打印稿

创业计划书必须打印成正规的计划书文本,打印稿应排版工整、字迹清晰,有时为了醒目也可选用彩纸,但不宜给对方留下刺激性的视觉印象,也可以在每项内容的首页用彩纸,或每项内容的标题用醒目的颜色打印。

3. 图标和图形

在计划书中,如果有必要,可增加一些图标或表格来直接说明。一般来说,应该采用高品质的图标和图形。但需要注意的是,条形图不如表格能够清晰显示要表达的内容。此外,也可采用部分产品图片和说明书,但只能作为计划书的附件,且要保证质量。

4. 剪报

剪报不是计划书必不可少的内容。但如果有高质量的关于公司及产品的报纸文章,可能会更吸引人,剪报要少而精。

(二)商业计划书的最佳篇幅

创业计划书的最佳篇幅是多长,并没有一个明确的页数,但有一些规律可以遵循。

第一,一般计划书的篇幅在 15～30 页之间,对大部分企业来说,20 页已经足够了。但如果这份计划书是供公司内部使用,则可以到 40 页或更长。

第二,如果创业者开设的是一家小型、简单的企业,计划书最好不要超过 15 页,但不到 10 页会显得有些单薄。

(三)商业计划书中应注意的问题

创业计划书是吸引投资者的第一张名片,在初次撰写的时候,一定想写得真实、完美、动人。但其中也会遇到需要注意的一些问题[1]。

(1)创业计划书应层次清晰、主次分明,让投资者能一下子抓住计划书的重点,有一个清楚的头绪。

(2)创业计划书不要过于强调技术。投资者不是技术专家,技术只是创业的一方面,更重要的是创业者怎样将技术卖出去,也就是企业的商业模式。

(3)创业计划书要体现团队和人的价值,创业团队往往是创业能否成功的关键。

(4)创业计划书中的数据一定要准确,前后一致。

(5)对创业公司自身和投资人应有不同的创业计划书。

(6)轻视现金流。大多数创业者的焦点都在利润方面,而不是现金。创业者要明确一点,我们平时支出的并不是经营利润,而是现金,所以了解现金流是至关重要的。

(7)高估商业创意。完全基于全新的商业思路的企业很少成功,一个新的商业创意往往比现有的产品更难实现好的销量。所以,不要对自己的商业创意估价过高。

---

[1] 王强.让你的商业计划脱颖而出[J].企业管理,2002,(1):61.

（四）商业计划书的展示

当创业者有机会向投资者介绍自己的创业计划书时，演讲人的动作、表情、语言及幻灯片的制作水平都直接影响投资者对创业者的评价。

首先是演讲的准备。演讲的时候要严格控制时间。一般来说，一次演讲往往只有10分钟。在演讲的时候，演讲人要抓住演讲的重点，因为时间有限，演讲者还要尽可能地全面诠释计划书，必须有的放矢，尽量展现重点。保持演讲精彩的最重要一点，就是使演讲生动有趣、充满激情。

其次是演讲幻灯片的制作。一些专家建议在制作幻灯片时可遵循6-6-6法则，即每行不要超过6个单词，每页不超过6行，连续6张纯文字幻灯片之后需要一个视觉停顿（采用带有图、表、插图的幻灯片）。一般20~30分钟的演讲最多不超过12张幻灯片。

第三节　创业大赛

创业大赛是展现项目进展、接受专家点评、拓展市场、吸引投资人注意、获得投资的好机会。本节介绍创业大赛、参赛流程及作用，并着重介绍如何赢得比赛。

一、创业大赛介绍

（一）创业大赛简介

创业大赛，有的叫创新创业大赛、商业计划大赛等。目前我国每年有几千场创业大赛，分为国家级大赛（如教育部等八部委举办的"挑战杯"创新创业大赛、科技部创新创业大赛）、省市级大赛（如江苏省三创大赛）、高校创业大赛（如清华校友创业大赛）、开发区、园区、孵化器组织的创业大赛（如启迪创业大赛）等。

（二）参加创业大赛的目的

参加创业大赛的好处很多。对创业者来说，参加创业大赛，可以不断凝练创业方案、扩大社会影响、获得奖金或无偿资助、获得投资人认可与投资等。在参加比赛过程中，很多专家学者提出的意见有利于创业者改进创业方案。对投资人来说，从创业大赛中可以发现好的创业项目与人才，参与投资获取高额的回报。对政府或园区来说，创业大赛可以促进本地区的创新创业活动，搞活经济。对专家学者来说，可以通过创业大赛了解市场的热点趋势，掌握经济发展的动态。

（三）参赛过程

创业大赛一般有四个过程：报名并提交商业计划书、初赛、复赛和决赛。主办者对报名一般有一定导向,有行业导向的创业大赛,有企业导向的创业大赛,或者创新人才导向的大赛。参赛者需要提交商业计划书,然后经过初赛、复赛、决赛。一般来说,演讲(也称路演)是必需的环节,可能还有实物展示、现场考察等。好的实物展示,是比赛的加分项。

(四)大赛评委

评委是创业大赛中很重要的角色。通常有三种评委:一是专家教授,包括技术类专家和管理类专家,这类专家理论知识比较丰富,实际经验可能不太足。二是行业专家,比如企业高管、行业协会领导等,他们对市场和技术非常了解。三是投资人,包括天使投资人、创投、产投的投资人等。投资人见多识广,主要关注项目商业逻辑及能否赚钱。参加创业大赛需要注意三种评委的不同要求,在商业计划书和路演中,要兼顾不同评委的关注点。

二、项目路演

(一)路演概述

合理有效的商业计划书推介,可以使创业者少走弯路,节省时间和精力。进行商业计划书推介最好的方式就是路演,路演可以将创业者的想法推介出去,增强投资者的信心,使商业计划书有"用武之地"[①]。

1. 路演的含义

路演是指在公共场所进行演说、演示产品、推介理念,以及向他人推广自己的企业、团队、产品和想法的一种方式。路演可以让投资者真正读懂企业的项目,从而做出更为准确的判断。

2. 路演的目的

路演的优势是可以同时让多个投资者认真倾听创业者的讲解和说明,同时还可以让他们有一个思考和交流的过程。通常情况下,投资者每天看到的商业计划书和接触的项目很多,有的投资者甚至一天就要阅读上百份商业计划书,所以只能凭借市场份额、盈利水平等硬性指标来筛选项目,很难了解项目的独特之处,所以很多优秀的创业设想都与投资者擦肩而过。

路演是为了促进投资者与创业者之间的沟通和交流,让创业企业达到融资的目的。所以,路演不是目的,融资才是目的。

3. 路演的主要形式

路演的主要形式是举行推介会。在推介会上,创业者需要向投资者就企业的产品、发展方向、盈利模式等做详细介绍,充分阐述企业的投资价值,让投资者能深入了解具体情况,并能准确回答投资者所关心的问题。

---

① 江远涛.路演中国[M].北京:人民邮电出版社,2016.

(二)路演要点

创业大赛最后阶段需要演讲(路演)。其中演讲 PPT 是演讲过程的重要组成部分。PPT 页数建议为 10 页左右,演讲时间一般控制在 8～10 分钟。需要介绍项目背景、市场需求行业现状、面临的问题和痛点、解决方案、营销与商业模式、项目运营、项目未来规划、资金募集诉求、创业团队、附件等。

1. 项目背景

项目背景可以从两个方面介绍。第一,所采用的关键技术的发展趋势。服务项目和产品项目都有自己的关键技术。第二,创业团队为什么要选择这个项目。需要提及前期的积累,展示出自己的实力。

2. 市场需求与行业现状

介绍市场调查和需求预测,描述市场持续增长的趋势;介绍行业发展历史及发展趋势、行业内主要公司是如何经营的、行业面临的问题或痛点、目前的解决方案。

3. 面临的问题和痛点

通过调查,发现用户在使用现有产品过程中有哪些问题需要解决。其中用户感觉特别不好的问题,就是用户痛点。

4. 解决方案

描述你如何针对用户痛点设计解决方案。这个方案,既包含技术方案,又包含市场、运营方案,让人感觉采用你的方案,确实能解决用户痛点。方案的技术、商业模式、营销等创新性尤为重要。最重要的是证明这个项目抓住了行业痛点。

5. 营销与商业模式

营销方案就是你如何进行市场细分、目标市场选择和产品定位,采取哪些营销策略(如渠道、促销等)。商业模式就是你设计的与客户、供应商等利益相关者的交易结构,展示项目是如何赚钱的。要用商业模式的语言,如客户价值主张、目标客户、营销渠道、关键资源、关键流程、盈利模式等。注意区分商业模式与营销模式、生产模式的异同,避免概念错误。

6. 项目运营

用一张图展示如何实现该项目,包括研发方式、生产方式、采购与外包等。对于服务项目,要描述服务交付系统。

7. 项目未来规划

用文字和图形描述项目未来 3～5 年的规划,证明项目未来发展思路清晰、切实可行。

8. 融资需求

根据项目未来规划,预计需要募集多少资金。应说明资金的用途是研发、市场开拓、生产设施或其他投资,计划募集多少资金。同时说明你愿意提供多少股份,这其中涉及你对公司的估值。比如你希望募集 500 万元,愿意出让 10% 的股份,则意味着你对公司估值 5 000 万元。一般情况下,创业阶段单次出让股份的比例不超过 20%[①]。

9. 创业团队

介绍你的创业团队,具体团队成员的构成。重点突出宣传带头人的相关信息,要注意团队成员的完整性和能力互补性。

10. 附件:证明材料

用专利证书、检测报告、用户报告、合同、合作协议等,说明你的项目获得了权威机构认可、专家认可、客户认可、合作伙伴认可、投资人认可,证明所说的真实性。

路演 PPT 建议 10 页左右,不要太多;尽量用关键词、图、表;不要用大段文字;字号要大一点,方便年长的评委观看;如果用动画,要防止播放时出现卡壳现象。

此外,现场演讲也很重要。精彩的演讲,能得到评委的肯定,为项目加分。演讲者首先要注意仪表,能着正装最好,如果不能穿正装,至少要干净、整洁;演讲过程中随时注意礼仪;演讲时,眼睛要看着评委,尽量不要回头看 PPT 而背对评委;发音要清晰、语速不要太快;控制好时间,不要超时;注意聆听评委的问题并简要回答。

(三)路演资料准备

部分创业者认为,只要自己对项目了如指掌,路演就是很简单的事。但事实上,很多创业者都会在路演时出现表述不流畅、手足无措、时间分配不合理的情况。所以,路演前的准备功课是必不可少的。下面将介绍路演需要准备的相关资料。

1. 路演台本

在路演前,为了保证路演质量,避免忘词、表述混乱,创业者应先对路演内容进行梳理并记录,确保心中所想与口头表述相一致。其次,路演都是有时间限制的,要按照相应的时间要求进行。

因此,根据不同时长来准备不同的台本,可以有效地利用路演时间,突出重点,扬长避短。

(1) 根据路演结构撰写演讲内容。一般路演可以分为项目介绍和项目展示两大部分。

① 在项目介绍部分用 3 句话阐述项目:第 1 句说明项目是做什么的;第 2 句阐明市场有多大;第 3 句说明项目的增长潜力究竟有多大。

② 在项目展示部分,围绕项目阐明项目解决的行业痛点、竞争优势,并介绍团队成员,提出融资需求。

(2) 梳理演讲内容并标注重点。对演讲台本的逻辑关系、核心数据进行梳理,切忌表述前后矛盾、数据错误。同时,还可以在台本上标注重点,概括核心内容,做到详略得当。另外,在优化语言表述时,力求简洁明了,切忌废话连篇、表述不清。

[①] 韩伟华. 融资的力量[M]. 北京:人民邮电出版社,2016.

（3）对提问环节进行准备。路演前进行角色互换，创业者可以假设自己是投资者，想一想有哪些问题是投资者提问概率较大的，提前准备这些问题的答案。投资者常问的问题如下：

① 项目的商业模式是怎样的？请说清楚一点。

② 你们的产品能解决什么行业痛点？

③ 你们的产品具体能满足用户的什么需求？

④ 你们为什么会创建这样的企业？

⑤ 你们的产品凭什么吸引顾客？

⑥ 为什么是由你的团队来做？

⑦ 你们会面对怎样的市场？

⑧ 为什么大家没有做这样的事？

⑨ 为什么你们能做得比其他企业更好？

⑩ 我为什么要向你们企业投资？

⑪ 融资后的钱，你们打算怎么用？

⑫ 如果你们有足够充分的钱，你们会做什么？

2. 路演PPT

一份图文并茂、文字精练的PPT，可以为创业者提示思路，让投资者抓住项目重点。因此简洁、清晰、有力是制作路演PPT时必须遵循的原则。下面将从路演PPT的篇幅、制作和内容上来介绍其制作方法。

(1) 篇幅。

路演PPT的篇幅不宜过多，控制在10~15页左右为宜。创业者应根据路演台本上标注的重点，把想要强调的关键词内容，如产品或服务、市场状况、竞争情况、商业模式、团队介绍、融资需求等醒目地展示给投资者。

(2) 制作。

从制作的角度来说，制作路演PPT应注意以下几点：

① PPT的版式设计、色彩风格要统一。色彩使用切忌超过4种，字体运用不超过3种（但不适用于创业者所要展示的项目跟艺术相关时）。

② 能用图就尽量不用文字，切忌使用过多的文字。路演更注重的是演讲，如果PPT上内容太多，会占据投资者大部分的注意力，影响演讲效果。

③ 在话题承接的地方，可以使用过渡页或问句引入下一个话题，以吸引投资者的注意。

(3) 内容。

下面是制作路演PPT时应包含的要素，仅供参考，创业者可以根据具体的情况进行灵活调整。

① 项目名称页，主要包含企业Logo和项目名称。创业者可以用一句话把项目介绍清楚，用最大的亮点吸引投资者关注。

② 痛点(需求)与时机页,展示创业者发现了什么样的需求,目标用户有哪些痛点,为什么现在是进入市场的最好时机等内容。创业者在讲述该页时应尽量营造真实的应用场景,引起投资者的共鸣。例如,创业者可以提问:"出门坐公交车没有零钱怎么办?"

③ 解决方案页,向投资者讲述目前针对该痛点的解决方案是什么,有哪些弊病,是不是还有更好的方案等内容。

④ 市场规模页,向投资者讲述他们最关心的市场问题。如果是人尽皆知的市场,创业者可略讲,否则需要详细解释。此外,创业者也可以拿已成功的案例来类比自己的项目。

⑤ 产品或服务展示页,进行产品或服务展示,突出其核心竞争力,把产品或服务的特色转化为投资人的利益。

⑥ 竞争优势页,详细说明自己的竞争优势,尽量用表格、图片来直观展示自己的竞争策略,或相对于竞争对手的优势。

⑦ 商业模式页,参考商业模式画布,梳理业务逻辑与消费者、合作伙伴之间的关系,说清楚具体的盈利模式。

⑧ 团队页,主要说明这是一个志同道合、互信互补、凝聚力超强的团队。同时,要突出团队核心成员的亮点,如名校高才生、名企高管、连续创业者、拥有独占资源等,介绍团队成员是如何帮助项目更好发展的。

⑨ 融资计划页,主要说明企业将以什么方式分配股权,出让多少股权,融资数量多少等内容。

⑩ 结束页,最后强调一下项目的亮点,如项目愿景,或者再次展示企业的联系方式等。

(四)路演的步骤与技巧

很多创业者对于路演往往没有什么经验,不知道该如何去完成一场成功的路演。下面就对路演的步骤与相关技巧进行具体介绍。

1. 路演的步骤

路演的过程通常可以分为图7-4所示的5个步骤,创业者可以按照这5个步骤进行路演。

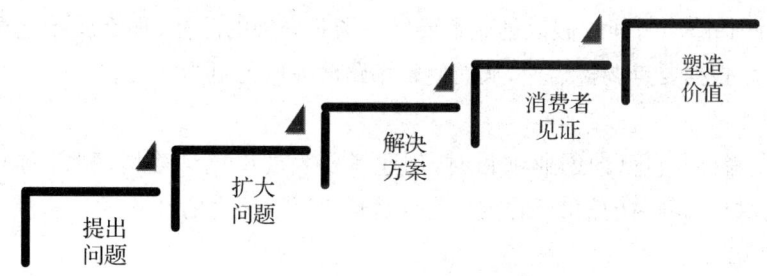

图7-4 路演的5个步骤
(资料来源:韩伟华.融资的力量[M].北京:人民邮电出版社,2016.作者据此整理)

（1）提出问题是指创业者首先应该提出一些具有社会共性的问题，这样不仅可以引起投资者的兴趣，还可以为后面将要推介的项目或产品做铺垫。

例如，将要推介的产品是新型汽车轮胎，作为创业者，首先不要讲述产品有多么好，而应采用提问的方式来说明汽车轮胎的重要性，让投资者意识到即将推介的产品是与人们的生活息息相关的。

（2）扩大问题即挖掘消费者的痛点。例如，由汽车轮胎引发的交通事故，受影响的不仅仅是一个人，而是一整个家庭，由此把问题扩大，加深投资者对项目或产品的印象。

（3）解决方案就是创业者在此次路演中要推介的项目。假设要推介的产品是汽车轮胎，此时创业者就可以对产品的技术、特点、安全性等方面进行详细解说。

（4）消费者见证就是人们都喜欢听自己所认识和了解的事物。如果创业者没有讲解任何的案例，投资者就会感觉这个产品或服务不太真实。

（5）塑造价值最重要的是让消费者产生物超所值的感觉。创业者应着重讲述产品的品质价值、概念价值、附加价值等。

2. 路演的技巧

现在项目路演的机会越来越多，部分创业者可能参加了多次路演，但效果都不太理想，其原因之一就是他们没有掌握路演的技巧。下面就具体介绍路演的技巧：

（1）路演的内容。

路演的内容就是要向投资者传达的内容，也是路演是否成功的一个重要因素。路演的内容一定要符合路演所讲的主题，并具备良好的逻辑性，创业者在介绍时一定要抓住要点。如果时间充裕，创业者在路演前可以多排练，以保证对内容充分熟悉。

（2）语音、语速、语调。

语音就是要发对音，语调就是要有感情，强调语音和语调的主要原因是创业者需要声情并茂地将项目信息传达给投资者，让投资者更易接受和理解。

在语速问题上，创业者需要考虑两方面的因素。首先，要使投资者能够清楚地了解创业者传达的信息要点；其次，创业者要保持良好的节奏感，应在指定时间内不急不缓地完成一场完整的路演。

因此，创业者应注意以下两点内容：

① 语速要做到该快的时候快，该慢的时候慢。

② 精准评估路演时间。假设创业者要做一场8分钟的路演，那么就一定要根据时间准备内容，然后根据要点调整语速，从而使整场路演完成得更为完美。

（3）个人状态。

在向投资者推介自己的创业项目时，创业者要表现出充满激情、积极向上的个人状态，要展现出对自己项目的信心和愿意，为项目付出巨大努力的准备。

（4）肢体语言。

肢体语言就是利用身体部位来传达思想，如手势、面部表情等。使用肢体语言的目的除了沟通外，最重要的是与投资者进行互动，让投资者感受到创业者对他们的关注度。

(5) 路演答辩技巧。

路演的第一条注意事项就是严格控制时间。例如,发言时间为 30 分钟,最后得剩余 5 分钟用来回答问题,那么创业者就必须在 25 分钟之内结束演讲,不能超时。

另外,创业者应尽可能多地了解演讲场地的情况,避免因不熟悉场地而出现紧张忘词、材料和演示工具准备不足、时间把握不好等问题。

(6) 表露个人素质。

投资者需要创业者有聆听的能力。如果创业者在推介自己的项目时只顾表现自己而不顾投资者的感受,那么就很难让自己的项目得到投资者的青睐。与此同时,创业者需要诚实地回答投资者的问题,不要过分夸大,要让投资者觉得创业者是可以信任的。

(7) 运用数据支持。

创业者应运用数据明确告诉投资者企业的目标人群、项目实施计划和产品的竞争优势,同时还要给投资者提供一份详细准确的财务预测。虽然数据略显枯燥,但是创业者应该牢记,只有数据才是最直观、最有说服力的。

三、大学生创新创业大赛项目介绍

(一) 中国"互联网+"大学生创新创业大赛

中国"互联网+"大学生创新创业大赛[①]首次举办于 2014 年,第一届到第四届大赛累计有 490 万名大学生、119 万个团队参赛,其中,第四届的参赛大学生和参赛团队数量是以往 3 届的总和。目前大赛已经成为覆盖全国所有高校、面向全体高校学生,影响巨大的赛事活动之一。

由于每届大赛的主题、赛道、参赛组别有所不同,下面将以第五届中国"互联网+"大学生创新创业大赛为例,对大赛的相关信息进行介绍。

1. 大赛简介

第五届中国"互联网+"大学生创新创业大赛定于 2019 年 3 月至 10 月举办,以"敢为人先放飞青春梦,勇立潮头建功新时代"为主题,由教育部与有关部委主办,浙江大学和杭州市人民政府承办。截至 7 月 30 日,大赛报名参赛团队有 108.8 万个,共计 455.9 万名大学生。国际赛道网络报名 1 374 个团队,覆盖 92 个国家。

大赛旨在深入贯彻落实全国教育大会精神,加快培养创新创业人才,持续激发大学生创新创业热情,展示创新创业教育成果,搭建大学生创新创业项目与社会资源对接平台。

(1) 大赛特色。

第五届大赛将力争做到"5 个更":

① 更全面。做强高教版块、做优职教版块、做大国际版块、探索萌芽版块,探索形成

---

① 教育部第五届中国"互联网+"大学生创新创业大赛官网,http://www.moe.gov.cn/jyb_xwfb/xw_zt/moe_357/jyzt_2019n/2019_zt28/.

各学段有机衔接的创新创业教育链条,实现区域、学校、学生类型全覆盖。

② 更国际。拓展国际赛道,深化国际交流合作,深度融入全球创新创业浪潮。

③ 更中国。以大赛为载体,推出创新创业教育的中国经验、中国模式,提升我国高等教育的影响力、感召力、塑造力。

④ 更教育。促进创新创业教育与思想政治教育、专业教育、体育、美育、劳动教育紧密结合,构建德智体美劳"五育平台",上好一堂最大的创新创业课;深入开展"青年红色筑梦之旅"活动,上好一堂最大的国情思政课。

⑤ 更创新。广泛开展大学生和中学生创新活动,助推科研成果转化应用,服务国家创新发展。

(2) 大赛目的。

第五届大赛的举办目的主要体现在以下3个方面:

① 培养创新创业生力军。大赛旨在激发学生的创造力,培养造就"大众创业、万众创新"的生力军。鼓励广大青年扎根中国大地了解国情民情,在创新创业中增长智慧才干,在艰苦奋斗中锤炼意志品质,把激昂的青春梦融入伟大的"中国梦",努力成长为德才兼备的有为人才。

② 探索素质教育新途径。把大赛作为深化创新创业教育改革的重要抓手,引导各地、各高校主动服务国家战略和区域发展,开展课程体系、教学方法、教师能力、管理制度等方面的综合改革。以大赛为牵引,带动职业教育、基础教育深化教学改革,全面推进素质教育,切实提高学生的创新精神、创业意识和创新创业能力。

③ 搭建成果转化新平台。推动赛事成果转化和产学研用的紧密结合,促进"互联网+"新业态形成,服务经济高质量发展。以创新引领创业、以创业带动就业,努力形成高校毕业生更高质量创业就业的新局面。

2. 参赛要求

参赛项目的具体要求如下:

(1) 参赛项目要求能够将移动互联网、云计算、大数据、人工智能、物联网、下一代通信技术等新一代信息技术与经济社会各领域紧密结合,培育新产品、新服务、新业态、新模式。发挥互联网在促进产业升级以及信息化和工业化深度融合中的作用,促进制造业、农业、能源、环保等产业转型升级;发挥互联网在社会服务中的作用,创新网络化服务模式,促进互联网与教育、医疗、交通、金融、消费生活等深度融合。参赛项目的主要类型如下:

① "互联网+"制造业,包括先进制造、智能硬件、工业自动化、生物医药、节能环保、新材料、军工等。

② "互联网+"现代农业,包括农林牧渔等。

③ "互联网+"信息技术服务,包括人工智能技术、物联网技术、网络空间安全技术、大数据、云计算、工具软件、社交网络、媒体门户、企业服务、下一代通信技术等。

④ "互联网+"社会服务,包括电子商务、消费生活、金融、财经法务、房产家居、高效物流、教育培训、医疗健康、交通、人力资源服务等。

⑤ "互联网+"公共服务,包括教育培训、医疗健康、交通、人力资源服务等。

⑥ "互联网+"文化创意服务,包括广播影视、设计服务、文化艺术、旅游休闲、艺术品交易、广告会展、动漫娱乐、体育竞技等。

(2) 参赛项目须真实、健康、合法,无任何不良信息,项目立意应弘扬正能量,践行社会主义核心价值观。

(3) 参赛项目不得侵犯他人知识产权,所涉及的发明创造、专利技术、资源等必须拥有清晰合法的知识产权或物权;抄袭、盗用、提供虚假材料或违反相关法律法规一经发现即刻丧失参赛相关权利并自负一切法律责任。

(4) 参赛项目涉及他人知识产权的,报名时需提交完整的具有法律效力的所有人书面授权许可书、专利证书等。

(5) 已完成工商登记注册的创业项目,报名时需提交营业执照等相关复印件、单位概况、法定代表人情况、股权结构等信息。参赛项目可提供当前财务数据、已获投资情况、带动就业情况等相关证明材料。已获投资(或收入)1 000万元以上的参赛项目,需在全国总决赛时提供相应的佐证材料。

(6) 参赛项目根据各赛道(包括高教主赛道、"青年红色筑梦之旅"赛道、职教赛道、国际赛道、萌芽版块)相应的要求,只能选择一个符合要求的赛道参赛。已获往届中国"互联网+"大学生创新创业大赛全国总决赛各赛道金奖和银奖的项目,不可报名参加第五届大赛。

(7) 各省、自治区、直辖市教育厅(教委),新疆生产建设兵团教育局,各有关学校负责审核参赛对象资格。

3. 大赛安排

第五届中国"互联网+"大学生创新创业大赛将举办"1+6"系列活动。

"1"是主体赛事,包括高教主赛道、"青年红色筑梦之旅"赛道、职教赛道、国际赛道和萌芽版块。

"6"是6项同期活动,包括"青年红色筑梦之旅"活动、"大学生创客秀"(大学生创新创业成果展)、大赛优秀项目对接巡展、对话2049未来科技系列活动、浙商文化体验活动、联合国教科文组织创业教育国际会议。

(1) 比赛赛制。

大赛将采用校级初赛、省级复赛、全国总决赛3级赛制(不含萌芽版块)。校级初赛由各院校负责组织,省级复赛由各省(区、市)负责组织,全国总决赛由各省(区、市)按照大赛组委会确定的配额择优遴选推荐项目。大赛组委会将综合考虑各省(区、市)报名团队数、参赛院校数和创新创业教育工作情况等因素分配全国总决赛的名额。

全国共产生200个项目入围全国总决赛(港澳台地区参赛名额单列),其中高教主赛道600个、"青年红色筑梦之旅"赛道200个、职教赛道200个、萌芽版块200个。此外,国际赛道产生60个项目进入全国总决赛现场比赛。

(2) 赛程安排。

大赛赛程分为参赛报名、初赛复赛和全国总决赛3个阶段,各阶段的时间安排和要求

如下(以 2019 年为例):

① 参赛报名(2019 年 4 月—2019 年 5 月)。参赛团队通过登录"全国大学生创业服务网"或微信公众号(名称为"中国'互联网+'大学生创新创业大赛"或"全国大学生创业服务网")进行报名。报名系统开放时间为 2019 年 4 月 5 日,截止时间由各省(区、市)根据复赛安排自行决定,但不得晚于 2019 年 8 月 15 日。

② 初赛复赛(2019 年 6 月—2019 年 8 月)。各省(区、市)各院校登录"全国大学生创业服务网"中的"省级、校级管理用户登录"界面进行大赛管理和信息查看。省级管理用户使用大赛组委会统一分配的账号进行登录,校级账号由各省级管理用户进行管理。

初赛复赛的比赛环节、评审方式等由各院校、各省(区、市)自行决定。各省(区、市)在 2019 年 8 月 31 日前完成省级复赛,遴选参加全国总决赛的候选项目(推荐项目应有名次排序,供全国总决赛参考)。

③ 全国总决赛(2019 年 10 月中下旬)。大赛专家委员会对入围全国总决赛的项目进行网上评审,择优选拔项目进行现场比赛,决出金奖、银奖、铜奖。

大赛组委会将通过"全国大学生创业服务网"为参赛团队提供项目展示、创业指导、投资对接等服务。各项目团队可以登录"全国大学生创业服务网"查看相关信息。各省(区、市)可以利用网站提供的资源,为参赛团队做好服务。

4. 参赛指南

下面将对中国"互联网+"大学生创新创业大赛的报名流程、参赛项目组别及对象、评审内容、提交资料等内容进行介绍,帮助广大学子更好地筹备大赛。

(1) 报名流程。

搜索进入"全国大学生创业服务网"的首页,单击网页左下角的"报名参赛"按钮,进入"用户登录"界面,在其中填写账号、密码等基本信息,单击"登录"按钮,若未注册账号则需填写手机号、身份证号、邮箱等进行注册,在打开的网页中完善个人信息,单击"立即注册"按钮提交申请。

成功登录账号后,便可进行项目申报参加比赛了。具体流程为:在"身份选择"页面中单击"立即创建项目"按钮,在打开的页面中完善基本信息和学历认证后,单击"提交申请"按钮;然后在打开的页面中单击"创建项目"按钮,根据页面提示完成项目的新建操作,包括项目介绍、认证信息、团队成员等,完成后单击"完成创建"按钮;进入"报名参赛"页面,在其中选择参赛赛道、组别、类别等内容后,单击"确认参赛"按钮,完成网上报名。

(2) 参赛项目组别及对象。

大赛分为创意组、初创组、成长组、师生共创组四种类型,具体参赛条件如下:

① 创意组参赛项目因具有较好的创意和较为成型的产品原型或服务模式,在 2019 年 6 月 30 日以下时间均包含当日前尚未完成工商登记注册,参赛申报人须为团队负责人,须为普通高等学校在校生(可为本专科生、研究生,不含在职生)。高校教师科技成果转化的参赛项目不能参加创意组(科技成果的完成人、所有人中有参赛申报人的除外)。

② 初创组。参赛项目工商登记注册未满 3 年（2016 年 3 月 1 日后注册），且获机构或个人股权投资不超过 1 轮次。参赛申报人须为初创企业法人代表，须为普通高等学校在校生（可为本专科生、研究生，不含在职生），或毕业 5 年以内的毕业生（2014 年之后毕业的本专科生、研究生，不含在职生）。企业法人在大赛通知发布之日后进行变更的不予认可。

③ 成长组。参赛项目工商登记注册 3 年以上（2016 年 3 月 1 日前注册）；或工商登记注册未满 3 年（2016 年 3 月 1 日后注册），且获机构或个人股权投资两轮次以上。参赛申报人须为企业法人代表，须为普通高等学校在校生（可为本专科生、研究生，不含在职生），或毕业 5 年以内的毕业生（2014 年之后毕业的本专科生、研究生，不含在职生）。企业法人在大赛通知发布之日后进行变更的不予认可。

④ 师生共创组。参赛项目能有效提升大学生就业数量与就业质量。若参赛项目在 2019 年 5 月 31 日前尚未完成工商登记注册，参赛申报人须为团队负责人，须为普通高等学校在校生（可为本专科生、研究生，不含在职生）。若参赛项目在 2019 年 5 月 31 日前已完成工商登记注册，参赛申报人须为企业法人代表，须为普通高等学校在校生（可为本专科生、研究生，不含在职生），或毕业 5 年以内的毕业生（2014 年之后毕业的本专科生、研究生，不含在职生）。企业法人在大赛通知发布之日后进行变更的不予认可。

（3）评审内容。

无论是创意组还是初创组、成长组、师生共创组，其项目内容的核心都不应仅是一个点子、一项发明或是一个实验室的成果。参赛团队应该从项目的"市场""产品""技术""团队""业绩""未来的发展"这 6 方面进行思考，并进行自查，明确项目的短板。

另外，对于参赛项目的评审规则，参赛团队也应该有所了解，这样才能做到有的放矢。不同的组别，其评审规则有所差别，下面总结了初创组、成长组、师生共创组项目的评审要点供参赛团队参考，如表 7-1 所示。

表 7-1 初创组、成长组、师生共创组参赛项目的评审要点

评审要点	评审内容	所占比例
团队情况	（1）考察管理团队各成员有关的教育和工作背景、价值观念、擅长领域，以及成员的分工和业务互补情况。 （2）考察公司的组织构架、人员配置和领导层成员。 （3）考察创业顾问、主要投资人和持股情况。 （4）考察战略合作企业及其与本项目的关系	30%
创新性	（1）突出原始创意的价值，不鼓励模仿。 （2）强调利用互联网技术、方法、思维在销售、研发、生产、物流、管理等方面寻求突破和创新。 （3）鼓励项目与高校科技成果转移转化相结合	20%
社会效益	（1）考察项目增加社会就业份额实际带动的就业人数。 （2）考察发展战略和扩张策略的合理性。 （3）考察项目未来持续带动就业的能力	10%

续表

评审要点	评审内容	所占比例
商业性	（1）在经营绩效方面，重点考察项目存续时间、营业收入、税收上缴、持续盈利能力、市场份额等情况，以及结合项目特点制定的市场营销策略带来的良性业务利润、总资产收益、净资产收益、销售收入增长、投资与产出比等情况。 （2）在成长性方面，重点考察项目目标市场容量大小和可扩展性，以及该项目是否有合适的计划和可能性支持其未来5年的高速成长。 （3）在商业模式方面，强调项目设计的完整性与可行性，并给出完整的商业标志描述，在机会识别与利用、竞争与合作、技术基础、产品或服务设计、资金与人员需求、现行法律法规限制等方面需具有可行性。 （4）在融资方面，强调融资需求及资金使用规划	40%

（资料来源：根据大赛赛事说明整理）

（4）提交资料。

中国"互联网+"大学生创新创业大赛要求提交的资料有Word版和PPT版的商业计划书。其中，PPT版的商业计划书由于参赛阶段的不同其内容也会有所差别。在省赛或600进120的全国总决赛的网评阶段，评委一般是打开PPT版的商业计划书进行查看，如果对项目有疑惑才会打开Word版的商业计划书。所以，参赛团队所提交的PPT版商业计划书应做到内容全面，不遗漏信息点，但是篇幅不宜过长。商业计划书结构要清晰，方便评委可以在短时间内找到想要查看的信息。在全国总决赛现场，PPT版的商业计划书的主要作用是作为配合路演人演说的演示型PPT，起到演讲大纲的作用，所以内容不需要全部罗列在PPT中。

（二）"创青春"全国大学生创业大赛

"创青春"全国大学生创业大赛[①]（本章以下简称"创青春"大赛）是由中国共产主义青年团中央委员会、中华人民共和国教育部、中华人民共和国人力资源和社会保障部、中国科学技术协会、中华全国学生联合会和地方省级人民政府主办，中华人民共和国工业和信息化部、国务院国有资产监督管理委员会、中华全国工商业联合会支持的，一项具有导向性、示范性和群众性的创业竞赛活动，每两年举办一届，首届举办时间为2014年。

"创青春"大赛每届的主要比赛形式和内容基本相同，但大赛组别、大赛主题、奖项设置有所差异。下面将以2018年"创青春"大赛为例，来介绍该赛事的相关内容。

1. 大赛简介

"创青春"大赛以"青春建功新时代，创业追梦新征程"为主题。其宗旨是培养创新意识、启迪创意思维、提升创造能力、造就创业人才。下面将对"创青春"大赛的主体赛事和大赛特色进行介绍。

[①] "创青春"全国大学生创业大赛官网，http://www.2018.chuangqingchun.net/.

(1)"创青春"大赛主体赛事。

"创青春"大赛设立了大学生创业计划竞赛(即"挑战杯"中国大学生创业计划竞赛)、创业实践挑战赛、公益创业赛3项主体赛事。

① 大学生创业计划竞赛面向高等学校在校学生,以商业计划书、现场答辩等作为参赛项目的主要评价内容。

② 创业实践挑战赛面向高等学校在校学生或毕业未满3年且已投入实际创业3个月以上的高校毕业生,以经营状况、发展前景等作为参赛项目的主要评价内容。

③ 公益创业赛面向高等学校在校学生,以创办非营利性质社会组织的计划和实践等作为参赛项目的主要评价内容。

以上3项主体赛事需通过组织省级预赛或评审后进行选拔报送。全国组织委员会聘请专家评定出具备一定操作性、应用性,以及具有良好市场潜力、社会价值和发展前景的优秀项目,给予奖励。

(2)大赛特色。

全国组织委员会将在大赛举办期间组织多种形式的交流活动、展示活动和其他活动,丰富大赛内容。

全国组织委员会将设立大学生创业基金,加强与有关方面特别是金融机构、风险投资机构和创业投资机构等方面的合作,并通过成立大学生创业联盟等为高校学生通过参与大赛实现创业提供支持。

除此之外,在每次大赛举办期间,全国组织委员会将联合地方政府、园区和风险投资机构举办项目对接和孵化活动,对大赛中涌现出的优秀项目进行优先转化。

2. 参赛要求

凡在举办大赛终审决赛的当年7月1日以前正式注册的全日制非成人教育的各类高等院校在校专科生、本科生、硕士研究生和博士研究生(均不含在职研究生)可参加全部3项主体赛事;毕业3年以内(时间截至举办大赛终审决赛的当年7月1日)的专科生、本科生、硕士研究生和博士研究生可代表原所在高校参加创业实践挑战赛(需提供毕业证证明,仅可代表最终学历颁发高校参赛)。

由于大赛包含3个主体赛事,所以参赛项目的申报条件根据赛事不同也有所差别,现将3个主体赛事的申报条件总结如下:

(1)大学生创业计划竞赛申报条件。参加竞赛项目分为已创业与未创业两类。分为农林、畜牧、食品及相关产业,生物医药,化工技术和环境科学,信息技术和电子商务,材料,机械能源,文化创意和服务咨询等7个组别。实行分类、分组申报。

① 已创业类申报条件:拥有或授权拥有产品或服务,并已在工商、民政等政府部门注册登记为企业、个体工商户、民办非企业单位等组织形式,且法定代表人或经营者为符合参赛资格的在校学生,运营时间在3个月以上(以预赛网络报备时间为截止日期)的项目。

② 未创业类申报条件:拥有或授权拥有产品或服务,具有核心团队,具备实施创业的基本条件,但尚未在工商、民政等政府部门注册登记或注册登记时间在3个月以下的

项目。

(2) 创业实践挑战赛申报条件。拥有或授权拥有产品或服务,并已在工商、民政等政府部门注册登记为企业、个体工商户、民办非企业单位等组织形式,且法定代表人或经营者符合参赛资格的规定、运营时间在 3 个月以上(以预赛网络报备时间为截止日期)的项目,可申报该赛事。申报不区分具体类别、组别。

(3) 公益创业赛申报条件。拥有较强的公益特征(有效解决社会问题,项目收益主要用于进一步扩大项目的范围、规模或水平)、创业特征(通过商业运作的方式,运用前期的少量资源撬动外界更广大的资源来解决社会问题,并形成可自身维持的商业模式)、实践特征(团队须实践其公益创业计划,形成可衡量的项目成果,部分或完全实现其计划的目标成果)的项目,且参赛学生符合参赛资格的规定,可申报该赛事。申报不区分具体类别、组别。

每所高校选送参加全国大赛的项目总数不超过 6 个,其中参加大学生创业计划竞赛的项目总数不超过 3 个,参加创业实践挑战赛的项目总数不超过 2 个,参加公益创业赛的项目总数不超过 1 个。每人(每个团队)限报 1 个项目;每个参赛项目只可选择参加一项主体赛事,不得兼报。

3. 大赛安排

下面将主要从赛程安排和计分要求两个方面来介绍"创青春"大赛安排。

(1) 赛程安排。

大赛总体上分为校赛、省赛、国赛 3 个层面,以及预赛、复赛、决赛 3 个阶段来开展。其中,校赛、省赛的时间和具体形式由各高校各地区结合自身实际组织开展。4 月至 5 月,将由各省(自治区、直辖市)针对大赛下设的 3 项主体赛事组织本地预赛或评审;7 月至 8 月举办全国复赛;9 月至 10 月举办全国决赛。

如欲参赛,需首先通过高校团委组织的校级选拔,才能进入省赛乃至全国复赛和决赛。在大赛的举办过程中,全国组织委员会不接受高校或个人的申报。

(2) 计分要求。

全国评审委员会对各省(自治区、直辖市)报送的 3 项主体赛事的参赛项目进行复审,分别评出 90% 左右的参赛项目进入决赛。3 项主体赛事的奖项统一设置为金奖、银奖、铜奖,分别约占进入决赛项目总数的 10%、20% 和 70%。

大赛以高校为单位计算参赛得分并排序。各等次奖计分方法如下:

① 大学生创业计划竞赛,金奖项目每个计 100 分,银奖项目每个计 70 分,铜奖项目每个计 30 分,上报至全国组织委员会,但未通过复赛的项目每个计 10 分。

② 创业实践挑战赛,金奖项目每个计 120 分,银奖项目每个计 90 分,铜奖项目每个计 50 分,上报至全国组织委员会,但未通过复赛的项目每个计 10 分。

③ 公益创业赛,金奖项目每个计 100 分,银奖项目每个计 70 分,铜奖项目每个计 30 分,上报至全国组织委员会,但未通过复赛的项目每个计 10 分。

如遇总得分相等,则以获金奖的个数决定同一名次内的排序,以此类推至铜奖。

4. 参赛指南

下面将对"创青春"大赛的评审要点和参赛赛道的选择进行介绍,帮助广大参赛者更好地筹备大赛。

(1) 评审要点。

根据参赛项目的不同,其评审的侧重点也有所区别,下面分别介绍实践类项目、创意类项目和公益类项目各自的评审要点。

① 实践类项目的评审要点主要包括项目陈述、市场分析、公司运营、财务管理、团队建设和回答问题6个方面,如表7-2所示。

表7-2 实践类项目评审要点汇总

评审内容	考核指标
项目陈述	项目的产业背景和市场竞争环境;项目所面对的目标人群;项目的独创性、领先性和实现产业化的途径等
市场分析	明确表述该产品或服务的市场容量与趋势、市场竞争状况;细分目标市场及消费者描述,估计市场份额和销售额
公司运营	公司定位准确、计划科学、严密;组织机构严谨;各发展阶段目标合理;结合项目特点制订合适的市场营销策略,包括对自身产品、技术或服务的价格定位、渠道建设、推广策略等
财务管理	资金来源与运用;盈利能力分析;风险资金退出策略等
团队建设	配合默契,分工明确
回答问题	准确理解评委提出的问题,回答具有针对性;思路清晰,逻辑严密,语言简洁流畅;例证、数据科学、准确、真实;在规定时间内完成陈述和答辩

(资料来源:根据大赛赛事说明整理)

② 创意类项目的评审要点主要包括创业思路、项目陈述、项目实操、财务管理、团队建设和回答问题6个方面,如表7-3所示。

表7-3 创意类项目评审要点汇总

评审内容	考核指标
创业思路	具备一定的先进性,商业模式可操作,满足创业的要求
项目陈述	明确表述产品或服务及市场进入策略和市场开发策略;商业目的明确、合理;全盘战略目标合理、明确
项目实操	项目的应用前景、风险和问题分析的准确性,方案的合理性与可操作性
财务管理	股本结构与规模、资金来源与运用、盈利能力分析等
团队建设	分工明确,配合默契,体现团队精神
回答问题	准确理解评委提出的问题,回答具有针对性;思路清晰,逻辑严密,语言简洁流畅;例证、数据科学、准确、真实;在规定时间内完成陈述和答辩

(资料来源:根据大赛赛事说明整理)

③ 公益类项目的评审要点主要包括公益性、创业性和实践性3个方面，如表7-4所示。

表7-4 公益类项目评审要点汇总

评审内容	考核指标
公益性	对社会问题关注深入，立项所针对的问题具体且受到关注较多
创业性	能够通过具有创新性、普适性、可推广性的商业模式，不断引入大量新资源来维持项目本身，且项目能持续发展
实践性	很好地结合了人员、资源等实际情况，设定了切实可行的项目进度及目标，有丰富的实践成果

（资料来源：根据大赛赛事说明整理）

（2）赛道选择。

参赛者要想在大赛中取得好成绩，选对赛道十分重要。下面给出了不同赛道的选择方案供大家参考：

① 如果参赛者或者参赛者身边有一些已注册或运营中的企业资源，且该类企业具有一定的发展前景、科技含量，则可以选择创业实践挑战赛赛道。

② 如果参赛者有创业的想法，且该想法现实可行、具有一定的发展前景，如大学生科技创新训练计划（Science and Technology Innovation Training Program，STITP）项目等科研类项目，适合落地转化或者投入生产，能够解决相应的市场痛点，则可以选择大学生创业计划竞赛赛道。

③ 如果参赛者或者参赛者身边有公益项目，且该公益项目运行良好，能够有一些盈利措施并持续盈利，则可以选择公益创业赛赛道。

（三）全国大学生电子商务"创新、创意及创业"挑战赛

全国大学生电子商务"创新、创意及创业"挑战赛[①]（以下简称"三创赛"）是由教育部高等学校电子商务专业教学指导委员会面向全国高校（含港澳台地区）举办的大学生竞赛项目，是中华人民共和国教育部、中华人民共和国财政部"高等学校本科教学质量与教学改革工程"重点支持项目。"三创赛"从2009年开始至2021年已经成功举办了11届，得到了国家和越来越多企业的大力支持与赞助。

1. 大赛简介

"三创赛"是激发大学生兴趣与潜能，培养大学生创新意识、创意思维、创业能力和团队协同实战精神的学科性竞赛。它是由中华人民共和国教育部主管，教育部高等学校电子商务类专业教学指导委员会主办，"三创赛"竞赛组织委员会、全国决赛承办单位、分省选拔赛承办单位和参赛学校组织实施的全国性竞赛。竞赛分为校级赛、省级选拔赛和全国总决赛3级赛事。

---

① 全国大学生电子商务"创新、创意及创业"挑战赛官网，http://www.3chuang.net/。

所有参赛学校、队伍都必须在"三创赛"官方网站（全国大学生电子商务"创新、创意及创业"挑战赛）上统一进行注册，以便规范管理和提供必要的服务。参赛队伍报名时应填写参赛队伍及助赛亲友情况，参赛题目可以在报名时间截止前确定。所有参赛队伍必须由本校"三创赛"负责人在官网上对参赛队伍进行审核通过。

获得正式注册的参赛队伍须在校级赛之前10个工作日内在官网上传参赛作品摘要。摘要内容包括项目背景意义、主要内容、成果、创新点，描述文字在100字以上300字以下，摘要可持续更新。为保证各级竞赛的一致性，参赛题目、人员组成（包括指导老师及参赛学生）等基本信息在校级赛负责人审核时间截止后，一律不予以修改。

2. 参赛要求

参赛要求分为参赛人员要求和参赛作品要求两个方面。

（1）参赛人员要求。

参赛对象是经教育部批准设立的普通高等学校的在校大学生，参赛人员经所在学校教务处等机构审核通过后方可参赛，具备参赛资格。高校教师既可以作为学生队的指导老师，又可以作为师生混合队的队长或队员（但教师总数不能超过学生总数）参赛。

参赛人员每人每年只能参加一个题目的竞赛，参赛队伍人数最少3个人，最多5个人，其中一人为队长。参赛队伍分以下两种：

① 学生队，要求队长和队员全部为全日制在校学生。

② 师生混合队，要求队长必须为教师，队员中学生数量必须多于教师（如2名教师3个学生组成师生队）。

（2）参赛作品要求。

"三创赛"题目来源可以为国内外企业、行业出题，以及学生自拟题目等。"三创赛"提倡用不拘一格的选题参赛，以培养创新意识、创意思维和创业能力。

该赛事强调，所有参赛作品必须为参赛者未公开发表的原创作品，并不得在本"三创赛"之前参加过其他公开比赛。对于继承（迭代）创新的作品，一定要有显著的内容创新，并在文案中明确说明哪些为自己的创新（评审关注的就是自己创新的内容），如涉及侵权，参赛队伍则要自行承担相应的责任。

3. 赛事安排

"三创赛"分校级赛、省级选拔赛和全国总决赛3个级别，参赛队伍必须在前一级竞赛中胜出才可获得下一级参赛资格，参赛选手不能跨级参赛。

（1）校级赛。

"三创赛"参赛学校应在大赛报名期内组建好校内竞赛项目工作组，争取社会（企业、政府等）的支持，对本校参赛队伍和指导教师给予尽可能的指导、支持和帮助。

各高校校级赛负责人必须在团队报名截止日期之前，在官网进行学校注册。注册时必须在赛事官网提交"校级赛备案申请书"（加盖校级公章）。审核通过后，学校可以对本校参赛团队进行管理和审核，对报名信息无误的团队给予审核通过，审核工作应在校级赛参赛队伍审核阶段内完成。

参赛学校应将"校内竞赛计划书"(模板可在赛事官方网站下载)在团队注册报名截止日期之前上传至赛事官网。

(2) 省级选拔赛。

"三创赛"省级选拔赛承办单位应在大赛报名期内组建好省级选拔赛竞赛组织委员会,争取社会(企业、政府等)的支持,对本省参赛学校给予尽可能的指导、支持和帮助(通过鼓励政策、保障措施等激励本省学生和教师参赛)。

省级选拔赛承办单位须在赛事官网上注册申请"三创赛"省赛承办资格,并填写"省级选拔赛承办申请书"(加盖省级公章)。通过审核后,赛事秘书处将在赛事官网上公示该省级选拔赛承办单位授权书。

省级选拔赛竞赛组织委员会必须将"省级选拔赛计划书"(模板可在赛事官方网站下载)在竞赛开始的至少15天前通过赛事官网上报"三创赛"竞赛组织委员会秘书处备案、备查,如不按照此规定执行,"三创赛"竞赛组织委员会不承认该省的选拔赛有效。

进入省级选拔赛的参赛团队数是以该省各高校的校级比赛中获得综合三等奖以上的团队数为基数,选拔进入省赛;每个学校参加"三创赛"省级选拔赛的参赛队伍不得超过15个。

(3) 全国总决赛。

"三创赛"全国总决赛承办单位应在赛事报名期内在"三创赛"竞赛组织委员会的指导下组建好全国总决赛竞赛组织委员会,争取社会(企业、政府等)的支持,通过鼓励政策、保障措施等激励全国各省学生和教师参赛。

全国总决赛竞赛组织委员会应在总决赛开始的至少45天前将全国总决赛计划书(组织机构、评审专家组、竞赛方式、日期和地点等)上报"三创赛"竞赛组织委员会秘书处审查通过、备案、备查。

参加全国总决赛的参赛团队数以各省级选拔赛现场赛团队数和校级赛获得综合三等奖以上的团队数为基数;每个学校参加"三创赛"全国总决赛的参赛队伍不得超过5个。

4. 赛事指南

下面将对"三创赛"的评分细则进行介绍,帮助广大参赛者更好地筹备大赛。"三创赛"的评分细则如表7-5所示。

表7-5 竞赛评分细则

评分项目	评分说明	分值/分
产品或服务	对产品或服务的描述清晰,特色鲜明,有较显著的竞争优势或市场优势	15
实用性与创新能力	面向现实应用问题,具有解决问题的实用价值,体现出创新能力,对目标企业有吸引力	15
市场分析	对产品或服务的市场容量、市场定位与竞争力等进行合理的分析,方法恰当、内容具体,对目标企业具有较强的说服力	15
营销策略	对营销策略、营销成本、产品或服务定价、营销渠道及其拓展、促销方式等进行深入分析,具有吸引力、可行性和一定的创新性	15

续 表

评分项目	评分说明	分值/分
方案实现	通过功能设置、技术实现等,设计并实施具体解决方案,需求分析到位,解决方案设计合理	20
总体评价	背景及现状介绍清晰;团队结构合理,成员工作努力;商业目的明确、合理;企业市场定位准确;创意、创新、创业理念出色;对专家提问理解正确,回答流畅,内容准确可信	20

(资料来源:根据大赛赛事说明整理)

第四节 创业公司成立

一、企业的法律组织形式

企业的组织形式从法律上主要包括个体工商户、个人独资企业、合伙企业、公司制企业[①]。

(一)创业的单一业主模式

1. 个体工商户

公民在法律允许的范围内,依法经核准登记,从事工商业经营的,为个体工商户。

(1) 个体工商户设立的条件。有经营能力的城镇待业人员、农村村民以及国家政策和法律允许的其他人员,可以申请从事个体工商业经营,依法经工商行政管理部门核准登记后为个体工商户。此外,国家机关干部、企事业单位职工不能申请从事个体工商业经营。

个体工商户可以在国家法律和政策允许的范围内,经营工业、手工业、建筑业、交通运输业、商业、饮食业、服务业、修理业及法律和政策允许经营的其他行业。

(2) 个体工商户的无限责任。个体工商户,可以个人经营,也可以家庭经营。个人经营的,以个人全部财产承担民事责任;家庭经营的,以家庭全部财产承担民事责任。个体工商户是指有经营能力并依照《个体工商户条例》的规定经工商行政管理部门登记,从事工商业经营的公民。《个体工商户条例》第 2 条第 1 款规定:"有经营能力的公民,依照本条例规定经工商行政管理部门登记,从事工商业经营的,为个体工商户。"

(3) 个体工商户申请程序。设立个体工商户、个体坐商或需要名称的个体摊商,应先办理名称预先登记,然后提交申请材料。材料齐全,符合法定形式的,等候领取"准予设立登记通知书"。领取"准予设立登记通知书"后,按照"准予设立登记通知书"确定的日期到

---

① 林艳琴.论公司制度的法律特征及其利弊[J].法学杂志,2008,(3):45-47.

工商局交费并领取营业执照。

申请个体工商户登记注册应提交的文件、证件如下:

① "个体工商户开业登记申请书"(含"个体工商户开业登记申请表""经营者基本情况表""经营场所证明"等表格);外来人员办理个体工商户登记,还应提交"暂住证"复印件。

② "企业名称预先核准通知书"及"预核准名称投资人名录表"(未取字号名称的个体摊商不提交)。

③ 经营范围涉及前置许可项目的,应当提交有审批部门的批准文件。

2. 个人独资企业

个人独资企业是指依照个人独资企业法在中国境内设立,由一个自然人投资,财产为投资人个人所有,投资人以其个人财产对企业债务承担无限责任的经营实体。

(1) 设立个人独资企业应当具备下列条件:

① 投资人为一个自然人;

② 有合法的企业名称;

③ 有投资人申报的出资;

④ 有固定的生产经营场所和必要的生产经营条件;

⑤ 有必要的从业人员。

(2) 个人独资企业的设立程序如下:

申请设立个人独资企业,应当由投资人或其委托的代理人向个人独资企业所在地的登记机关提交设立申请书、投资人身份证明、生产经营场所使用证明等文件。委托代理人申请设立登记时,需要出具投资人的委托书和代理人的合法证明。

申请设立个人独资企业,设立申请书应当载明下列事项:

① 企业的名称和住所,企业的名称应与其责任形式及从事的业务相符合;

② 投资人的姓名和居所;

③ 投资人的出资额和出资方式;

④ 经营范围。

登记机关收到设立申请文件之日起 15 日以内,对符合规定条件的,予以登记并发给营业执照,营业执照的签发日期为个人独资企业成立日期。

(3) 个人独资企业的无限责任。个人独资企业财产不足以清偿债务的,投资人应当以其个人的其他财产予以清偿。

个人独资企业解散后,原投资人对个人独资企业存续期间的债务仍应承担偿还责任,但债权人在 5 年内未向债务人提出偿债请求的,该责任消灭。

(4) 个人独资企业投资人可以自行管理企业事务,也可以委托或者聘用其他具有民事行为能力的人负责企业的事务管理。

投资人委托或者聘用他人管理个人独资企业事务,应当与受托人或者被聘用的人签订书面合同,明确委托的具体内容和授予的权利范围。投资人对受托人或者被聘用的人员职权的限制,不得对抗善意第三人。

(二) 合伙企业

合伙企业,是指自然人、法人和其他组织依照合伙企业法在中国境内设立的普通合伙企业和有限合伙企业。

普通合伙企业由普通合伙人组成,合伙人对合伙企业债务承担无限连带责任。

有限合伙企业由普通合伙人和有限合伙人组成,普通合伙人对合伙企业债务承担无限连带责任,有限合伙人以其认缴的出资额为限对合伙企业债务承担责任。

这里着重介绍大学生创办企业时经常采用的普通合伙企业。

(1) 普通合伙企业设立的条件:有两个以上合伙人;有书面合伙协议。

(2) 合伙协议应当载明下列事项:

① 合伙企业的名称和主要经营场所的地点;

② 合伙目的和合伙经营范围;

③ 合伙人的姓名或者名称、住所;

④ 合伙人的出资方式、数额和缴付期限;

⑤ 利润分配、亏损分担方式;

⑥ 合伙事务的执行;

⑦ 入伙与退伙;

⑧ 争议解决办法;

⑨ 合伙企业的解散与清算;

⑩ 违约责任等。

(3) 有合伙人认缴或者实际缴付的出资。

合伙人可以用货币、实物、知识产权、土地使用权或者其他财产权利出资,也可以用劳务出资。

合伙人以实物、知识产权、土地使用权或者其他财产权利出资,需要评估作价的,可以由全体合伙人协商确定,也可以由全体合伙人委托法定评估机构评估。合伙人以劳务出资的,其评估办法由全体合伙人协商确定,并在合伙协议中载明。

(4) 有合伙企业的名称和生产经营场所。

(5) 法律、行政法规规定的其他条件。

(6) 普通合伙企业事务执行。合伙人按照合伙协议的约定或者经全体合伙人决定,可以委托一个或者数个合伙人对外代表合伙企业,执行合伙事务。

委托一个或者数个合伙人执行合伙事务的,其他合伙人不再执行合伙事务。执行事务合伙人应当定期向其他合伙人报告事务执行情况以及合伙企业的经营和财务状况,其执行合伙事务所产生的收益归合伙企业,所产生的费用和亏损由合伙企业承担。

合伙企业对合伙人执行合伙事务以及对外代表合伙企业权利的限制,不得对抗善意第三人。

(7) 普通合伙企业利润分配、亏损分担。合伙企业的利润分配、亏损分担,按照合伙协议的约定办理；合伙协议未约定或者约定不明确的，由合伙人协商决定；协商不成的，由合伙人按照实缴出资比例分配、分担；无法确定出资比例的，由合伙人平均分配、分担。

(8) 普通合伙企业的无限连带责任。合伙企业对其债务，应先以其全部财产进行清偿。合伙企业不能清偿到期债务的，合伙人承担无限连带责任；合伙人由于承担无限连带责任，清偿数额超过本人亏损分担比例的，有权向其他合伙人追偿。

(9) 有限合伙企业的特别规定。有限合伙企业由两个以上 50 个以下合伙人设立；有限合伙企业至少应当有一个普通合伙人。有限合伙企业由普通合伙人执行合伙事务。有限合伙人不执行合伙事务，不得对外代表有限合伙企业。

(三) 公司制企业

1. 公司的含义及其有限责任

(1) 公司是指依照公司法在中国境内设立的有限责任公司和股份有限公司。

(2) 有限责任公司是指股东以其认缴的出资额为限对公司承担责任，公司以其全部财产对公司的债务承担责任的企业法人。

(3) 股份有限公司是指股东以其认购的股份为限对公司承担责任，公司以其全部财产对公司的债务承担责任的企业法人。

这里着重介绍有限责任公司。

2. 有限责任公司设立的条件

(1) 股东符合法定人数。有限责任公司由 50 个以下股东出资设立。

(2) 股东出资达到法定资本最低限额。有限责任公司注册资本的最低限额为人民币 30 000 元。法律、行政法规对有限责任公司注册资本的最低限额有较高规定的，从其规定。股东可以用货币出资，也可以用实物、知识产权、土地使用权等出资，还可以用货币估价并可以依法转让的非货币财产作价出资。但是，法律、行政法规规定不得作为出资的财产除外。

(3) 股东共同制定公司章程。有限责任公司章程应当载明下列事项：

① 公司名称和住所；

② 公司经营范围；

③ 公司注册资本；

④ 股东的姓名或者名称；

⑤ 股东的权利和义务；

⑥ 股东的出资方式和出资额；

⑦ 股东转让出资的条件；

⑧ 公司的机构及其产生办法、职权、议事规则；

⑨ 公司的法定代表人；

⑩ 公司的解散事由与清算办法。

(4) 有公司名称,建立符合有限责任公司要求的组织机构。

(5) 有公司住所。

3. 有限责任公司的组织机构

(1) 股东会:由全体股东组成,由股东按照出资比例行使表决权,是公司的权力机构。

(2) 董事会:成员为3人至13人,表决实行一人一票,是公司的业务执行机构。

(3) 经理层:由总经理、副总经理等组成,由董事会决定聘任或者解聘,是公司的日常经营管理机构。

(4) 监事会,其成员不得少于3人,是公司的监督机构。股东人数较少或者规模较小的有限责任公司,可以设一名执行董事,不设立董事会;可以设一两名监事,不设立监事会;执行董事可以兼任公司经理。

4. 一人有限责任公司的特别规定

(1) 一人有限责任公司,是指只有一个自然人股东或者一个法人股东的有限责任公司。

(2) 一人有限责任公司的注册资本最低限额为人民币10万元。股东应当一次足额缴纳公司章程规定的出资额。

(3) 一人有限责任公司应当在每一会计年度终了时编制财务会计报告,并经会计师事务所审计。

(4) 一人有限责任公司的股东不能证明公司财产独立于股东自己财产的,应当对公司债务承担连带责任。

5. 股份有限公司设立的条件

(1) 发起人符合法定人数。设立股份有限公司,应当有2人以上200人以下为发起人,其中须有半数以上的发起人在中国境内有住所。

(2) 发起人认购和募集的股本达到法定资本最低限额。股份有限公司注册资本的最低限额为人民币500万元。

(3) 股份发行、筹办事项符合法律规定。以发起设立方式设立股份有限公司的,发起人应当书面认足公司章程规定其认购的股份;一次缴纳的,应即时缴纳全部出资;分期缴纳的,首次出资额不得低于注册资本的20%,其余部分由发起人自公司成立之日起两年内缴足;以募集方式设立股份有限公司的,发起人认购的股份不得少于公司股份总数的35%,其余部分应当向社会公开募集。

(4) 发起人制定公司章程,采用募集方式设立的经创立大会通过。

(5) 有公司名称,建立符合股份有限公司要求的组织机构。

(6) 有公司住所。

6. 公司财务、会计相关规定

(1) 财务会计制度。公司应当依照法律、行政法规和国务院财政部门的规定建立本公司的财务、会计制度,在每一会计年度终了时编制财务会计报告,并依法经会计师事务所审计。财务会计报告应当依照法律、行政法规和国务院财政部门的规定制作。

(2) 公司利润分配。有限责任公司按照股东实缴的出资比例分配红利;股份有限公司按照股东持有的股份比例分配红利。

(四) 公司组织形式选择的策略

许多创业者认为,新创企业法律形式的最佳选择就是有限责任公可。然而,实际上,合伙企业、个人独资企业、一人有限责任公司、股份有限公司等,也常常很受欢迎,广泛存在于创业实践活动中。企业法律形式的选择有赖于创业者的目标和达成目标的实际资源状况。

二、公司的注册流程

大学生创业要申请注册公司,就必须了解公司注册方面的法定程序和工作流程,然后针对每一个程序和流程的要求预先做好计划并准备相关资料,这样可以省去许多麻烦。注册公司的具体流程如下:

核名(确定公司名字)→验资(完成公司注册资金验资手续)→签字(前往工商所核实签字)→申请营业执照→申请组织机构代码证→申请税务登记证→办理基本账户和纳税账户→办理税种登记→办理税种核定→办理印花税业务→办理纳税人认定→办理办税员认定→办理发票认购手续[①]。

(一) 工商局核名

名称想好后,就要到核名的阶段了。核名一般需要3个工作日左右,公司注册申请人事先最好想好5～8个公司名称,避免因审核时重名而浪费时间。

1. 名称预查

咨询后领取并填写"名称(变更)预先核准申请书""投资人授权委托意见",同时准备相关材料,股东、法人提供身份证明。

2. 名称审核

递交"名称(变更)预先核准申请书"、投资人身份证、备用名称若干及相关材料,等待名称核准结果,区工商局预查通过后,报市工商局审核,一般需要5个工作日左右。

3. 领取"企业名称预先核准通知书"

市工商局名称审核通过后,由区工商局打印"名称预先核准通知书",企业凭受理通知书领取"企业名称预先核准通知书"。"名称预先核准通知书",有效期为半年,若半年内还未办理工商登记,可以延期。

---

① 王芬.高职院校创业课程信息化教学设计——以公司注册业务流程为例[J].教育现代化,2018,5(39):201-202+204.

注册公司核名所需材料：
(1) 全体股东的身份证原件、复印件；
(2) 各股东的出资金额及比例；
(3) 拟申请公司名称1~10个；
(4) 公司主要经营范围。

(二) 特殊经营范围到有关部门审批

公司注册经营项目涉及前置许可的，应先到相关许可部门取得许可文件，那么都有哪些企业在注册公司办理营业执照前需要先进行前置审批呢？

(1) 医疗器械销售或生产(一类医疗器械除外)(区药监局)、药品(区药监局、卫生局)。
(2) 图书报刊、报刊出版物零售、印刷(区文化管理所、市新闻出版局)。
(3) 音像制品销售(区文化管理所)。
(4) 酒类批发(区酒类专卖局)。
(5) 食品(区卫生局)。
(6) 医疗机构设立(区卫生局)。
(7) 烟销售(烟草专卖局)。
(8) 餐饮(区环保局、区卫生局、区消防处)。
(9) 旅馆、客房(区公安局、区消防处、区卫生局)。
(10) 塑料制品、水性涂料生产加工(区环保局)。
(11) 道路运输，水陆运输(交通局)。
(12) 汽车、摩托车维修(市交委维修管理处)。
(13) 人才中介(区人事局)。
(14) 劳务服务(区劳动局)。
(15) 废旧金属收购(区公安局、区环保局)。
(16) 成品油经营、储存(市经委、公安局)。
(17) 加工、销售、回收金银(市人民银行金融处)。
(18) 文物经营(文物管理委员会)。
(19) 经营性舞厅(市文化局、卫生局、公安局、消防处)。
(20) 国画书法(市文化局)。
(21) 咖啡馆、酒馆(卫生部门、公安部门、市酒类专卖局)。
(22) 报关业务(海关总署)。
(23) 水泥生产(市建委)。
(24) 航空运输销售代理业务(民航中南管理局)。
(25) 化妆品生产(市卫生局)。
(26) 工程承包(市建设委员会)。

（三）办理工商登记设立

办理营业执照一般需要 3 步，首先需要提交申报材料，紧接着，申请通过后再打印纸质材料提交到工商局，工商局受理后审核通过，最后就会通知企业领取营业执照。这里要提醒大家一点，提交公司注册纸质申请材料后，一般情况下工商局会在 7~10 个工作日受理完成。在申请营业执照时，企业需要提交的材料包括：

(1) 公司法定代表人签署的"公司设立登记申请书"；
(2) 董事会签署的"指定代表或者共同委托代理人的证明"；
(3) 由发起人签署或由会议主持人和出席会议的董事签字的股东大会或者创立大会会议记录；
(4) 全体发起人签署或者全体董事签字的公司章程；
(5) 自然人身份证件复印件；
(6) 董事、监事和经理的任职文件及身份证件复印件；
(7) 法定代表人任职文件及身份证件复印件；
(8) 住所使用证明；
(9) "企业名称预先核准通知书"。

（四）篆刻公司印章

由于现在注册公司已经实行三证合一了，即公司执照、税务登记证和组织机构代码证在申请营业执照时，无须在三个窗口办理，一个窗口直接搞定，三个证号统一到一张营业执照上，所以公司注册申请人无须再单独办理税务登记证和组织机构代码证，营业执照拿到手的当天即可篆刻印章，当天出章，十分方便。篆刻公司印章需要的准备材料如下：

(1) 营业执照副本原件及复印件；
(2) 法人身份证件原件及复印件；
(3) 委托人身份证件原件及复印件。
(4) 注册公司需要篆刻的印章：企业公章；企业财务章；企业法定代表人个人印鉴；企业合同章；企业发票专用章。

（五）银行开户

注册公司流程走完后，紧接着就到了银行开户的流程，银行开户对小企业来说应该是最费时间的一个流程了。银行开户一般会经过以下流程：受理开户材料—报送该银行所属分行—分行报送人民银行账户管理部—人民银行账户管理部对报送材料进行审核—审核通过后分行派人领取开户许可证—开户银行派人到分行领取开户许可证—通知客户领取开户许可证。

国内银行大同小异，服务也好，产品也罢，没什么本质区别，而且一家新开的小公司是不可能马上获得银行的授信的，因此，建议首选比较熟悉的银行，这样也比较容易办理一些。

（六）税务报到

办理税务报到需要准备下述材料：
(1) 到开户行(带上相关文件)签订扣税协议。
(2) 到国税部门报到，填写公司基本信息。
(3) 拿着扣税协议找税务专管员办理网上扣税，办理后核定缴纳何种税种会给公司一个用户名、密码。
(4) 到地税报到，填写"财务制度及软件备案报告"。报表种类：资产负债表、损益表。折旧方法：直线折旧法。摊销方法：五五摊销法。
(5) 买发票(有国税，则在国税、地税都要买；无国税，只在地税买)。

（七）注册费用

注册公司需要多少钱？这是许多小微创业者关注的问题。对于公司注册的费用问题，2015年随着第三方服务平台的崛起，在注册公司过程中，很多企业都免费帮创业者注册公司。不仅免除创业者注册公司过程中需要的代理费用，更是免除了公司注册官方费用，现在只需要一元钱就可以办理一证五章，不仅免收代理费用，而且自己注册公司需要的官方费用也可以免除。

三、创业公司相关制度的制定

一个公司的运行，需要流程、制度和标准。比如考勤，要求每天上班、下班打卡，这就是流程；部门经理以下人员需要打卡，这就是制度；参加考勤的人员每月允许迟到3次、无理由缺勤一天，这就是标准，超过标准了就要奖惩。可以把流程、制度和标准笼统地称为制度[①]。

创业公司可以先制定最重要、能直接落地的制度。

（一）建立基本管理制度

创业公司应首先规定迟到早退的时间、请假标准、工资标准、加班规定、差旅规定、奖惩规定等，再逐渐增加人事制度、行政管理制度、营销管理制度、生产管理制度、采购管理制度等。

（二）明确业务流程和岗位职责

形成部门之间、员工之间处理事务的流程，明确各部门、各岗位的具体工作职责。初创公司的特点就是人手永远不够，任务永远做不完。所以，即使员工真的像打了鸡血一样干劲十足，也不能完全靠他们的自驱力，否则很容易出现大面积的倦怠和混乱，影响公司

---

① 赵旭东.公司法修订中的公司治理制度革新[J].中国法律评论,2020(3):119-130.

的正常运营。明确流程与分工是所有规章制度的重中之重。具体可以按以下两点开展工作：

第一，梳理公司的业务流程。看看公司目前的主营业务主要包括哪些，具体的业务内容都是什么，这也是建立组织架构的基础。有了流程，初创公司的人力资源规划基本就确定了。

第二，确定岗位职责。根据公司的具体业务、当前任务、所处阶段等确定需要什么工作岗位，明确每个岗位的具体职责、任务量、评判指标等。

（三）财务制度

对于很多创业公司，现金流就是命脉。所以，财务制度是一点都不能马虎的。企业财务制度一般应当包括资金管理制度、费用报销制度、付款审批制度、应收应付制度、合同管理制度等。一般来说，初创公司应该着重于资金管理制度和费用报销制度，做到每一分钱都精打细算，可监控。

（四）薪酬制度

不少创业公司的老板喜欢给员工"画大饼"，希望用前景留下优秀的员工，毕竟创业公司最缺的就是人才，但是受资金实力所限，真的开不出太高的工资。工资不够鼓励来凑，良好的薪酬制度就成了吸引优秀人才的法宝。对于刚起步的初创公司，在建立薪酬体系时应注意以下几点：

新版营业执照

第一，小公司人少活儿多，为了让核心员工稳定下来，应该尽量让员工的薪资等于甚至稍高于行业平均水平，并且专门设立季度或年终奖金。在薪资结构上，可以实行基本工资＋绩效的宽带薪酬办法，激发员工的斗志。

第二，最好在试用期不打折，大多数初创公司在薪酬福利上本来就没有优势，如果试用期还打折扣，更不容易招到有相关工作经验、无须公司特地培养的员工，而初创公司往往还急需人手。所以，给100%的试用期工资，最后赚到的一定是公司。

从创业小公司到大公司的组织架构变化

第三，初创公司加班是常态，那么在福利上应该做到以人为本。例如，报销下班打车费、晚饭外卖费，重点项目完成了组织大家团建，让员工感受到并肩作战的激情。

内容：

确定你的创业项目，针对创业项目的产品或服务，撰写商业计划书。

要求：

1. 组建4～6人的创业小组，设组长一名。
2. 以小组为单位，寻找与自己所学专业相关的创业项目，或者从自己生活的现实环境中寻找创业项目。通过小组讨论,确定创业项目。

3. 通过网络搜索优秀的商业计划书作为参考。

4. 各小组成员在组长的带领下进行合理的分工合作,完成商业计划书的撰写。

思维训练

1. 商业计划书的作用是什么?
2. 商业计划书应遵循什么逻辑,包含哪些内容?
3. 当前大学生创新创业大赛项目具体有哪些,各有什么特色和要求?
4. 成立创业公司有哪些关键注意点?

参考文献

1. Adner R, Kapoor R. Innovation ecosystems and the pace of substitution: Re-examining technology S-curves[J]. Strategic management journal, 2016, 37(4): 625-648.

2. Alaja A, Sorsa V P. The evolution of the national innovation system as programmatic policy idea in Finland[J]. Science and Public Policy, 2020, 47(6): 834-843.

3. Ardichvili, A, Cardozo, R Ray, S. A theory of entrepreneurial opportunity identification and development[J]. Journal of business venturing, 2003(1): 105-123.

4. BAKER T. Resources in Play: Bricolage in the Toy Store (y)[J]. Journal of Business Venturing, 2007, 22(5): 694-711.

5. Barney, J Firm Resources and Sustained Competitive Advantage[J]. Journal of Management, 2009, 17(1): 3-10.

6. Carayannis E G, Grigoroudis E, Campbell D F J, et al. The ecosystem as helix: an exploratory theory-building study of regional co-opetitive entrepreneurial ecosystems as Quadruple/Quintuple Helix Innovation Models[J]. R&D Management, 2018, 48(1): 148-162.

7. Casadesus-Masanell R, Zhu F. Business model innovation and competitive imitation: The case of sponsor-based business models[J]. Strategic Management Journal, 2013, 34(4): 464-482.

8. DAVIDSSON P, RECKER J, VON BRIEL F. External enablement of new venture creation: a framework[J]. Academy of Management Perspectives, 2018.

9. Eckhardt JT, Shane SA. Opportunities and entrepreneurship[J]. Journal of Management, 2003(3): 333-349.

10. Fagerberg J. Innovation policy: rationales, lessons and challenges[J]. Journal of Economic Surveys, 2017, 31(2): 497-512.

11. FITZGERALD M, KRUSCHWITZ N, BONNET D, et al. Embracing digital technology: a new strategic imperative[J]. MIT Sloan Management Review, 2014, 55(2): 1-10.

12. Garud R, Giuliani A P. A narrative perspective to entrepreneurial opportunities [J]. Academy of Management Review, 2013, 38(1): 157-160.

13. GEOFFREY D, SANDIP B. Optimization or Bricolage? Overcoming Resource Contriaints in Global Social Entrepreneurship[J]. Strategic Entrepreneurship Journal, 2019, 7(1): 26-29.

14. Guerrero M, Urbano D, Herrera F. Innovation practices in emerging

economies: Do university partnerships matter? [J]. The Journal of Technology Transfer, 2019, 44(2): 615-646.

15. Hinings B, Gegenhuber T, Greenwood R. Digital innovation and transformation: An institutional perspective[J]. Information and Organization, 2018, 28(1): 52-61.

16. Ibrahim A, Bassel Z. A new comparative model for national innovation systems based on machine learning classification techniques[J]. Innovation and Development, 2020, 10(1): 45-66.

17. Johnson J S, Friend S B, Lee H S. Big Data Facilitation, Utilization and Monetization: Exploring the 3vs in a New Product Development Process[J]. Journal of Product Innovation Management, 2017, 34(5): 640-658.

18. Koopmann J, Lanaj K, Bono J, et al. Daily shifts in regulatory focus: The influence of work events and implications for employee well-being[J]. Journal of Organizational Behavior, 2016, 37(8): 1293-1316.

19. Limpkin, G T, The role of organizational learning in the opportunityrecognition process[J]. Entrepreneurship: theory & practice, 2005(7): 458.

20. López-Rubio P, Roig-Tierno N, Mas-Tur A. Regional innovation system research trends: toward knowledge management and entrepreneurial ecosystems[J]. International Journal of Quality Innovation, 2020, 6(1): 1-16.

21. Markard J. The life cycle of technological innovation systems[J]. Technological Forecasting and Social Change, 2020, 153: 119407.

22. Nambisan, S. Digital entrepreneurship: Toward a digital technology perspective of entrepreneurship[J]. Entrepreneurship Theory and Practice, Forthcoming, 2017, 41(6): 1029-1055.

23. Pisano, P, M. Pironti and A. Rieple, Identify Innovative Business Models: Can Innovative Business Models Enable Players to React to Ongoing or Unpredictable Trends? [J]. Entrepreneurship Research Journal, 2015, 42(2): 81-99.

24. RICE R, ROGERS E. Reinvention in the Innovation Process, Knowledge: Creation, Diffusion, Utilization[J]. Science Communication, 1980, 1(4): 499-514.

25. Salunke, S, Weerawardena, J, & Mccoll-Kennedy, J. R. Competing through service innovation: The role of bricolage and entrepreneurship in project-oriented firms [J]. Journal of Business Research, 2013, 66(8), 1085-1097.

26. Shane S, Venkataraman S. The Promise of Entrepreneurship as a Field of Research[J]. Academy of Management Review, 2000, 25(1): 217-226.

27. SIRMON D G, HITT M A, IRELAND R D. Managing Firm Resources in Dynamic Environments to Create Value: Looking inside the Black Box[J]. Academy of Management Review, 2007, 32, 273-292.

28. Tan K H, Zhan Y. Improving New Product Development Using Big Data: A Case Study of An Electronics Company[J], R&D Management, 2017, 42(2): 570-582.

29. Tapan K. Panda. Search Engine Marketing: Does the Knowledge Discovery

Process Help Online Retailers? [J]. Joural of Knowledge Management, 2013 (3): 56-64.

30. Timmers, P. Business models for electronic markets[J]. Journal on Electronic Markets, 1998, 8(2): 3-8.

31. 爱德华·弗里曼.战略管理:利益相关者方法[M].王彦华,等,译.上海:上海译文出版社,2006.

32. 曹海涛.合伙创业:合作机制+股份分配+风险规避[M].北京:清华大学出版社,2018.

33. 曹虎,王赛,乔林.数字时代的营销战略[M].北京:机械工业出版社,2018.

34. 曹裕,陈劲.创新思维与创新管理[M].北京:清华大学出版社,2017.

35. 陈春花.价值共生:数字化时代的组织管理[M].北京:人民邮电出版社,2021.

36. 陈劲.中国创新发展报告(2020—2021)[M].北京:社会科学文献出版社,2021.

37. 池本正纯.图解商业模式[M].北京:人民邮电出版社,2018.

38. 蒂蒙斯,周伟民,等.战略与商业机会[M].北京:华夏出版社,2002.

39. 丁斌.创新创业实战教程[M].北京:机械工业出版社,2021.

40. 丁旭,莫晔.创新创业教程[M].北京:清华大学出版社,2019.

41. 菲利普·科特勒,加里·阿姆斯特朗.市场营销:原理与实践[M].北京:中国人民大学出版社,2015.

42. 菲利普·科特勒.营销革命3.0[M].北京:机械工业出版社,2016.

43. 菲利普·科特勒.营销革命4.0[M].北京:机械工业出版社,2019.

44. 郭斌,李凡.大学生创新创业案例[M].北京:经济管理出版社,2020.

45. 韩伟华.融资的力量[M].北京:人民邮电出版社,2016.

46. 姬建锋,万生新.大学生创新创业教育[M].西安:陕西人民出版社,2019.

47. 吉家文,李转风.创新创业基础[M].北京:高等教育出版社,2021.

48. 贾德芳,王硕.创业团队建设与管理[M].北京:清华大学出版社,2021.

49. 江远涛.路演中国[M].北京:人民邮电出版社,2016.

50. 克莱顿·克里斯坦森.创新者的窘境[M].北京:中信出版集团,2020.

51. 雷重熹,池云霞,靳润奇,刘雅丽.创新创业案例与分析[M].北京:高等教育出版社,2019.

52. 李庆丰.商业模式与战略共舞[M].北京:北京时代华文书局,2020.

53. 廖秉宜.数字内容营销[M].北京:科学出版社,2019.

54. 刘康成."蛋生"一个创业团队从无到有的逻辑[M].北京:世界图书出版社,2016.

55. 刘志阳,林嵩,路江涌.创新创业基础[M].北京:机械工业出版社,2021.

56. 吕森林.创业从一份商业计划书开始[M].北京:电子工业出版社,2019.

57. 马二伟.数字平台营销[M].北京:科学出版社,2019.

58. 孟韬.市场营销:互联网时代的营销创新[M].北京:中国人民大学出版社,2018.

59. 彭四平,伍嘉华,马世登,张义先.创新创业基础[M].北京:人民邮电出版社,2018.

60. 沈斐敏,徐国立.大学生创新与创业教程[M].北京:高等教育出版社,2014.

61. 舒晓楠,阮爱清.创业基础[M].重庆:重庆大学出版社,2017.

62. 陶陶,王欣,封智勇,等.创业团队管理实战[M].北京:化学工业出版社,2018.
63. 王中强,陈工孟.创新思维与创业教育[M].北京:清华大学出版社,2017.8.
64. 魏江,刘洋.数字创新[M].北京:机械工业出版社,2021.
65. 吴晓波,王坤祚,钱跃东.云上的中国:激荡的数智化未来[M].北京:中信出版集团,2021.
66. 吴亚梅,龚丽萍.大学生创新创业教程[M].重庆:重庆大学出版社,2018.
67. 吴月红,李经山.创新创业实训教程[M].北京:机械工业出版社,2021.
68. 谢雅萍.创业团队管理[M].北京:高等教育出版社,2020.
69. 亚历山大·奥斯特瓦德,伊夫·皮尼厄.商业模式新生代[M].北京:机械工业出版社,2016.
70. 阳翼.数字营销[M].北京:中国人民大学出版社,2019.
71. 杨飞.流量池[M].北京:中信出版集团,2018.
72. 杨京智.大学生创新创业基础(大赛案例版)[M].北京:人民邮电出版社,2020.
73. 杨路明,罗裕明,等.网络营销[M].北京:机械工业出版社,2016.
74. 杨其龙,李婷,黄重成.创新创业案例分析与能力训练[M].上海:上海交通大学出版社,2019.
75. 杨中兴,胡丽丽.创业合伙人[M].天津:天津科学技术出版社,2018.
76. 伊迪丝.企业成长理论[M].赵晓,译.上海:上海三联书店,上海人民出版社,2007.
77. 张玉利,薛红志,陈寒松,李华品.创业管理[M].北京:机械工业出版社,2020.
78. 张玉利.创业研究经典文献述评[M].北京:机械工业出版社,2018.
79. 中国科学技术发展战略研究院.国家创新指数报告2020[M].北京:社会科学文献出版社,2021.
80. 财新数联.中国数字经济指数2018年度报告[R].2018(05).
81. 陈燕.H公司创业团队冲突管理研究[D].南京:南京大学,2011.
82. 陈颖.企业团队领导胜任能力与团队绩效的关系研究[D].徐州:中国矿业大学,2017.
83. 卡奥斯平台介绍.卡奥斯COSMOPlat-创全球引领的世界级工业互联网平台. https://www.cosmoplat.com/platform.
84. 李栋.商务部定义新零售"五大创新"内涵[N].新京报,2017-09-12.
85. 刘道玉.创新创业的灵感从哪儿来[N].光明日报,2017-06-13.
86. 赛迪智库信息化与软件产业研究所.我国数字经济新业态新模式发展研判[N].中国计算机报,2020-11-23(008).
87. 吴俊健.RH公司的创业团队管理问题研究[D].杭州:浙江工业大学,2019.
88. 央视市场研究(CTR).2020广告主营销调查报告.
89. 中国互联网络信息中心CNNIC.第47次《中国互联网络发展状况统计报告》,58-60.
90. 卑立新,焦高乐.互联网商业环境下创业企业技术创新与商业模式创新的迭代式共演研究[J].管理学刊,2021,34(3):89-104.
91. 边燕杰,丘海雄.企业的社会资本及其功效[J].中国社会科学,2000(02):87-

99+207.

92. 蔡莉,杨亚倩,卢珊,等.数字技术对创业活动影响研究回顾与展望[J].科学学研究,2019,37(10):1816-1824+1835.

93. 蔡莉,张玉利,蔡义茹,杨亚倩.创新驱动创业:新时期创新创业研究的核心学术构念[J].南开管理评论,2021,24(4):217-226.

94. 曹冬勤,彭灿,马珩.企业双元创新对商业模式创新的影响——基于不同组织惯例更新水平的研究[J].科技管理研究,2021,41(12):16-25.

95. 陈艾华,Patton Donald,Kenney Martin.中国大学技术转移前沿理论动态:学术背景与理论焦点[J].科学学与科学技术管理,2017,38(4):16-23.

96. 陈微波.互联网平台用工关系治理的理论建构:三种理论视角的比较与反思[J].社会科学,2021(10):80-86.

97. 程丽,王朝云.不确定情境下基于启发式的创业机会评价研究[J].沈阳工程学院学报(社会科学版),2018(4):499-507+576.

98. 储小平,李怀祖.信任与家族企业的成长[J].管理世界,2003(6):98-104.

99. 崔丽,刘向阳,贾依帛,张攀.国有企业供应链商业模式创新路径研究——以宝山钢铁股份有限公司为例[J].管理案例研究与评论,2021,14(4):368-382.

100. 董保宝.创业研究在中国:回顾与展望[J].外国经济与管理,2014,36(1):73-80.

101. 董延芳,张则月.中国创业者创业机会识别研究[J].经济与管理评论,2019(6):57-67.

102. 杜福胜.做一份漂亮的商业计划书[J].财经界,2001,(10):83-85.

103. 方世建,孙累累,方文丽.建构主义视角下的创业机会研究经典模型评介[J].外国经济与管理,2013(5):2-13+22.

104. 龚晓莺,杨柔.数字经济发展的理论逻辑与现实路径研究[J].当代经济研究,2021(1):17-25.

105. 郭利利.新经济时代体育产业科技创业与创新理念及其实践应用[J].科研管理,2021,42(10):210.

106. 韩洪灵,陈帅弟.数字商业生态系统研究:本质构成、技术支持与价值创造[J].湖北大学学报(哲学社会科学版),2021,48(4):119-128+177.

107. 黄凯健,田常清.商业模式画布视角下出版企业知识服务模式构建[J].科技与出版,2021(7):98-104.

108. 贾建锋,赵若男,朱珠.高校创新创业教育生态系统的构建——基于美国、英国、日本高校的多案例研究[J].管理案例研究与评论,2021,14(3):309-324.

109. 姜彦福,邱琼.创业机会评价重要指标序列的实证研究[J].科学学研究,2004(1):59-63.

110. 蒋兵,张文礼,程钧谟.新创企业创业制度环境、创业拼凑与商业模式创新研究——基于决策偏好的调节效应[J].软科学,2021,35(9):124-130.

111. 柯勤飞.高水平地方应用型高校人才培养的创新与实践[J].教育发展研究,2021,41(11):53-58.

112. 李华晶.绿色技术与创新创业管理:企业如何促进人与自然和谐共生[J].研究与

发展管理,2021,33(4):1.

113. 李凯,邓智文,严建援.搜索引擎营销研究综述及展望[J].外国经济与管理,2014,36(10):13-21.

114. 李霞.高校党建对创新创业教育的引领作用探究——评《高校党建创新——实践探索与理论思考》[J].科技管理研究,2021,41(20):243.

115. 李颖,赵文红,杨特.创业者先前经验、战略导向与创业企业商业模式创新关系研究[J].管理学报,2021,18(7):1022-1031+1106.

116. 李志刚,刘金,李兴旺,贾兆鑫.双元创新视角下老字号企业商业模式创新内在机理——基于德州扒鸡的纵向案例研究[J].管理学报,2021,18(10):1512-1523.

117. 梁天宝.科技型新创企业商业模式创新影响前因[J].科技管理研究,2021,41(20):144-149.

118. 梁艳.知识产权直接证券化的逻辑与进路——以驱动科技创新为视角[J].中国科技论坛,2019(2):109-117.

119. 林艳琴.论公司制度的法律特征及其利弊[J].法学杂志,2008,(3):45-47.

120. 刘嘉慧,高山行.数字经济环境下企业跨界内涵:价值主张视角[J].科技进步与对策,2021,38(1):64-70.

121. 刘志阳,金仁旻.社会企业的商业模式:一个基于价值的分析框架[J].学术月刊,2015,47(03):100-108.

122. 刘志阳,李斌,陈和午.企业家精神视角下的社会创业研究[J].管理世界,2018,34(11):171-173.

123. 刘志阳,林嵩,邢小强.数字创新创业:研究新范式与新进展[J].研究与发展管理,2021,33(1):1-11.

124. 刘志阳,邱振宇.数智创业:从"半数智"时代迈向"全数智"时代[J].探索与争鸣,2020(11):141-149+179.

125. 刘志阳,王泽民.人工智能赋能创业:理论框架比较[J].外国经济与管理,2020,42(12):3-16.

126. 刘志阳,赵陈芳,李斌.数字社会创业:理论框架与研究展望[J].外国经济与管理,2020,42(4):3-18.

127. 刘姿麟.中国短视频行业的现状分析[J].电影评介,2018(10):95-97.

128. 柳卸林,魏江,戎珂.专稿:数字时代的创新生态[J].科学学研究,2021,39(6):961.

129. 陆春萍,王晖.深圳高校创新创业教育的"三链协同"运作模式——以S大学为例[J].高教探索,2021(6):61-69.

130. 路炜峰.敦煌石窟文创产品的博物馆营销与网络传播研究[J].广电技术,2015,(5):17.

131. 马蕾,梁凯桐,王阳,张乐.数字技术驱动下中国知识产权运营平台发展历程及演化趋势[J].中国科技论坛,2021(10):153-161.

132. 马晓苗,赵楠,尹鹏飞,何金念.内容服务商业模式创新路径研究——以"罗辑思维"为例[J/OL].科研管理:1-13[2021-11-16].

133. 孟韬,赵非非,张冰超.企业数字化转型、动态能力与商业模式调适[J].经济与管理,2021,35(4):24-31.

134. 缪沁男,魏江,杨升曦.服务型数字平台的赋能机制演化研究——基于钉钉的案例分析[J/OL].科学学研究:1-17[2021-11-17].https://doi.org/10.16192/j.cnki.1003—2053.20210507.004.

135. 倪琳,黄熠."全景连接":我国短视频平台的商业模式解析[J].新闻爱好者,2021(9):54-56.

136. 庞长伟,王琼,刘丽雯.创业企业高管团队认知与新颖型商业模式创新——被调节的中介效应[J].研究与发展管理,2021,33(4):97-110.

137. 邱玉霞,袁方玉,石海瑞.模式创新与动态能力联动:互联网平台企业竞争优势形成机理[J].经济问题,2021(10):68-76+94.

138. 申长江,唐炎钊,何勤.国内外风险投资项目评估概况[J].管理现代化,2000,(6):41-45.

139. 史雅妮,康乐乐,李阳.开放式创新视角下联盟区块链研发的组织模式与路径研究[J].现代情报,2021,41(11):12-21.

140. 四种思路帮你成功创业[J].青年文学家,2015(28):36-37.

141. 王炳成,傅晓晖,崔巍.商业模式创意如何才能得到顺利应用?——企业创新文化调节下动态能力的中介作用[J].济南大学学报(社会科学版),2021,31(5):134-144+175-176.

142. 王炳成,郝兴霖,姜爱萍.知识赋能视角下商业模式韧性多元实现路径[J].统计与信息论坛,2021,36(8):106-116.

143. 王朝云,张芬芬.建构主义与效果逻辑理论整合观下的创业机会研究[J].科技进步与对策,2017(17):154-160.

144. 王丁,魏江,杨洋.华为海外子公司的合法化战略选择与演化[J].科学学研究,2020,38(4):654-662.

145. 王芬.高职院校创业课程信息化教学设计——以公司注册业务流程为例[J].教育现代化,2018,5(39):201-202+204.

146. 王惠明,陈德豪,张元新.数字技术驱动的物业管理商业模式创新:案例及启示[J/OL].工程管理学报:1-6[2021-07-11].https://doi.org/10.13991/j.cnki.jem.2021.03.027.

147. 王竞一.中国大学生在校期间创业机会识别过程——基于扎根理论的研究[J].中国人力资源开发,2015(18):86-93.

148. 王凯,胡赤弟,陈艾华.大学网络能力对产学知识协同创新绩效的影响[J].科研管理,2019,40(8):166-178.

149. 王立夏,程子琦,王沅芝.共情视角下大数据赋能商业模式创新的研究[J/OL].科学学研究:1-25[2021-11-16].https://doi.org/10.16192/j.cnki.1003—2053.20210615.001.

150. 王强.让你的商业计划脱颖而出[J].企业管理,2002,(1):61.

151. 王琼,杨钋.高校创业课程学生投入的内涵与测量工具研究[J].教育学术月刊,

2021(6):67-75.

152. 王新成,李垣,马凤连,郭文佳.环境动态性与创新战略选择——企业创业导向和技术能力的调节作用[J].研究与发展管理,2021,33(4):111-120+182.

153. 王宇.创新生态视角下科技成果转化的机制设计[J].现代经济探讨,2021(11):126-132.

154. 王兆群,胡海青,张丹,张琅.环境动态性下创业拼凑与新创企业合法性研究[J].华东经济管理,2017,31(10):36-42.

155. 魏江,陈光沛.同构如何影响企业融入开源社区创新:认知合法性的中介作用[J].科学学研究,2021,39(10):1860-1869.

156. 魏江,刘嘉玲,刘洋.数字经济学:内涵、理论基础与重要研究议题[J/OL].科技进步与对策:1-7[2021-11-17].http://kns.cnki.net/kcms/detail/42.1224.G3.20210702.1010.004.html.

157. 魏江,刘嘉玲,刘洋.新组织情境下创新战略理论新趋势和新问题[J].管理世界,2021,37(7):182-197+13.

158. 魏江,赵雨菡.数字创新生态系统的治理机制[J].科学学研究,2021,39(6):965-969.

159. 魏江.后疫情时期的社会治理多元主体协同体系建设[J].科学学研究,2020,38(3):388-390.

160. 温凤鸣,解学芳.基于区块链赋能的短视频内容产业创新与优化路径[J].中国编辑,2021(9):81-86.

161. 肖静华,吴瑶,刘意,谢康.消费者数据化参与的研发创新:企业与消费者协同演化视角的双案例研究[J].管理世界,2018(8).

162. 谢卫红,骆建彬,郭海珍,李忠顺,张茜.工业互联网平台研究知识结构与拓展方向[J/OL].科技进步与对策:1-10[2021-11-16].http://kns.cnki.net/kcms/detail/42.1224.G3.20211019.1334.007.html.

163. 杨升曦,魏江.企业创新生态系统参与者创新研究[J].科学学研究,2021,39(2):330-346.

164. 姚小涛.理解商业模式:不是什么,又是什么?[J].外国经济与管理,2017,39(6):126-127.

165. 姚晓芳,武朝晖.如何撰写商业计划书[J].企业管理,2000,(10):41-42.

166. 姚晓芳.一份成功的商业计划书[J].经济管理,2000,(10):38-41.

167. 易高峰,蔡柏良.基于事件系统理论的高校教师学术创业能力提升研究——从失败到成功的连续创业者案例[J].大学教育科学,2021(2):42-52+108.

168. 易高峰,王洋.数字技术赋能高校科技成果转化的路径[J].中国高等教育,2021(11):55-57.

169. 易高峰.高校学术创业的困境突破与智能化转型——基于工业互联网平台赋能的思考[J].教育发展研究,2021,41(1):72-78.

170. 于立宏,金环.国家级双创示范基地建设的效果及空间溢出效应研究[J].经济学家,2021(10):90-99.

171. 于晓宇,李雅洁,陶向明.创业拼凑研究综述与未来展望[J].管理学报,2017,14(02):306-316.

172. 余江,孟庆时,张越,等.数字创新:创新研究新视角的探索及启示[J].科学学研究,2017,(7):1103-1111.

173. 韵江,赵宏园,暴莹.新创企业商业模式创新的资源编排动态演化机制——基于猎聘公司的纵向案例研究[J/OL].财经问题研究:1-10[2021-11-16].http://kns.cnki.net/kcms/detail/21.1096.f.20211027.1143.002.html.

174. 张海霞,黄梦蝶.特许经营:一种生态旅游高质量发展的商业模式[J].旅游学刊,2021,36(9):8-10.

175. 张继业.基于虚拟社区的定向出版模式[J].新闻传播,2015,(5):17.

176. 张普.新零售的兴起、理念及构建——以零售业革命的发展为视角[J].哈尔滨商业大学学报(社会科学版),2021(5):112-120.

177. 张三保,雷媛,罗志敏.中国高校创业教育的组织模式:演进、比较与方向[J].高等工程教育研究,2021(4):195-200.

178. 张省,杨倩.数字技术能力、商业模式创新与企业绩效[J].科技管理研究,2021,41(10):144-151.

179. 张天莉,罗佳.短视频用户价值研究报告2018-2019[J].传媒,2019(5):9-14.

180. 张学艳,周小虎,毕轲.科技创业人才聚集现象背后的生态环境场——以江苏省为例的实证[J].华侨大学学报(哲学社会科学版),2021(4):91-102.

181. 张育广,张超,王嘉茉.高校众创空间创新发展的演进逻辑及路径优化——基于平台理论视角[J].科技管理研究,2021,41(17):69-77.

182. 张振刚,张君秋,叶宝升,陈一华.企业数字化转型对商业模式创新的影响[J/OL].科技进步与对策:1-9[2021-11-16].http://kns.cnki.net/kcms/detail/42.1224.G3.20210809.1750.024.html.

183. 赵旭东.公司法修订中的公司治理制度革新[J].中国法律评论,2020,(3):119-130.

184. 郑健壮,李强.数字经济的基本内涵、度量范围与发展路径[J].浙江树人大学学报(人文社会科学),2020,20(6):33-39.

185. 郑丽勇.论数字营销的内涵、外延与功能[J].国际品牌观察,2020(1):66.

186. 周冰.创业机会识别:概念和影响因素[J].知识经济,2014(9):17-18.

187. 周懿瑾,陈嘉卉.社会化媒体时代的内容营销:概念初探与研究展望[J].外国经济与管理,2013,35(6):61.

188. 周治,刘兆星."双循环"格局下创业型大学科研创新平台效能提升路径[J].科技管理研究,2021,41(18):140-145.

189. 朱珊.游戏营销攻略[J].成功营销,2013,(10):84-87.

190. 朱秀梅,刘月,陈海涛.数字创业:要素及内核生成机制研究[J].外国经济与管理,2020,42(4):19-35.

191. 左凌烨,雷家骕.创业机会评价方法研究综述[J].中外管理导报,2002,(7):53-55.